古文字與中華文明
傳承發展工程

青銅器與金文

第七輯

北京大學出土文獻與古代文明研究所 編

上海古籍出版社

《青銅器與金文》

第七輯

顧　　問：李學勤　裘錫圭　李伯謙　林　澐

編輯委員會（以姓氏筆畫爲序，帶 ★ 者爲本輯執行編委）：

　　　　朱鳳瀚　李　零　何景成　周　亞　陳　絜

　　　　陳英傑　張昌平　董　珊　劉　源★韓　巍

主　　編：朱鳳瀚

編輯助理：劉　麗　楊　博　趙慶淼　[捷]石安瑞　楊　坤

封面集字：王　鐸

★★　本刊嚴格實行雙向匿名審稿制度

目　録

金文與殷周史

青銅器及相關考古學研究

學術史與述評

金文與殷周史

新見師同盤銘文辨疑小記

張光裕[*]

　　大約十二年前於坊間得見師同盤乙器,盤內底銘文,連重文計有 54 字,內容與師同鼎銘文內容相當,當時爲求保存銘文資料,迅即粗拓盤銘,器物尺寸大小失記,今由原拓測見,該盤直徑宜有 34 釐米左右。近日檢出舊稿,略加補苴,藉以求教於同好。

　　師同鼎於 1981 年在陝西扶風黃堆下務子村窖藏發現,現藏陝西省周原博物館,[1] 鼎銘 7 行 54 字。(圖一)

圖一　師同鼎器形及銘文拓片

卑其井(刑),師同從,
折首執訊,孚(俘)車馬
五乘,大車廿、羊百,刉(挈)
用徢(造)王羞于畮。孚(俘)戎
金,胄卅、戎鼎廿、鋪
五十、鐱(劍)廿,用鑄丝(兹)障
鼎,子₌孫₌其永寶用

---

* 香港恒生大學中文系講座教授。

[1] 陝西周原扶風文管所:《周原發現師同鼎》,《文物》1982 年第 12 期,第 44 頁;吳鎮烽編著:《商周青銅器銘文暨圖像集成》5 卷 02430,上海古籍出版社,2012 年。

圖二　師同盤銘文拓片

新見師同盤銘則 6 行 54 字。(圖二)

卑其井(刑),師同從,折首

執訊,孚(俘)車馬五乘,大

車廿、羊百,刉(契)用徣(造)王羞

于琞。孚(俘)戎金,冑卅、戎

鼎廿、鋪五十、鐱(劍)廿,用鑄丝(兹)

寶盤,子=孫=其永寶用

經與師同鼎銘比對,除鼎銘稱"𣊁鼎"而盤銘稱"寶盤",以及鼎銘七行、盤銘六行之行款相異外,其他內容幾乎完全相同,甚至文字結體、行筆及體勢風格,皆極相似,迅即令人懷疑盤銘是否爲抄襲鼎銘之僞作。然細加比對,字辭之間雖云相似,其實率皆同中有異。師同鼎銘文內容,學者早有探討,[1]於此不擬贅述,僅將昔日觀察所得,簡述如下。

今據盤、鼎兩篇銘文,選取辭例八則作比對。

一、師同(盤銘第一行,鼎銘第一行)

　　"師"字右旁結體筆畫,盤、鼎有別。

二、車馬(盤銘第二行,鼎銘第二行)

[1]　李學勤:《師同鼎試探》,《文物》1982 年第 12 期;王輝:《🔲卑鼎的通讀及其相關問題》,《考古與文物》1983 年第 6 期;馬承源主編:《商周青銅器銘文選》(三)"四五五　師同鼎",文物出版社,1988 年,第 324 頁。

盤銘及鼎銘"車"字左旁上半間距、左下半最下一橫畫長短各異。

盤銘"馬"字馬首鬃毛四橫較諸鼎銘規整。

三、五乘(盤銘第二行,鼎銘第三行)

盤銘"五"字最後橫筆較鼎銘爲長。

"乘"字所從木形,鼎銘與上半部件相連,盤銘則否。

四、俘戎金(盤銘第四行,鼎銘第四行)

"俘"字行筆,明顯互有不同。

五、鋪五十(盤銘第五行,鼎銘第六行)

"鋪"字所從"金"字偏旁,左下兩小點位置各異。

六、鑇廿(盤銘第五行,鼎銘第六行)

"鑇"字右旁下半筆勢各異,盤銘"廿"字增點,爲鼎銘所無。

七、子_孫_(盤銘第六行,鼎銘第七行)

"孫"字重文位置不同。

八、其永寶用(盤銘第六行,鼎銘第七行)

"永"字左橫筆,一正一斜,三字間距亦各異。細察之下,兩者皆互有差別。

以上諸例所見,雖云複製銘文亦可能出現如此現象,然僅就類似差異,似仍未能遽爾立論。

圖三　師同盤腹飾夔龍紋

至於師同鼎爲"立耳,平口沿外折,深腹圓底,蹄足。口沿下飾一周重環紋和一周凸弦紋"。[1] 根據器形及花紋特徵,師同鼎屬西周中晚期器。當日目驗師同盤所見,盤耳內外側均飾重環紋,而盤外環腹所飾上下相對兩頭短身夔龍紋,圈足環飾下垂瓦鱗紋,亦具西周中晚期特徵(圖三、四、五)。再者,器身範鑄痕顯而易見,宜爲塊範法鑄造,復審視盤內底銘文爲鑄款,字行之間又見墊片痕,此乃判斷鑄銘其中一項重要參考指標。取盤銘拓本與師同鼎銘相較,盤銘六行,鼎銘七行,行款互有不同,雖云細察鼎、盤兩者銘文字形結構,筆勢及筆畫勾勒,其相似程度高達百分之八十,然因此而遽然判爲僞器,則似仍有商榷餘地。蓋師同鼎乃 1981 窖藏發現,從出土時間推斷,1981 年迄今,長篇銘文之仿製或僞製,似猶未見有如此高超技術,倘若真屬僞製,作者當爲高手中之高手。再者,盤耳內外皆飾重環紋,且盤耳與盤口連接處復增添兩小段加固橫支,倘爲僞作,似又無須加插此工序。反觀鼎、盤自名,一曰"隮鼎",一曰"寶盤",各有所屬,且兩篇銘文,行款雖有差別,然風格及體勢並無扞格,統觀通篇盤銘亦見自然。至於師同鼎銘文公布之後,學者間對銘文開端語序問

[1] 陝西周原扶風文管所:《周原發現師同鼎》,《文物》1982 年第 12 期,第 41 頁。

圖四　師同盤圈足垂瓦鱗紋

圖五　師同盤銘文圖片

題，多有商榷討論，作僞者又何必選擇是篇銘文仿製？固然弄虛作假，不必論及情理，唯從辨僞角度着眼，顯然仍未能充分掌握任何作僞特徵進行論斷。

　　當年師同鼎乃窖藏發現，三十多年後竟有師同盤出現人間，而器物來源又無從稽考，的確不能令人無疑，猶幸兩者銘文内容相當，縱然引用似亦無大礙耳！兹將盤銘局部放大照片附錄如下（圖六），供大家審視研判。要之，倘師同盤能斷爲僞作，亦可爲吾人他日引用新見材料時，慎思明辨、提高警惕之參考。故樂爲簡介如上。

圖六　師同盤銘文局部圖

康衛問題再研究

吳鎮烽*

衛國是周代的一個重要諸侯國,最初稱康國,衛國屢見於春秋戰國時期經傳,也屢有青銅器出土。衛國直到秦二世元年,即衛君角二十一年(公元前 209 年)才被秦朝滅亡。這是最後一個被秦滅亡的東方諸侯國。關於康國變稱衛國,王占奎先生發表了《康衛稱謂變遷考》一文,[1]也勾起了我對康衛問題的興趣,今述拙見,以就教於方家。

一、康爲封國名

關於"康叔"之"康"是采邑名還是封國名,抑或是謚號,過去學界一直存在爭論。采邑説最早見於班固的《白虎通·姓名》篇,班云:"文王十子,詩傳曰伯邑考、武王發、周公旦、管叔鮮、蔡叔鐸、成叔處、霍叔武、康叔封、南季載,載所以或上其叔何也,管、蔡、霍、成、康、南,皆采也。"此後馬融、王肅皆承此説。

謚號説以鄭玄爲代表,鄭云:"康,謚號。"[2]王弼《周易注·晋》"康侯用錫馬蕃庶"注曰:"康,美之名也。"其後,朱熹《周易本義》、江聲《尚書集注音疏》、王鳴盛《尚書後案》等均持此説,江聲以康叔的作爲與《逸周書·謚法》對謚號"康"的解釋相合爲據。[3]皮錫瑞進而發揮之,力主謚號説。[4]

封國説見於孔安國《尚書·康誥》傳:"命康叔之誥。康,圻內國名;叔,封字。"孔穎達疏:"以定四年《左傳》祝佗云'命以康誥',故以爲'命康叔之誥'。知'康,圻內國名'者,以管、蔡、郕、霍皆國名,則康亦國名而在圻內。"《史記·衛康叔世家》索隱曰:"康,畿內國名。宋忠曰:'康叔從康徙封衛,衛即殷墟定昌之地。畿內之康,不知所在。'"孫星衍説:"康叔子又稱康伯,則康非謚甚明。舊説以爲國名,是也。"[5]

周代青銅器中有康侯丰鼎、康侯鬲、康侯爵、康侯觶、康侯矛、康侯刀、康侯斧、康侯鑾鈴

* 陝西省考古研究院研究員。

[1] 王占奎:《康衛稱謂變遷考》,《新果集(二):慶祝林澐先生八十華誕論文集》,科學出版社,2018 年,第 554 頁。
[2] 《尚書·康誥序》孔穎達疏引文。
[3] 轉引自皮錫瑞著,盛冬玲、陳抗點校:《今文尚書考證》卷一四,中華書局,1989 年。
[4] 皮錫瑞著,盛冬玲、陳抗點校:《今文尚書考證》卷一四,中華書局,1989 年。
[5] 孫星衍:《尚書今古文注疏》卷一五,中華書局,1986 年。

等。這些青銅器銘文中的"康侯"都是作器者的自稱,並非後人追稱,足證"康"是諸侯國,而不是封邑,更不是謐號。特別是康侯丰鼎的出土使"康"爲封國不辯自明。康侯丰即康叔封,是第一代康侯。

二、康 國 始 封

關於康國始封的時間、地點、名稱問題,歷來有兩説,一是認爲始封於武王。唐蘭、陳夢家、顧頡剛、劉起釪、屈萬里等力主此説。唐蘭在《史徵·康侯丰鼎》注釋中説:"《史記·管蔡世家》説'武王已克殷紂,平天下,封功臣昆弟,……康叔封、冉季載皆少未得封'是錯的。《周易·晋封》説:'康侯用錫馬蕃庶晝日三接。'前人不得其解,其實就指康叔封。"[1] 陳夢家説"西周金文稱康侯、康侯丰,《尚書·康誥》《酒誥》稱封,《史記》稱康叔封,《左傳·定公四年》稱康叔,《易》晋卦有康侯。康是侯衛以前的封地,《衛世家》索隱云'康,畿内國名'","《康誥》是武王封康叔封於康的誥命"。[2] 顧頡剛、劉起釪在《尚書校釋譯論》中説:"《史記·管蔡世家》説'封叔鮮於管,封叔度於蔡'也在管叔、蔡叔分監於鄘、衛之前。可知康叔也以同樣情況,在封於衛之前先封在康地。"[3] 屈萬里也説:"諸家以本篇(指《康誥》)爲武王告康叔之書,良是,惟仍以爲康叔封於衛時之誥辭,則非。蓋康叔封於衛,在武庚之亂平後,其時武王已殁也。今既知康叔初封於康,後徙封於衛,則封於康時自當在武庚之亂以前,亦即當武王之世。"[4]

二是認爲始封於成王。現今學者大都持此觀點。依據是《史記·管蔡世家》在叙述武王滅商後:"封叔鮮於管,封叔度於蔡,二人相紂子武庚禄父治殷遺民。……康叔封、冉季載皆少未得封。""周公旦承成王命,伐誅武庚,殺管叔,而放蔡叔,……從而分殷餘民爲二,其一封微子啓於宋,以續殷祀;其一封康叔爲衛君,是爲康叔。"

我同意康叔始封於武王。理由如下:

1. 武王伐商之時,叔封並非年幼。《史記·周本紀》記載滅商後的第二天,武王宣布承受天命,建立周王朝的儀式上,"毛叔鄭奉明水,衛康叔封布兹,召公奭贊采,師尚父牽牲,尹佚筴祝"。説明康叔參加了武王的受命儀式,並鋪設籍席。"布兹",《逸周書》作"傅禮"。傅禮就是相禮、贊禮。《逸周書·克殷解》還説武王受命儀式已畢,"周公再拜稽首,乃出立王子武庚,命管叔相,乃命召公釋箕子之囚,命畢公、衛叔出百姓之囚,乃命南宮忽振鹿臺之財、巨橋之粟,乃命南宮百達、史佚遷九鼎三巫"。還有《管蔡世家》記述平定三監之亂後不久,鑒於冉

[1] 唐蘭:《西周青銅器銘文分代史徵》,中華書局,1986年,第33頁。
[2] 陳夢家:《西周銅器斷代》,中華書局,2004年,第13頁。
[3] 顧頡剛、劉起釪:《尚書校釋譯論》,中華書局,2005年。
[4] 屈萬里:《尚書集釋》,中西書局,2014年。

季、康叔皆有馴行，於是周公舉康叔爲周司寇，冉季爲周司空，以佐成王，治皆有令名於天下。既參加伐商之役，並與諸位兄長、召公、師尚父、尹伊、南宮括等大臣參加了武王的受命儀式，又是"傅禮"，又是與畢公出殷"百姓之囚"；相隔幾年，又被委以重任，擔任司寇，都説明叔封並非年幼，而是一位成年男子。

2. 《周本紀》在叙述周公、召公、管叔之封以後，接着説"餘各以次受封"，表明子弟都已受封，所以叔封在武王時受封於康地是完全應有的事情。《管蔡世家》的"年少未封"之説應是史遷的失誤。

3. 2011 年公布的清華簡《繫年》第四章載："周成王、周公既遷殷民于洛邑，乃追念夏商之亡由，旁設出宗子，以作周厚屏。乃先建衛叔封于庚（康）丘，以侯殷之餘民。衛人自庚（康）丘遷于淇衛。"[1]這是説叔封最初封於康丘，之後遷於淇衛。對於這段記載的理解，李學勤認爲"乃先建衛叔封于庚丘"是説成王和周公在敉平三監叛亂之後"首先建立的便是衛國"，也就是説康國（衛國）的始封是在平定三監叛亂之後，[2]劉光勝説："《繫年》提供的信息非常寶貴：一是康叔首封在成王時期。……康丘之封是康叔的首次受封。"[3]我認爲此説有待商榷，對這段話的理解關鍵在於"乃先"二字。乃，助詞，無義。《説文·乃部》："乃，曳詞之難也，像氣之出難。"徐灝注箋："古或用爲轉語，或爲發語。許云'曳詞之難'，足以包舉衆義。"《尚書·大禹謨》："乃聖乃神，乃武乃文。"孔穎達《禮記·雜記下》疏："乃者，言之助也。"先，時間或次序在前者。《廣雅·釋詁一》："先，始也。""先"可以理解爲首先，也可以理解爲當初、先前、原先。我以爲"乃先建衛叔封于庚（康）丘"是説當初衛叔封於康丘，"衛人自康丘遷于淇衛"是説後來將其族屬、部衆由康丘遷入衛地。這個"衛人"是《繫年》作者以後來的稱謂叙述前事，並非當時稱號的實錄，準確地説當時應稱"康人"。"乃先（當初）"應指武王滅商之時。

4. 1931 年，河南濬縣辛村（今屬鶴壁市淇濱區龐村鎮）衛國墓地出土的沫司徒土疑簋，曾被稱爲"康侯簋"，是最爲著名的商周青銅器之一，現藏英國大英博物館，學界一致認爲這是西周成王時期之物。銘文有"王來伐商邑，誕令康侯啚于衛"。"沫司土疑"是作器者，名疑，原稱沫伯疑（見沫伯疑鼎），是沫地的首領，滅商後留用的殷商貴族，後擔任沫邑的司徒。"王來伐商邑"是指成王和周公平定武庚與三監叛亂之事。唐蘭先生指出：由此可證成王確從周公伐殷商，是名義上的御駕親征，此時正在商邑。"誕令康侯啚（鄙）于衛"就是讓康侯在

[1] 李學勤主編：《清華大學藏戰國竹簡》（貳），中西書局，2011 年，第 114 頁。
[2] 李學勤：《清華簡〈繫年〉解答封衛疑謎》，《文史知識》2012 年第 3 期。
[3] 劉光勝：《"康丘之封"與西周封建方式的轉進——以清華簡〈繫年〉爲中心考察》，《史學月刊》2019 年第 2 期。

衛地防守邊境。[1] 董蓮池先生認爲"誕令康侯啚（鄙）于衛"是説成王頒命康侯在衛地建守周邊。看法與唐蘭先生基本相同。[2] 董珊先生則認爲"啚（鄙）于衛"應理解爲以衛爲邊邑,這是增大康侯的封地至衛。[3] 陳夢家先生認爲"征令康侯啚于衛"的"啚"即"圖"字,是人名,即康侯封。"征令康侯啚于衛"就是命侯圖爲衛侯。[4] 按照簋銘給出的信息,可知此時康侯就在沬邑。他應是隨同周公平叛到達此地,故而命其防守衛地也好,增大封地也好。總之,簋銘稱"康侯"是作器者當時對叔封的稱謂,可證康侯之封應早於平定三監之亂,應該就在武王滅商之時了。

三、康、衛之變遷

康國變衛國,歷經三個階段。第一階段是武王封叔封於康丘,稱康侯;第二階段是成王令康侯丰將統治中心遷到衛,鎮守殷商舊地,即沬司徒疑簋所説的"征令康侯啚于衛"和《清華簡·繫年》所説的"衛人自庚（康）丘遷于淇衛"。這個"衛"是地名,也就是殷紂舊都朝歌（有人説是別都）,又稱"妹"或"沬",故址在今河南鶴壁市淇濱區淇河邊。"衛"僅是國都之名,而不是國名,國名仍稱"康",國君仍稱"康侯"。古代國族之遷,或隨新遷之地而改國名,如唐改晋,魏改梁;或將原國名隨遷新地,如虢、鄭、韓。第三階段才是改康國爲衛國。

1931年河南濬縣辛村古墓被盜,出土了一批康侯青銅器,後來大部分流失海外,于省吾、劉體智、容庚、商承祚等人收藏有康侯斧、康侯戟等。于省吾在《雙劍誃吉金圖録》中明確記載它們出土於河南濬縣康侯墓。1932—1933年,前中研院史語所在河南濬縣辛村進行了四次考古發掘,清理大中小型被盜墓葬82座,其中大型墓8座,爲公侯或君夫人墓,獲得了大量珍貴文物,時代從西周早期到春秋時期,傳世的康侯丰簋等諸多康侯器據説也都出自該墓地,著名的沬司徒疑簋是1931年在此出土。這裏出土西周早期的康侯諸器,也出土西周晚期到春秋早期的衛侯、衛夫人諸器。[5] 説明辛村墓地從西周早期延續到春秋時期,它既是衛國的國君家族墓地,也是衛國前身康國的國君家族墓地。

康（衛）國墓地所在的辛村就是文獻中的"衛"地所在,清華簡《繫年》稱爲"淇衛"。《史記·衛康叔世家》説衛地"居河、淇間故商墟",《水經注·淇水注》引《竹書紀年》云:"淇絶於舊衛。""衛"作爲地名也見於沬司徒疑簋"令康侯啚于衛"和辛村M68、M71出土的"衛師錫"盾飾。"衛"就是康（衛）國的國都,從第一代康侯到春秋時期衛國的統治中心就在此地。

[1] 唐蘭:《西周青銅器銘文分代史徵》,中華書局,1986年。
[2] 董蓮池:《沬司徒疑簋'征'、'啚'釋'徙'、釋'圖'評議》,《中國文字研究》2018年第1輯。
[3] 董珊:《清華簡〈繫年〉所見的"衛叔封"》,復旦大學出土文獻與古文字研究中心網,2011年12月26日。
[4] 陳夢家:《西周銅器斷代》,中華書局,2004年,第13頁。
[5] 郭寶鈞:《濬縣辛村》,科學出版社,1964年。

什麽時候改稱衛國？以下有兩組青銅器可供探討。

一組是卻曶簋和畯簋。[1] 卻曶簋現藏廣州市博物館，侈口束頸，下腹向外傾垂，腹部有一對龍首耳，無垂珥。頸部裝飾分尾鳥紋，前後增飾浮雕獸頭，圈足裝飾斜角夔龍紋，均以雲雷紋填地（圖一,1）。其形制、紋飾以及銘文字體，均與段簋、量簋、輔師嫠簋基本相同。王世民、陳公柔、張長壽先生的《西周青銅器分期斷代研究》將段簋、量簋的時代定爲西周中期前段，即穆王時期和恭王前期;輔師嫠簋定爲西周中期後段，即懿王到夷王時期。卻曶簋的時代應與之相同或者相近。陳夢家將卻曶簋定在恭王元年，[2]因懿王十年畯簋也有"康公入門，右畯立中廷"，恭王元年相距似較太遠，所以卻曶簋的元年極可能是懿王元年。卻曶簋銘文記載元年三月丙寅，周王在太室册命卻曶爲司徒，康公擔任儐相（圖二,1）。畯簋未見圖像，據目睹者記述該簋弇口鼓腹，一對獸首耳，下有垂珥，蓋面呈弧形鼓起，上有圈狀捉手，圈足下連鑄三個獸面附足。蓋沿和器口沿下飾竊曲紋，蓋上和器腹飾瓦溝紋，呈現出西周中晚期之交的形態。字體也是玉箸體，没有肥筆和波磔。銘文中記述畯在十年正月甲寅接受周王册命爲司徒時，也是康公擔任儐相，王曰:"今朕丕顯考恭王既命汝更乃祖考事作司徒。今余唯申先王命，命汝總司西偏司徒。"（圖一,4）册命畯的時王稱"朕丕顯考恭王"，説明時王就是恭王之子懿王，畯簋則爲懿王十年。[3] 當今學術界一般都認爲《古本竹書紀年》所載"懿王元年天再旦于鄭"是一次日食記録，天文史學家張培瑜、劉次沅認爲如果是日食記録，那麽這一年就是公元前899年，懿王十年即前890年。兩簋的儐相均爲"康公"。此康公陳夢家、周寶宏説是密康公，[4]不確。密康公是恭王時期人，《史記·周本紀》載恭王游於涇上，密康公從，因不獻美女，後一年恭王滅密。況且，密康公的"康"乃是謚號，不是生稱。所以懿王十年的"康公"不是密康公甚明。唐蘭先生在《史徵》微盂、微嫠中説:"康公應即康侯封，由於他做過三公，可以稱康公。這和伯禽稱魯公同例，陳夢家《美帝國主義劫掠我國殷周銅器集録》引懷履光記'微嫠蓋濬縣出土'，是康公即康侯之一證。卻曶簋有康公，應是康叔封的後人。"准此，畯簋、卻曶簋的康公就是懿王十年康國國君，故懿王十年（前890年）康國仍然未改稱衛國。

---

[1] 吳鎮烽:《商周青銅器銘文暨圖像集成》11卷05215、12卷05386，上海古籍出版社，2012年。

[2] 陳夢家:《西周銅器斷代》，中華書局，2004年，第175頁。

[3] 張聞玉在其2015年6月1日博客《畯簋與西周王年》中説畯簋有三個王，即命畯祖考作司徒的恭王;十年册命畯職事的周王（孝王），重申恭王命的繼位懿王。進而推出孝王十年爲公元前919年，並將王序改爲恭王爲公元前915—前929年，在位23年;孝王928—前917年，在位12年;懿王前916—前894年，在位23年。張先生的意見可備一説，此處恕不采用。

[4] 陳夢家:《西周銅器斷代》，中華書局，2004年，第175頁;周寶宏:《畯簋銘文考釋》，《中國文字研究》2014年第2期。

1. 卻智簋

2. 一式賢簋

3. 二式賢簋

4. 畯簋銘文

圖一

　　另一組是賢簋和衛姒簋蓋。[1] 銘文反映此時已經稱"衛"。賢簋共5件,分爲二式。一式3件,形制相同,侈口束頸,鼓腹,圈足沿外侈,圓雕顧龍形雙耳。頸飾圓渦紋間夔紋,圈足飾兩道弦紋。其中一件現藏臺北故宮博物院(圖一,2),其餘兩件下落不明。二式2件,形制相同。斂口鼓腹,圈足沿外侈,一對獸首耳,下有方形垂珥,蓋面隆起,上有圈狀捉手,蓋、器均飾瓦紋,呈現出較晚的特徵,現藏上海博物館(圖一,3),但5件簋銘文相同,顯然是同一人所作,但不同時。唐蘭先生的《史徵》將賢簋置於成王之時,但在說明中又説:"衛國的第一代衛侯實際是康伯髦,也就是王孫牟。《左傳》説他事康王,可見康王時康叔封已經死了……康伯髦作衛侯時,他的弟弟公叔初次去衛,而賢可能是公叔之子,所以衛侯給他一百畝采地。"准此,則賢簋便不是成王時器,即便如此,把賢簋的時代定爲康王時期也失之過早。一式賢簋雖然耳呈龍形,頸飾圓渦紋和夔龍紋,但已失去早期的風韵,且簋體較低矮,呈現出較晚的風格,特別是二式賢簋是弇口鼓腹,通體飾瓦溝紋,這是流行於西周中期後段到晚期的紋飾。

────────────

[1]　吳鎮烽:《商周青銅器銘文暨圖像集成》10卷05067—05071、04772。

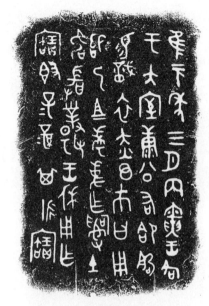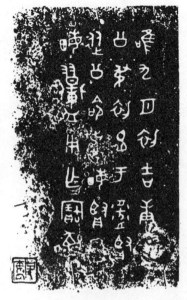

1. 卻智簋銘文　　　　　　2. 賢簋銘文　　　　　　3. 衛姒簋銘文

圖二

結合一式所表現的較早的時代特徵,將賢簋的時代定爲西周中期後段,即懿孝時期。賢簋銘文有"公叔初見于衛,賢從"之語(圖二,2)。這一"衛"字可以解釋爲國名,也可以解釋爲地名,而以國名的可能性較大。

　　而衛姒簋蓋的"衛"自是國名毋庸置疑。這是康國已改稱衛國的確證。"衛姒"應是衛國國君夫人或者衛國公室某位成員的夫人,來自姒姓國家。如同晉姜鼎的晉姜,蔡姑簋的蔡姑。衛姒簋蓋現藏北京故宮博物院,未見圖像,銘文字體呈現西周中期的風格(圖二,3),與康伯簋、賢簋、班簋字體接近,其時代應與之相同或者相近,即西周中期後段,雖然賢簋和衛姒簋蓋都没有紀年,但其時代特徵與畯簋、卻智簋並不矛盾,大體可以確定康國改稱衛國就在西周懿王十年之後。

　　另外,《史記·衛康叔世家》:"頃侯厚賂周夷王,夷王命衛爲侯。"董珊認爲此是康國改稱衛國之始。"夷王命衛爲侯"一語不好理解,自從康侯丰開始,康國國君已經是"侯"爵了,有几代康侯還擔任王朝公卿,稱"康公",怎麼頃侯還要賄賂夷王"晉爵爲侯"呢?董珊以爲"周夷王時的'命衛爲侯',應該是正式確認以淇水之衛邑作爲康侯之都,即承認既成事實上的徙封。自此開始'康侯'可稱'衛侯'"。[1] 果真如此,康國便是在夷王時期以國都之名始稱衛國。這和畯簋所紀懿王十年仍稱康公相去不遠,中間僅隔享年不多的孝王。

_____

[1] 董珊:《清華簡〈繫年〉所見的"衛叔封"》,復旦大學出土文獻與古文字研究中心網,2011年12月26日。

四、康 的 地 望

《繫年》整理者説："'庚丘'即'康丘'其地應在殷故地邶、鄘、衛之衛地範圍内,故康叔封也稱衛叔封。"[1] 董珊説康侯徙封衛以後,康還在衛疆之内。[2] 路懿菡説："'康丘'應位於《左傳·定公四年》衛祝佗所言的'殷虚'範圍内,即原商都故地。"[3]劉光勝也説:"康丘是衛國境内地名,應在朝歌以東(或附近地區)。"[4]

以上看法,都是根據《繫年》"衛人自庚(康)丘遷于淇衛"推測出來的,並没有其他證據,也指不出康丘的具體地望。另外,王獻唐先生據王作康季鼎出土於陝西岐山縣周家橋,提出康既是畿内國,地距周京必不遼遠,應在陝西一帶。[5] 康季鼎非考古發掘出土,具體埋藏情況不明,反映的信息有限,況且青銅器是可以通過婚嫁、贈予、掠奪等方式,流傳到他國他地,所以不能以一兩件青銅器的出土確定一個國族居地。

朱鳳瀚先生意見不同,他説"衛人自康丘遷于淇衛"是言康叔受命將其族屬、部衆由康丘遷入衛地之内。他主張康丘不會在衛地範圍内,而是衛地之外,但既要監督殷民必不會距衛地太遠,應在衛之鄰近地。[6] 朱先生説康丘不在衛地範圍内,非常正確,可惜他没有進一步考察其具體地望。

"康丘"不在原商都故地,又當在何處?

《漢書·武帝紀》:"(元鼎四年十一月)(武帝)行幸滎陽,還至洛陽。詔曰:祭地冀州,瞻望河洛,巡省豫州,觀於周室,邈而無祀,詢問耆老,乃得孽子嘉,其封嘉爲周子南君,以奉周祀。"《元帝紀》載:"(初元)五年春正月,以周子南君爲周承休侯,位次諸侯王。"顏師古注:"文穎曰:'姓姬,名延年。其祖父姬嘉,本周後,武帝元鼎四年封爲周子南君,令奉周祀。'師古曰:'承休國在潁川。'"成帝綏和元年(公元前8年)又進封爲周承休公,拓地百里。元始二年改曰鄭(邧字之誤)公《後漢書·光武帝紀》建武二年五月庚辰,"封周後姬常爲周承休公"。李賢注:"武帝封周後姬嘉爲周子南君,成帝封姬延爲周承休公,常即延之後,承休所封故城,在今汝州東北。"又十三年二月庚午:"以殷紹嘉公,孔安爲宋公,周承休公姬常爲衛

[1] 李學勤主編:《清華大學藏戰國竹簡》(貳),中西書局,2011年,第114頁。

[2] 董珊:《清華簡〈繫年〉所見的"衛叔封"》,復旦大學出土文獻與古文字研究中心網,2011年12月26日。

[3] 路懿菡:《從清華簡〈繫年〉看康叔的始封》,《西北大學學報》2013年第4期,第136—140頁。

[4] 劉光勝:《"康丘之封"與西周封建方式的轉進——以清華簡〈繫年〉爲中心考察》,《史學月刊》2019年第2期。

[5] 王獻唐:《岐山出土康季鼎銘讀記》,《考古》1964年第9期。

[6] 朱鳳瀚:《清華簡〈繫年〉所記西周史事考》,《第四屆國際漢學會議論文集——出土材料與新視野》,中研院歷史語言研究所,2013年,第441—459頁。

公。”同書《百官志》進而説：“衛公、宋公。本注曰：建武二年封周後姬常爲周承休公，五年封殷後孔安爲殷紹嘉公，十三年改常爲衛公，安爲宋公，以爲漢賓，在三公上。”

筆者以爲，兩漢王朝所封周王朝的後裔爲周子南君、周承休公、邘（康）公或衛公，其地就是康侯的封國舊地。

《尚書·康誥》孔安國傳：“康，圻内國名。”但漢魏時期學者們對康地所在已不甚了然，直到北魏酈道元的《水經注》才提到康城，《水經注·潁水》説：“潁水又東出陽關，歷康城南。魏明帝封尚書右僕射衛臻爲康鄉侯，此即臻封邑也。”《魏書·地形志》陽翟縣有康城，孝昌中，因設康城縣，屬陽城郡。唐魏王李泰主編的《括地志》也有“故康城，在許州陽翟縣西北三十五里”。[1]　宋羅泌《路史·國名紀》卷五更明確指出：“康，《姓書》：‘康叔故城，在潁川。’孔安國、宋忠以爲畿内國。”《太平寰宇記》陽翟縣記載：“康城《洛陽記》云：夏少康故邑也。”説明其地稱“康”由來已久，以夏代少康故邑得名。《讀史方輿紀要》卷七禹州云：“康城，在州西北三十里，今爲安康里。”朱駿聲《説文通訓定聲》：“《書·康誥序》以殷餘民封康叔，馬注：‘國名，在今河南開封府禹州。’”

孫星衍則説：“《路史·國名紀》云‘康叔故城在潁川，宋忠以爲畿内國’。《姓書》蓋何氏《姓苑》今亡。云‘潁川者’，《説文》‘邘，潁川縣’。《漢書·地理志》潁川有周承休侯國，元始二年更名邘。《集韵》‘邘，縣名，在潁川’。又有‘鄘’同音地名，則即‘康’也，元始二年始復稱‘邘’，今河南汝州是。”[2]《集韵》卷三：“邘，城名，在陽翟。”同卷：“邘，縣名，在潁川。”卷四：“邘，縣名，在潁川。”《説文》：“邘，潁川縣。”所謂“潁川縣”是指邘是潁川郡所屬的縣，因爲漢代只有潁川郡沒有潁川縣。

東漢末年邘縣廢爲邘（康）鄉，延熹元年（158 年）和獻帝時封袁紹爲邘鄉侯，三國時魏明帝又封尚書右僕射衛臻爲康鄉侯。北魏孝昌時期又於此設置康城縣，後廢。唐武德四年（621 年）割陽城、嵩陽、陽翟三縣地再置康城縣，貞觀三年（629 年）撤銷康城縣（見《舊唐書·地理志》）。此後康城便併入陽翟縣。金、元時期陽翟縣爲鈞州治，明洪武初廢入鈞州，萬曆三年（1575 年）爲避神宗朱翊鈞名諱，改稱禹州，民國初年改爲禹縣，1988 年改設禹州市。

“承休故城在今汝州東北”最先是李賢提出來的，實際上李賢是把隋大業二年（606 年）由梁縣改稱的承休縣城當成了漢代的周承休侯國故城。隋承休縣城在汝水之東黄水之西，周承休侯故城則在潁水之北，二者相去甚遠，不是一地。《元和郡縣志》説：“梁，郭下，隋煬帝改梁縣爲承休縣，屬汝州，貞觀元年又改爲梁縣。”《太平寰宇記》也説：“今梁縣，隋大業二年改爲承休縣，屬汝州，取漢舊承休城爲名，貞觀元年復爲梁縣。”可知隋承休縣只是用了承休

---

[1]　賀次君輯校：《括地志輯較》卷三，中華書局，1980 年，第 160 頁。
[2]　孫星衍：《尚書今古文注疏》，中華書局，1989 年。

之名,並没有設置在承休侯國故城原址。酈道元《水經注》也把二者搞混了。他在《水經注·汝水》説:"汝水又東,黄水注之,水出梁山,東南徑周承休縣故城東,爲承休水。縣故子南國也。"所以,李賢所説的承休故城,應是隋唐時期的承休縣,與漢承休侯國故城也就是邘(康)城不是一回事。

筆者以爲《括地志》所説的"故康城,在許州陽翟縣西北三十五里"就是《水經注·潁水》所説的"潁水又東出陽關,歷康城南"的康城故城,也就是康叔初封地康丘,在今禹州市順店鎮康城村。此城在今禹州市西北 16 公里處,潁水河北,龍潭河西側,順店鎮北 4 公里,今名康城村。這裏位於洛陽之東,管、蔡、霍三叔的封國管(鄭州)、蔡(下蔡)、霍(臨汝)三者中間,也就是周王朝東都洛邑的畿内。

康城遺址今爲縣級文物保護單位,逯富太《衛國文化史考》:"城西殘留的城牆遺址約有數十米長,高三丈有餘,夯土層清晰可見,地裏隨處可見商周時期的繩紋碎陶片。城東有座'點將臺'(按應是夯土建築基址),高約數米,圍約十幾米,黄土夯成,洞痕累累,雖經三千多年的風雨侵襲,但依然屹立,仍可見其巍峨之狀。"[1]此遺址的内涵、年代、性質有待進一步考古發掘來確定。

(2019 年 6 月 10 日完稿)

[1] 逯富太:《衛國文化史考》,中州古籍出版社,2013 年。

從甲骨金文資料看《毛詩》中的"萬舞"[*]

——以《邶風·簡兮》篇爲中心

藪敏裕[**]

　　《毛詩》[1]中"萬舞"見於《邶風·簡兮》《魯頌·閟宮》《商頌·那》等篇,共出現四次。《簡兮》篇《傳》云:"以干羽爲萬舞,用之宗廟山川。"以萬舞爲祭祀宗廟和山川時的舞蹈,跳舞時使用"干羽(盾牌和羽毛)"。而朱熹《詩集傳》則云:"萬者,舞之總名。武用干戚,文用羽籥也。"認爲萬舞分爲使用"干戚(盾牌和大斧)"的武舞與使用"羽籥(羽毛和管樂器)"的文舞,萬舞爲兩種舞蹈的總稱。可見,兩者對"萬"的理解有所不同。

　　裘錫圭先生在《甲骨文中的幾種樂器名稱——釋"庸""豐""鞀"(附:釋"万")》(以下簡稱《釋"万"》)一文中指出,甲骨文中的樂器名稱除鼓、磬、籥之外,尚有庸(大鐃)、豐(大鼓)、鞀(鼗鼓)等,引林義光説認爲"万"爲"丏"字古體,"萬"與"万"原爲不同字,到戰國時期兩字音近通用。他同時指出"万顯然是主要從事舞樂工作的一種人",万人之長即見於商代金文的"大万",他們就是《邶風·簡兮》所見"公庭萬舞"的那樣的人。[2] 近年吴鎮鋒先生首先撰文介紹了一件銘文末尾有"大万"二字的商末青銅器《迥尊》。[3] 其後,朱鳳瀚先生在《新見商金文考釋(二篇)》(以下簡稱《新見》)一文中指出,"大万"之族是以樂舞服務於商王室的職業性家族。[4] 本文參考甲骨、金文資料所見"万"族所從事的"舞樂"工作,探討《邶風·簡兮》篇的相關解釋。

一、《邶風·簡兮》篇的傳統解釋

　　《毛詩》中,"萬舞"四見於上引三篇詩,對"萬舞"具體內容有所描寫的是《邶風·簡兮》

　＊ 本文爲日本學術振興會基盤研究(C)"楚簡を用いた戦国期から秦漢期の《詩》テクスト変容に関する思想史的研究"(18K00053,研究代表:藪敏裕)的階段性成果。

　＊＊ 日本巖手大學教育學部教授。

[1] 本文所引《毛詩》《左傳》《公羊傳》等均據阮元校刻《十三經注疏(附校勘記)》(台北藝文印書館,1989年),以下不再加注。

[2] 裘錫圭:《甲骨文中的幾種樂器名稱——釋"庸""豐""鞀"(附:釋"万")》,《裘錫圭學術文集》第一卷,復旦大學出版社,2012年,第36—50頁。

[3] 吴鎮鋒:《迥尊銘文初探》,復旦大學出土文獻與古文字研究中心網站,http://www.gwz.fudan.edu.cn/Web/Show/2311,2014年7月29日。

[4] 朱鳳瀚:《新見商金文考釋(二篇)》,《出土文獻與古文字研究》第六輯,復旦大學出版社,2015年,第123—142頁。

篇,我們首先討論該篇的傳統解釋。茲引《簡兮》篇全文如下:

> 簡兮簡兮,方將萬舞。日之方中,在前上處。碩人俁俁,公庭萬舞。
> 有力如虎,執轡如組。左手執籥,右手秉翟。赫如渥赭,公言錫爵。
> 山有榛,隰有苓。云誰之思,西方美人。彼美人兮,西方之人兮。
> (押韻:第一章,舞、處、俁,魚部。第二章,虎、組,魚部。籥、翟、爵,藥部。第三章,榛、苓、人,真部。)[1]

　　全詩分三章,每章六句,共十八句。《毛序》云:“《簡兮》,刺不用賢也。衛之賢者仕於伶官,皆可以承事王者也。”理解爲諷刺不能任用賢者的詩。僅憑《毛序》難以把握整體詩意,孔疏云:“見碩人德大,堪爲王臣、而衛不用,非要周室所能任也。”由此可推知《毛序》理解的詩意是,任伶官(鄭箋稱“樂官”)的衛之賢者雖是勝任王臣的有德之人,但却懷才不遇,是以刺之。

　　首先討論毛傳對字詞的訓釋。“簡”訓“大”,“萬舞”釋爲“以干羽爲萬舞,用之宗廟山川,故言於四方”,是祭祀宗廟和山川時手持翟(雉羽)的舞蹈。“萬舞”使用鳥羽的記載又見於《左傳·隱公五年》:“九月,考仲子之宫,將萬焉,公問羽數於衆仲。對曰:‘天子用八,諸侯用六,大夫四,士二。夫舞所以節八音,而行八風,故自八以下。’公從之。於是初獻六羽,始用六佾也。”魯桓公生母仲子宗廟建成之際,隱公向大夫衆仲詢問萬舞的舞人數,衆仲答諸侯用六佾之舞。由此可知,春秋時期“萬舞”是在宫廟舉行的舞蹈,根據等級的不同舞人數量亦有所差異。《公羊傳·宣公八年》經云“壬午,猶繹。萬入去籥”,傳云:“繹者何? 祭之明日也。萬者何? 干舞也。籥者何? 籥舞也。其言萬入去籥何? 去其有聲者,廢其無聲者,存其心焉爾。存其心焉爾者何? 知其不可而爲之也。猶者何? 通可以已也。”因是祭之翌日,所以去有聲之樂器,僅用無聲之舞。這裏説“萬舞”別稱“干舞”,是持盾之舞,原有伴奏音樂。無論持羽還是持盾,春秋時期的“萬舞”是手持器具的舞蹈,毛傳承之。

　　“方”訓“四方”,“將”訓“行”。“日之方中”,注云“教國子弟以日中爲期”,言諸侯子弟學習萬舞終止於正午。“碩人”訓“大德”之人,“俁俁”訓“容貌大也”。“公庭”,注云“萬舞非但在四方,親在宗廟公庭”,釋爲宗廟之公庭。“組”訓“織組”,形容如織組一樣靈巧。“有力如虎,執轡如組”,注云“能治衆,動於近,成於遠也”,言統治能力之高。“籥”訓“六孔”之笛,“翟”訓“翟羽(雉羽)”,“赫”訓“赤貌”。“錫爵”,注云“祭有畀煇、胞、翟、閽、寺者,惠下之道”,[2]言賞賜下級官人是君主澤下之道。“榛”訓“木名”。“隰”訓“下濕”,指低濕之

---

[1] 王力:《詩經韻讀》,上海古籍出版社,1980年,第169—170頁。

[2] 《禮記·祭統》篇云:“祭有畀煇胞翟閽者,惠下之道也。唯有德之君爲能行此⋯⋯翟者,樂吏之賤者也。”釋“翟”爲下級樂人。

處。"苓"訓"大苦",草名。"西方之人兮",注云"乃宜在王室","西方"指位於西方的周王室。

關於《簡兮》篇的詩意,孔疏承毛傳云:"上言西方之美人,謂周室之賢人,以薦此碩人,故知'彼美人'謂碩人,'西方之人'謂宜爲西方之人,故傳曰'乃宜在王位',言宜在王朝之位爲王臣也。"謂衛君子弟雖有能力勝任"萬舞"且有大德,却不能被推薦於王室而留在衛國,所以作詩諷刺。毛傳的解釋與前引《禮記·祭統》篇和《周禮·地官·舞師》[1]等的記載關係密切。

再看鄭箋的字詞訓釋。"簡"訓"擇","將"訓"且"。"碩人",注云"有御亂、御衆之德,可任爲王臣",謂能治亂服衆且可爲王臣的有德之人。"左手執籥,右手秉翟",注云"碩人多才多藝,又能籥舞,言文武道備",謂碩人(諸侯子弟)於政治和武藝兩者兼備。"赫"釋"碩人容色赫然","如渥赭"釋"如厚傅丹",謂像厚塗丹砂。"公言錫爵",釋爲"君徒賜其一爵而已,不知其賢而進用之",謂公雖賜酒一爵,却不知碩人真正的才能而任用之。"山有榛,隰有苓",注云"榛也苓也。生各得其所。以言碩人處非其位",謂碩人懷才不遇,不得其所。"彼美人兮",注云"彼美人,謂碩人也"。又對第三章後四句整體注云:"我誰思乎,思周室之賢者,以其宜薦碩人,與在王位。"謂周室賢者應推薦碩人仕於王廷。

最後討論朱熹《詩集傳》中的解釋。[2] 朱熹修正了毛傳的分章,把全詩分爲四章,前三章各四句,第四章六句。他的分章如下:

> 簡兮簡兮,方將萬舞。日之方中,在前上處。
> 碩人俁俁,公庭萬舞。有力如虎,執轡如組。
> 左手執籥,右手秉翟。赫如渥赭,公言錫爵。
> 山有榛,隰有苓。云誰之思,西方美人。彼美人兮,西方之人兮。

"簡"訓"簡易不恭"。"萬",注云"萬者,舞之總名。武用干戚,文用羽籥也",釋爲文舞與武舞的總稱。關於文舞、武舞,《左傳·莊公二十八年》的相關記載可資參考:"楚令尹子元欲蠱文夫人,爲館於其宮側而振萬焉。夫人聞之,泣曰:'先君以是舞也,習戎備也。'"謂子元在文王夫人宮殿旁作別館,以"萬舞"誘惑之,夫人告誡説此舞是備戰的舞蹈而不是誘惑女性的舞蹈。此事如果屬實,可知"萬舞"有武舞的性質。"日之方中,在前上處",注曰"言當明顯之處"。解釋第一章整體詩意云:"賢者不得志而仕於伶官,有輕世肆志之心焉,故其言如此,若

---

[1]《周禮·地官·舞師》云:"舞師,掌教兵舞,帥而舞山川之祭祀;教帗舞,帥而舞社稷之祭祀;教羽舞,帥而舞四方之祭祀;教皇舞,帥而舞旱暵之事。凡野舞,則皆教之。凡小祭祀,則不興舞。"

[2] 朱熹:《詩集傳》,中華書局,1958年,第23—24頁。

自譽而實自嘲也",理解爲賢者自嘲意。"碩""俁俁""讞"的解釋與毛傳同。"組",注云"織絲爲之,言其柔也",謂像以絲織成的絲帶那樣柔順。"執籥秉翟",注云"文舞也",認爲執"籥""翟"之舞不是武舞而是文舞。"籥""翟""赫"的訓釋同於毛傳。"渥"訓"厚漬也",即厚浸義。"赭",注云"赤色也,言其顏色之充盛也",理解爲臉色紅潤義。"公言錫爵",注云:"即儀禮燕飲而獻工之禮也。以碩人而得此,則亦辱矣,乃反以其賚予之親洽爲榮而誇美之,亦玩世不恭之意也。"謂碩人在燕飲獻工禮上得賜爵實爲屈辱,與起首"簡易不恭"相呼應。"榛",注云"似栗而小"。"隰"的解釋與毛傳同。"苓",注云"一名大苦,葉似地黃,即今甘草也"。"西方美人",注云"托言以指西周之盛王,如離騷亦以美人目其君也",理解爲國力强盛時的周王。"西方之人",注云"歎其遠而不得見之詞也",理解爲感歎在當今衰世難逢盛王。第四章整體詩意理解爲"賢者不得志於衰世之下國,而思盛際之顯王,故其言如此,而意遠矣",謂賢者感歎衛國式微,思念周初時的顯王。這與毛傳、鄭箋理解第四句爲衛之碩人應仕於王廷有所不同,朱熹解釋爲衛之碩人感念周初强盛之時。

從以上對毛傳、鄭箋、《詩集傳》的討論可知,傳統解釋均認爲舞者"碩人"是衛國公子,他因善於"萬舞"而得到賞賜。第四章的解釋稍有異同,一是《毛序》、毛傳、鄭箋理解爲衛國公子應被推薦在周都服務王廷,二是《詩集傳》理解爲衛公懷念昔時周初之顯王。

二、甲骨文、金文所見的万舞

甲骨文所見的"𠂤"字,屈萬里據古璽"千萬"之萬作"万",認爲甲骨文"𠂤"即"万",指出卜辭中的"万舞"即見於《簡兮》"方將萬舞"的"萬舞"。[1] 裘錫圭先生在《釋"万"》一文中,總結出"万"字在甲骨文中的三種用法:一是國族名或地名;二是類似祭名,用爲動詞;三是某種人的名稱,後者最爲常見。他舉出以下卜辭"乎(呼)万無(舞)"(《合集》28461)、[2] "叀万無(舞)"(《合集》31033)、"万叀美奏,又正。叀庸奏,又正"(《合集》31022)、"万其奏,不遘大雨"(《合集》30131)等,指出"万顯然是主要從事舞樂工作的一種人"。他又根據《大万簋》"大万乍(作)母彝"(《集成》3457)[3] 等商代金文,指出"大万應即万人之長"。並引林義光説認爲"𠂤(万)"爲"丏"字古體,"千萬之'萬'是微母元部字,'万(丏)'是明母元部字。古代微母讀如明母,二字古音極近,所以可以借'万'爲'萬'。卜辭裏用法與祭名相似的'万',應該讀爲古書常見的萬舞之'萬'。稱萬的人當因從事萬舞一類工作而得名。他們就是《邶風·簡兮》所歌的'公庭萬舞'的'碩人'那樣的人"。屈萬里、裘錫圭兩位先生的觀點

---

[1] 屈萬里:《殷虛文字甲編考釋》,台北聯經出版社業公司,1984年(初版1961年,中研院歷史語言研究所),第361—362頁。

[2] 郭沫若主編:《甲骨文合集》,中華書局,1982年。簡稱《合集》。

[3] 中國社會科學院考古研究所編:《殷周金文集成(修訂本)》,中華書局,2007年。簡稱《合集》。

無疑是正確的。

可以確認與"萬舞"有關的甲骨文資料還見於殷墟花園莊東地出土的卜辭中，其内容如下：

丁丑卜，才（在）🀅（柚京）[1]：子其🀅（助）[2]舞戉，若。不用。206.1

子弜🀅（助）舞戉，于之若。用。多万有巛（災），引祁。206.2

"舞戉"，《花東》整理者已經指出："謂卜問子是否持鉞以舞……商周時期的舞蹈，有文舞、武舞。持戚鉞舞蹈是武舞，即'干舞'。"[3]"多万"，裘錫圭先生在《釋"万"》中指出，由於從事樂舞的万人很多，所以卜辭有"多万"之稱。"祁"字形作🀅，姚萱先生曾指出卜辭又見"奏祁""益祁"等説法，應與樂舞有關。[4] 王子揚先生釋"祇"，認爲是祭祀樂歌或樂舞的名稱。[5] 今暫從姚萱説。由此可見，《花東》中"子"的"舞戉"與万人集團"多万"密切相關，無疑應即"万舞"之屬。

圖一　《遇（大万）尊》銘文拓片

朱鳳瀚先生在《新見》一文中詳細介紹了新出商代末期銅器遇尊，指出該器形是流行於商末周初的"粗體觚"形制，銘文最後有"大万"（圖一[6]）。《新見》所作的釋文和字詞考釋如下：

辛未，婦嬄俎（宜）才（在）膏大室。王卿（饗）酉（酒），奏庸（庸），新俎（宜）欯（坎）。才（在）六月。魯十冬（終）三朕。遇肯（通）王賽（賞），用乍（作）父乙彝。大万

"嬄"釋爲奉置、奉獻義，"可讀成'尊'。其本義當是置放器物，有奉置之義"。"宜"，此處指獻給生人的"饌餚"，"尊

---

[1] 該字釋"柚京"爲王子揚説（見氏著《甲骨文字形類組差異現象研究》，中西書局，2013 年，第 287—307 頁）。

[2] 該字讀爲"助"（參見楊安《"助""叀"考辨》，《中國文字》新 37 期，2011 年，第 155—169 頁）。

[3] 中國社會科學院考古研究所編著：《殷墟花園莊東地甲骨》，雲南人民出版社，2003 年，第 1641 頁。簡稱《花東》。

[4] 姚萱：《殷墟花園莊東地甲骨卜辭的初步研究》，綫裝書局，2006 年，第 183 頁。

[5] 王子揚：《揭示若干組古代的樂歌樂舞——從甲骨卜辭"武湯"説起》，《中研院歷史語言研究所集刊》第 90 本第 4 分，2019 年，第 641 頁。

[6] 拓片取自吴鎮鋒編著：《商周青銅器銘文暨圖像集成續編》第三卷，上海古籍出版社，2016 年，第 63 頁。

宜"理解爲"設置饌餚"。地名"霤"數見於商金文,是"商末商王經常來活動的重要聚落",距離朝歌不遠,設有商王別館、"大室"等,常從事宗教禮儀或饗宴等活動。"庸"爲青銅鐃。"欥"讀爲"坎",引《陳風・宛丘》"坎其擊鼓"認爲本銘中"或指鼓曲、鼓調"。"魯"讀爲"迪""蹈",訓爲舞蹈義。"終",爲"樂曲一章之結束","十終"指十個樂章。"朕"讀爲"騰","三騰"指多次騰躍。"遾"爲器主名。"肯"讀爲"通",訓爲"得"或"達""至"。"万"爲以樂舞爲職業者,"大万應是遾所屬家族名號,即氏名",銘中也可理解爲"其族之族長"。

李家浩先生在《大万尊銘文釋讀》(以下簡稱《釋讀》)[1]一文中把遾尊稱爲大万尊,認爲商末銅器銘文往往把月記在中間,應按照後世漢語的習慣把"才六月"移至開頭"辛未"之前。他所作的釋文和字詞考釋如下:

> 才(在)六月辛未,婦尊宜,才(在)闌大室。王卿(饗)酉(酒),奏庸(鐮),新宜欥(軟),魯(舞)十久(終),三朕(騰)遾(眔)肯(踊)。王(賞)。用乍(作)父乙彝。大万。

"婦"指王婦。"霤"爲"闌"字異體,"是商都附近一個城邑"。"婦尊宜,在闌大室"理解爲"王婦在闌的宗廟太室設置看饌招待商王"。"欥"分析爲從"欠""田"聲,認爲是"軟"字異體,訓吟誦、吟詠義。"新宜軟"理解爲"新譜寫的佐食看饌的歌"。《新見》隸定爲"魯"的字,《釋讀》直接釋爲"魯",讀爲"舞"。"遾"讀爲連詞"眔"。"肯"是"踊"字異體,"踊"承上省略"三",並引《左傳・僖公二十八年》"距躍三百(趙),曲踊三百(趙)",認爲"三騰遾(眔)踊"應理解作樂舞時三"騰"三"踊"。最後,他又討論了兩個問題,一是"舞十終"比周武王滅商之後宗廟獻俘時"籥人九終"還多"一終",而且最後還要"三騰眔踊",足見商紂王荒淫無度。二是銘文所見饗宴樂舞的"饗禮"資料不見於西周金文,價值非常重要。

綜上可知,甲骨文以及金文所見的"万"是從事樂舞工作人員的名稱,"大万"即爲萬人之長。[2] 新出《大万尊》記述了王婦在宗廟大室設饌招待商王,商王饗宴時,万人演奏大鐃,吟唱歌曲之後,跳舞十個樂章,再三騰三踊,最後商王賞賜万人之長。這篇銘文揭示了商末萬人集團的職責包括演奏鐘鼓、歌唱與舞蹈等多項工作,爲我們提供了商代饗宴時"饗禮"的具體禮儀制度,極爲珍貴。

---

[1] 李家浩:《大万尊銘文釋讀》,《出土文獻》第八輯,中西書局,2016 年,第 30—37 頁。

[2] 《墨子・非樂上》:"昔者齊康公興樂萬,萬人不可衣短褐,不可食糠糟。曰:'食飲不美,面目顏色不足視也;衣服不美,身體從容不足觀也。'是以食必粱肉,衣必文繡。此掌不從事乎衣食之財,而掌食乎人者也。"(吳敏江撰《墨子校注》,中華書局,1993 年,第 381 頁)墨子批判齊康公時萬人的美食華衣,這證明戰國初期萬人集團尚且存在。

三、《毛詩·簡兮》篇與萬舞

　　根據上述裘錫圭、朱鳳瀚、李家浩三位先生的觀點,以下具體探討《毛詩·簡兮》篇的詩意。爲便於討論,再揭《簡兮》篇如下(分章按《詩集傳》説):

> 簡兮簡兮,方將萬舞。日之方中,在前上處。
> 碩人俣俣,公庭萬舞。有力如虎,執轡如組。
> 左手執籥,右手秉翟。赫如渥赭,公言錫爵。
> 山有榛,隰有苓。云誰之思,西方美人。彼美人兮,西方之人兮。

　　先解釋字詞。"簡"爲鼓聲(聞一多説[1]),《商頌·那》篇"奏鼓簡簡"。迄今未見商代懸鐘出土,打擊樂器有"庸(大鐃)"[2]和"鼓"等。"日之方中",日在正午(高亨説[3])。"碩人"指身材高大的人,即舞師(程俊英·蔣見元説[4]),"万"人之族。"轡",《詩集傳》云:"今之繮也。""組",絲帶,《詩集傳》云"織絲爲之,言其柔也",林義光云:"執轡如組蓋古人成語,意謂執轡如織組,動則成文。萬舞本不執轡,此特舉成語爲喻,並譽其人有致遠之才也。"[5]"籥",《詩集傳》云:"籥如笛而六孔,或曰三孔。""翟",《詩集傳》云:"雉羽也。""赫",赤貌,"渥",厚漬,均從毛《傳》。"赭",高亨謂"赤土",又云"赫如渥赭"描述"舞師的面色"。[6]《秦風·終南》篇"顔如渥丹",安大簡《詩經》作"麀(顔)女(如)渥庶(赭)",[7]可知此類説法爲當時的常套句。"山有榛,隰有苓",赤塚忠氏認爲是思慕君子的興詞,他舉出《毛詩》"山有……""隰有……"對言的詩句十一例,説:"山、隰對舉之後是木、草對舉,其後多是思慕君子之類的内容,可知這是以木形容男子、以草形容女子的興詞成立之後的詩句。"[8]"西方之人",程俊英等云:"西方,指周,周在衛西。"[9]應指來自西方周王朝的衛公。

　　《簡兮》篇雖作於後世,但其内容顯示位於商人故地的衛國繼承了萬舞的儀節,衛人舉行

[1]　聞一多:《詩經通義(乙)》,孫黨伯等編:《聞一多全集·詩經篇下》,湖北人民出版社,1993年,第92頁。
[2]　陳佩芬編著:《中國青銅器辭典》,上海辭書出版社,2013年,第1249—1252頁。
[3]　高亨:《詩經今注》,上海古籍出版社,1980年,第55頁。
[4]　程俊英、蔣見元:《詩經注析》,中華書局,1991年,第104頁。
[5]　林義光:《詩經通解》,中西書局,2012年,第49頁。
[6]　高亨:《詩經今注》,上海古籍出版社,1980年,第55頁。
[7]　黃德寬等主編:《安徽大學藏戰國竹簡(一)》,中西書局,2019年,第108頁。
[8]　[日]赤塚忠:《〈詩〉國風篇の成立》,《赤塚忠著作集5·詩經研究》,研文社,1986年,第740—741頁。
[9]　程俊英、蔣見元:《詩經注析》,中華書局,1991年,第105頁。

萬舞以祈願衛公之多福。宗廟公廷之中,舞師左手持笛,右手持羽,隨着鐘鼓之音的伴奏,有力而優雅地演出萬舞。衛公賜爵給舞師,舞師吟唱詩歌祝願主公多福,這個流程與新出大万尊銘文所載一脉相通。境武男明確指出"萬舞"是源自商代的舞蹈,他説:"源自東方的殷人傳統舞樂奉獻在衛國貴族眼前,此篇前三章描寫舞蹈的情狀,最後一章是舞師奉獻的祝頌之辭,即所謂的'祝壽歌'。"[1]他的説法基本把握了《簡兮》篇的整體詩意。

結　語

綜上,以大万尊銘文爲綫索,可以很大程度復原商末"万舞"的具體内容,據此我們探討了《毛詩·簡兮》篇的解釋和整體詩意。裴錫圭先生《釋万》一文發表以後,《毛詩》所見"萬舞"源於商代之説爲大多學者所認同,大万尊的發現則提供了"萬舞"的具體内容,使我們很大程度上明確了商末饗宴中"饗禮"的禮儀制度。其大致流程是,在商王宫殿大室之中,舞師之長"大万"及其下屬演奏大鐘,一邊吟唱着詩歌,一邊跳完十個樂章的舞蹈,之後又騰跳、踊跳各三次,最後商王嘉獎賞賜"大万"。由此可知,與《簡兮》篇所描述"萬舞"極爲接近的舞樂形式在商末已經確立。商代演奏的大鐘"庸(鏞)"是大鐃,至周代演變爲編鐘,這已經爲考古發現所證明。

"萬舞",在《毛詩》中見於《邶風·簡兮》《魯頌·閟宫》《商頌·那》三篇,邶、魯、宋分别位於商人故地的淇水流域、商之舊都曲阜和商丘,均是商朝傳統濃厚的地區。《簡兮》篇成立之際,人們很有可能已經認識到"萬舞"是商人傳統的舞蹈,上引《左傳·隱公五年》和《墨子·非樂上》等文獻是其旁證。

此外,《毛詩》中存在不少與羽舞有關的詩,雖不見"萬舞"之稱,却是描述持羽而舞的詩篇。例如:《周頌·振鷺》篇,《毛序》云:"振鷺,二王之後來助祭也。"鄭注云:"二王,夏、殷也。其後,杞、宋也。"以"二王之後"爲夏、殷之後裔杞、宋兩國的國君。從《毛序》及鄭注可知,即使在漢代也可能認識到杞、宋之國保留有古老的傳統,這也表明春秋時代的宋國或許還保存着古老的傳統舞蹈"萬舞"。《左傳·昭公二十五年》載:"(魯昭公)將禘於襄公,萬者二人,其衆萬於季氏。臧孫曰:'此之謂不能庸先君之廟。'大夫遂怨平子。"杜注:"萬,舞也。於禮,公當三十六人。"言昭公"禘"祭於其父襄公之廟時,本應有三十六人(六佾)的萬舞舞師却只有兩人[2],其餘衆舞師萬舞於季氏之庭。經典文獻所載的"萬舞"舞師"万"人集團自商代至東周一直活躍於邶、魯、宋等商代傳統濃厚的地區,有必要在這個認識的基礎上重新考慮《毛詩》所見的"萬舞"及其他持羽之舞。

---

[1]　[日]境武男:《詩経全釈》,汲古書院,1984年。
[2]　清代學者惠棟云"二人"當爲"二八"之誤。參《春秋左傳正義》,北京大學出版社,2000年,第1678頁。

附記: 本文曾在"東北亞青銅文化比較研究國際學術研討會"(2019 年 12 月 15 日,日本巖手大學)上做口頭發表,承蒙朱鳳瀚先生等多位學者惠賜修改意見,獲益良多。又承蒙匿名審稿專家提供寶貴意見,在此一併謹表衷心感謝!

(翻譯: 劉海宇,日本巖手大學平泉文化研究中心)

齊侯壺銘文新探

陳斯鵬*

　　齊侯壺一對(《集成》09729、09730)，或稱齊侯罍、洹子孟姜壺等，其銘文所述之事頗爲特別，歷來受到研究者的重視，論者多家。但由於字體較潦草，有不少字詞還未能確釋，對其內容的解讀尚有許多的討論空間，甚至在作器主體的認定上，至今都尚未有一致的認識(從稱名的不同可見)。本文試圖在諸家研究成果的基礎上，作一點新的探索。

　　二壺銘文各有殘訛，茲參校整合二銘，並參考諸家意見，釋寫如次。

　　　　齊侯女晶爲喪，其歸(?)。齊侯命大(太)子□達(?)來□宗白(伯)，聖(聽)命于天子，曰："碁(期)則爾碁(期)，余不其事(使)女(汝)受冊(?)遄速(傳)□御，爾其遄(濟)受御。"齊侯拜嘉命。于上天子，用璧、玉備(佩)一瑚(笥)；于大無(巫)瑚(司)折、于大瑚(司)命，用璧、兩壺八鼎；于南宮子，用璧二、備(佩)玉二瑚(笥)、鼓鐘一鉾(肆)。齊侯既遄(濟)洹子孟姜喪，其人民邟邑菫寠，無用從爾大樂。用鑄爾羞銅，用御天子之事。洹子孟姜用乞嘉命，用旂眉壽，萬年無彊(疆)，用御爾事。

　　銘文可分爲三個段落。開頭至"齊侯拜嘉命"爲前段，"于上天子"至"鼓鐘一肆"爲中段，"齊侯既遄洹子孟姜喪"以下爲後段。其中前段有幾個字的字形判定尚有疑問，比如"喪其"後一字，舊多釋"叚"而讀"舅"，或讀爲"仇"，又有釋"斷"或釋"比(匹)"或釋"縣"者，均不可信。字左從"省"是比較清楚的，似有可能是"歸"字。"太子"下二字一般釋"乘遷"，或釋"乘還(駟)"也頗可疑，下字與"達"較爲近似。"宗伯"前一字或釋"句(敏)"，或釋"叩"，均不能密合。所以，此段文字的釋讀，目前很難有實質性的突破。中段記用禮器於諸神明，除了"上天子"或釋"二天子"，"大無"和"南宮子"的所指稍有爭議外，文意大體上是清楚的。而銘文後段的理解，分歧最大。而且其中包含作器之由，正是解讀全篇主旨的關鍵所在，所以，本文將着重從後段入手來做一些探討。

---

* 中山大學中文系教授。

"齊侯既遆洹子孟姜喪"一句,顯然是照應銘文前段而言的。"洹子孟姜喪"對應開篇的"齊侯女甾為喪"。開篇之"喪"指喪事,向無異議。"期則爾期"之"期"一般釋為期喪,也是可信的,且可與"喪"義相互證明。過去或有於本句"遆"字下點斷,"喪"連下"其人民部邑"讀,理解為喪失者,則前後二"喪"異解,難免扞格,現已少有信從者[1]。"齊侯既遆洹子孟姜喪"承前天子之命"爾其遆受御"。楊樹達先生讀"遆"為"濟",訓止;[2]李學勤先生也讀"濟",訓成。[3] 當以訓成為是。

"其人民部邑董嫢"一句,最為諸家聚訟之所在,於"部""嫢"二字尤多分歧。比較有影響的是,"部"或釋為"都","嫢"或釋為"嫢",並推導出多種讀法。

早期論者,於前者"都""部"二釋均有,釋"部"者多以為地名。[4] 二說各有所據,釋"都"優於文例而劣於字形,釋"部"優於字形而劣於文例。而於後者則多屬不着邊際的猜測,此不具引。[5]

郭沫若先生以"其人民都邑董嫢無"為句,讀"嫢無"為"宴舞",謂"嫢"字"蓋是'宴'之變體,以要為聲,取雙聲也"。[6] 陳漢平先生則主張後者應釋"嫢",並據《説文》"嫢,無禮居也",謂"嫢字讀本字,義為居",並讀"董"為"謹",謂"'其人民都邑謹嫢,無用縱爾大樂'一句銘文文義為:在居喪期間,人民都邑謹敬而居,不縱大樂"。[7] 馬承源先生主編的《商周青銅器銘文選》釋文作"其人民都邑董(懂)嫢(憂)",但在注釋中"嫢"則作"嫢",謂"嫢"從"要"聲,與"憂"聲同韵近;"董"讀"懂",引《廣韵》"懂,哀憂也",《集韵》"懂,憂也"。[8] 董蓮池先生主張釋二者為"部""嫢",並據先秦"造"通"蹙"之例,讀"部"為"蹙",進而讀"邑"為"悒","董嫢"則同《商周青銅器銘文選》讀為"懂憂",認為"'其人民蹙悒懂憂'是説齊侯在為洹子孟姜家喪持服之事既成之後,他的人民也現出一派悲愁的樣子"。[9] 張振林先生也同意釋"部""嫢"之説,但他讀"部"為到達義之"造",認為"在齊侯向桓子家吊喪之後,與其説其人民百姓悲愁憂傷,似不如説要求其人民百姓造邑(到桓子家)吊問",而對"嫢"字的訓釋則未予落實。[10]

---

[1] 近年,張振謙先生《洹子孟姜壺初考》(《貴州師範大學學報》2017 年第 1 期)並前"喪"字也解作喪失,"喪其"後一字釋為"縣",字形頗遠,更不可信。

[2] 楊樹達:《積微居金文説》(增訂本),中華書局,1997 年,第 35—36 頁。

[3] 李學勤:《齊侯壺的年代和史事》,《文物中的古文明》,商務印書館,2008 年,第 246 頁。

[4] 李孝定、周法高、張日昇:《金文詁林附録》,香港中文大學,1977 年,第 1855—1859 頁。

[5] 李孝定、周法高、張日昇:《金文詁林附録》,香港中文大學,1977 年,第 1962—1966 頁。

[6] 郭沫若:《兩周金文辭大系圖録考釋》,上海書店出版社,1999 年,第 213—214 頁。

[7] 陳漢平:《屠龍絶緒》,黑龍江教育出版社,1989 年,第 212—213 頁。

[8] 馬承源主編:《商周青銅器銘文選》(四),文物出版社,1990 年,第 550 頁。

[9] 董蓮池:《〈金文編〉校補》,東北師範大學出版社,1995 年,第 193 頁。

[10] 張振林:《先秦"要"、"嫢"二字及相關字辨析》,《第三屆國際中國古文字學研討會論文集》,香港中文大學中國語言及文學系,1997 年,第 735 頁。

李學勤先生仍維持過去"都""婁"二字的隸釋,讀"菫婁"爲"謹要",串講文意云:

> 齊侯既成服,悼其女家喪,"其人民都邑謹要:'無用縱爾大樂。'"是講齊國的人民都邑。"要"就是"約",國君持服,其人民都邑也都約定不可大舉作樂。[1]

禤健聰先生則從"部""婁"的隸釋出發,讀"部"爲聚落之"聚","婁"如字訓貧,"菫"讀"饉",謂"人民、聚邑皆困乏,故須'無用縱爾大樂',改善施政"。[2]

欲權衡諸説得失,當然須先從字形入手。實際上,銘文中"部""婁"二字均有較清晰者,分別作如下之形:

部：

婁：

以目前的古文字認識水平來看,隸釋作"部"和"婁"應該是没有什麼疑義的。此"部"字古文字中多見,多用爲造作之"造",其聲符即"造"字所從聲符,本與告説之"告"來源不同。關於"造"字所從與"告"本有區別的問題,過去孫稚雛、裘錫圭、李守奎等先生早就注意到,後來經過大西克也、陳劍兩位先生的詳細辨證,已可論定。[3] 不過,因爲二者後來已混同,故壺銘此字隸釋爲"部"即可。

至於古文字中的"婁",舊多誤以爲"要",但自 20 世紀 70 年代朱德熙、裘錫圭先生釋出楚簡中的"縷"字以來,[4]也已逐漸有了共識。後來,郭永秉先生確認了古文字中的"要",從而進一步釐清由傳抄古文造成的"婁""要"之間的糾纏。[5]

所以,將壺銘"部""婁"釋爲"都""婁"引出的諸種解釋,其立論的基礎是不可靠的。

---

[1] 李學勤:《齊侯壺的年代和史事》,《文物中的古文明》,商務印書館,2008 年,第 246 頁;原載《中華文史論叢》2006 年第 2 期。

[2] 禤健聰:《洹子孟姜壺"人民聚邑饉婁"考》,《中國國家博物館館刊》2014 年第 11 期。

[3] ［日］大西克也:《戰國楚系文字的兩種"告"字》,《簡帛》第一輯,上海古籍出版社,2006 年。陳劍:《釋造》,《出土文獻與古文字研究》第一輯,復旦大學出版社,2006 年;收入所著《甲骨金文考釋論集》,綫裝書局,2007 年。前此諸家相關意見,也參此二文所引述。

[4] 朱德熙、裘錫圭:《戰國文字研究(六種)》,《考古學報》1972 年第 1 期。另可參看吳振武:《〈古璽文編〉校訂》,人民美術出版社,2011 年,第 36—37 頁。

[5] 郭永秉:《談古文字中的"要"字和從"要"之字》,《古文字研究》第二十八輯,中華書局,2010 年;收入氏著《古文字與古文獻論集》,上海古籍出版社,2011 年。

　　壺銘"郜"與國名或邑名的"郜"雖隸定同形,而實不同字。《説文·邑部》:"郜,周文王子所封國。从邑,告聲。"大徐音"古到切"。西周晚期郜史碩父鼎(《銘圖》02233)作 ,確从"告",與壺銘"郜"字有別。故早期釋"郜"諸家以爲國名或邑名的"郜",不但在文例上具體的"郜邑"難以與汎指的"人民"構成並列關係,而且在文字學上也未達一間。

　　董蓮池先生讀壺銘"郜"字爲"蹙",張振林先生讀"造",以及襧健聰先生讀"聚",都是從"造"聲系出發的(襧説更建立在大西克也、陳劍先生新辨析的基礎上),音理均無問題。但從文意上衡量,應以襧説爲可信。"人民聚邑"連稱,正與鸒鎛(《集成》00271)之"民人都啚(鄙)"連稱極相類似(過去一些研究者正是基於這一文例觀察,而選擇將"郜"當作"都"或"都"之訛體的)。襧氏援引蘇建洲先生對上博楚簡(五)《三德》12"百乘之家,十室之佸(聚)"("佸"也從"造"聲系的"告")的考釋,尤爲有力之證據。至於"宴"字,陳漢平先生雖已正確釋出,但他斷取《説文》"無禮居也"之"居"爲釋,以壺銘"宴"爲居住義之動詞,蓋未明辨許説之所以然,更於文獻無徵。"宴(宴)"之本義指居所貧陋,故字本从"宀"(通作从"穴")。玄應《一切經音義》卷一引《字書》:"宴,空也。"居所貧陋則表現爲空空如也。而居所貧宴者自然無財以備禮,《詩·邶風·北門》:"終宴且貧,莫知我艱。"毛傳:"宴者,無禮也;貧者,困於財。"孔穎達疏:"宴謂無財可以爲禮,故言宴者無禮。"此《説文》"無禮居也"云者之所以然。引而申之,則"宴(宴)"可汎指貧窮、困迫,此文獻之常義。襧氏以此義釋壺銘,實甚允當。唯讀"菫"爲"饉",則似不若讀"艱"。上博楚簡(三)《周易》22:"良馬由(逐),利菫(艱)貞。"是其例。"宴"與"艱"義相類,上引《詩·邶風·北門》文"宴""艱"正前後相應。後世文獻也有成詞"艱宴",如《新唐書·杜審言傳》:"時所在寇奪,甫家寓鄜,彌年艱宴,孺弱至餓死。"書證雖晚,也可資印證。

　　這樣的解釋顯然跟以往的一些思路有很大的差異,所以有必要多作一點説明。過去不少研究者因爲跟喪事聯繫起來,所以將銘文此句的含義設定在講述人民的悲愁情感的方向上。《商周青銅器銘文選》讀"菫宴"爲"懂憂",董蓮池先生讀"郜邑"爲"蹙悒",陳劍先生讀"郜邑"爲"戚邑",[1]均基於此一設定。若依董、陳之説,則連用四個近義詞來表達人民的哀戚悲傷之情,尤其強烈。但誠如襧健聰先生所指出,一方面,這樣連續四字皆爲假借,過於巧合;另一方面,"若説人民'現出一派悲愁',其事應發生在喪事之初,於'持服之事既成之後'方予叙之,並不合於情理"。特別是後一方面,尤爲重要。

　　實際上,關於作器的時間,楊樹達先生很早就指出,"當在終喪以後,事屬追紀",[2]張政烺先生也認爲是"期而作器",[3]不過似乎並未引起重視。然重新審視全文,卻不得不承認

[1]　陳劍:《釋造》,《甲骨金文考釋論集》,綫裝書局,2007年,第134頁。
[2]　楊樹達:《積微居金文説》(增訂本),中華書局,1997年,第36頁。
[3]　張政烺著,朱鳳瀚等整理:《張政烺批注〈兩周金文辭大系考釋〉》,中華書局,2011年,第146頁。

此説之確。按銘文前段所記天子之命,最後落實在"爾其濟受御",結合"齊侯既濟洹子孟姜喪……用御天子之事"來看,"爾其濟受御"猶言"爾其既濟焉受御"也。齊侯本來當受服御天子之命事,但因請求期服,天子允其成期喪之後受御。於是,齊侯遵王命在既成喪之後作器以御天子之事。這才是齊侯作此器的直接動機和當前背景。服喪期間而御天子之事,於禮是有大妨的。可以肯定,作器在期喪完成,即在滿一年之後,而不可能在持服期間,更不可能在新喪之時。在這個時候強調人民的哀戚悲傷之情,當然是不太合情理的。"濟"爲成期喪之成,而非成服之成(古禮三日成服,或曰諸侯五日)。李學勤先生既認同"期"爲期喪之説,又將"齊侯既濟洹子孟姜喪"解釋爲"齊侯既成服,悼其女家喪",實際上是自相矛盾的。張振林先生的"造邑吊問"説同樣只適合於初喪,自然也不可信。

更能直接説明銘文情感基調的,是作爲喪事最密切當事人的洹子孟姜的表現。銘文最末一句云:"洹子孟姜用乞嘉命,用旂眉壽,萬年無疆,用御爾事。"這是孟姜借着父親齊侯的面子出來湊個熱鬧,跟周天子套近乎,絲毫没有表現出一點哀緒。所以,銘文實在没有理由反而去着意強調一般的齊國人民的哀戚悲傷。很顯然,時過境遷,與喪事相聯繫的哀傷之情已然不是銘文的情感基調。喪事在這篇銘文中屬於過去叙事,不過是作爲一個遠背景而存在。

我基本贊同禤健聰先生對"其人民鄙邑董宴"一句的字面解釋,但對這話的用意和背後邏輯的理解,却與禤先生有所不同。禤先生説"'既遭'之後數句,顯然是祝頌誡勉之語","'其人民聚邑饉宴,無用縱爾大樂'云云,無非是強調民生多艱,誡勉要體恤民生,勵精圖治,以期固國強兵。這正是春戰之際諸侯慣用的辭令"。他認爲銘文強調民生多艱的目的在於誡勉,但是誡勉的對象是誰,却並未作説明。如果誡勉對象是洹子孟姜,則"其人民聚邑艱宴"自應指孟姜的情況,然則與整句以"齊侯"領起爲主語相矛盾;如果誡勉對象是齊侯自己,則何以緊接着的"無用從爾大樂"以第二人稱代詞"爾"來自指,也頗費解。所以,禤説不無可疑。我認爲"其人民聚邑艱宴"是齊侯説給周天子聽的,意在説明在濟洹子孟姜之喪之後,齊國出現人民聚邑貧困的局面。要完整理解這句話的含義,還需要對其後的"無用從爾大樂"等語重作分析。

"無用從爾大樂"一句,歷來絕大多數研究者都讀"從"爲"縱",作放縱講,並從居喪禁樂的角度去理解。但如上文所論,這種居喪背景的預設並不能成立,則釋讀的思路自然可能需要調整。當然,從情理上講,即使在期喪完成之後,仍然有強調不縱樂之可能。禤健聰先生便是從這個角度去理解的。但這裏有個關鍵問題,就是代詞"爾"之所指,諸家似均未得其解。從上面對禤説的分析已可説明,此"爾"無論指洹子孟姜,還是指齊侯自己,都存在語法和語義的問題。對此,諸家多模糊其辭。李學勤先生大概意識到其中的矛盾,所以特將"無用從爾大樂"當作人民自爲要約之語,但仍然不能解決問題。我認爲"爾"應指稱周天子而言。何以知之? 銘文中齊侯言"用御天子之事",而孟姜則言"用御爾事",就是"爾"指天子的明確内證。"用"者,以也,此爲上古漢語之常訓。"從"如字,侍從、從御之意。"無用從爾大樂",即無以從御爾之大樂,這是齊侯對周天子的自謙之言。因何而"無用從爾大樂"? 正以"其人民聚邑艱宴"故也。而從敘述邏輯來看,"其人民聚邑艱宴,無用從爾大樂"與"既濟洹子孟姜喪"之間似也不排除存在因果關係;或者至少可以說,在敘事主體一方的齊侯的主觀上,這種關係是很可能存在的。

"用鑄爾羞銅"之"爾"也應指周天子。李學勤先生當作指示代詞,訓此,不確。"銅"字或釋"鈲",於形不似。李先生謂"羞銅意思是進獻之銅,同於晉器子犯編鐘的'羞金'",也可商。金文中與"(齊侯)鑄爾羞銅"類似的文例如:

> 伯氏作曹氏羞鼎。(伯氏鼎,《集成》02443)
> 祝姬作孟妊姑兹羞鬲。(祝姬鬲,《銘圖》02825)
> 郘慶作秦妊羞鬲。(郘慶鬲,《銘圖》02866)
> 國子碩父作季嬴羞鬲。(國子碩父鬲,《銘圖》03023)

顯然,這類句子都是雙賓語句,處於"作"或"鑄"與器名之間者,是器物所爲作的對象。故"爾"應爲人稱代詞,而非指示代詞。"羞銅"則應與"羞鼎""羞鬲"一樣,指進御之器。從其所處位置,即可以斷定"羞銅"之"銅"爲器名,而不應該指銅料;況且金文中銅料一般言"金"不言"銅",言"銅"者要晚至戰國晚期才少量出現。[1] 作爲器名之"銅",郭沫若先生認爲即《書·顧命》"太保承介圭,上宗奉同瑁"之"同"(《白虎通·爵篇》引作"銅"),爲酒器之名。[2] 其說似可信。近出西周早期觚形器內史亳同(《銘圖》09855)自名也作"銅"(字從"❄"),或與此有關。但何以觚形器與壺形器可同稱爲"銅",則還需要研究。

從"用鑄爾羞銅,用御天子之事"來看,齊侯此次鄭重其事所鑄造之器,應該不含其他器類,大概僅僅限於此區區一對銅壺而已,確實難免顯得簡儉了。然則他先以"其人民聚邑艱宴,無以從爾大樂"這樣自謙貶抑之語來作爲鋪墊,就更好理解了。

諸家不把"爾"同天子聯繫起來,大概是受後世語言習慣的影響。其實,上古漢語的"爾""汝"等本可用爲第二人稱代詞之通稱,既可用於平稱和下稱,也可用於上稱,傳世文獻和出土文獻均有不少例證,學界也已多有討論。[3] 兹舉數例於下。

> 芮伯若曰:"嗚呼! 惟爾天子,嗣文武業。"(《逸周書·芮良夫》)

---

[1] 杜迺松:《青銅器銘文中的金屬名稱考釋》,氏著《吉金文字與青銅文化論集》,紫禁城出版社,2003年,第13頁。

[2] 郭沫若:《兩周金文辭大系圖錄考釋》,上海書店出版社,1999年,第214頁。

[3] 可參張玉金《西周漢語代詞研究》,中華書局,2006年,第109—119頁。

史乃册祝曰:"惟爾元孫某,遘厲虐疾;若爾三王,是有丕子之責于天,以旦代某之身。"(《書·金縢》,清華簡本《金縢》"爾"字同)

烈祖文考,式竆受(授)牆爾黼福。(牆盤,《集成》10175)

式皇祖考高對爾烈……懷受余(授)爾黼福。(癲鐘,《集成》00246)

說廼曰:"唯帝以余畀爾,爾左執朕袂,爾右稽首。"(清華簡《說命上》簡3—4)

公曰:"已!汝惟沖子,惟終。汝其敬識百辟享,亦識其有不享。"(《書·洛誥》)

公曰:"嗚呼!天子,我不則寅哉寅哉!汝無以戾□罪疾,喪時二王大功,汝無以嬖御固莊后,汝無以小謀敗大作,汝無以嬖御士疾大夫卿士,汝無以家相亂王室,而莫恤其外,尚皆以時中乂萬國。"(《逸周書·祭公》,清華簡本"莊后"前有"爾"字)

大約春秋以降,"爾""汝"才漸不用於上稱。從傳世文獻的情況看,"爾""汝"上稱似不能晚至春秋晚期。齊侯壺"爾"保留上稱用法,這可能對將其斷代提前的意見是一個支持。但此問題尚有待更細緻的研究。

銘文最後一句"洹子孟姜用乞嘉命,用旂眉壽,萬年無疆,用御爾事",上文已說過,"用御爾事"與前"用御天子之事"相應,"爾"指天子無疑。這樣一來,銘文後段三個"爾"字均可得到統一而明確的解釋,人物之間的關係也更加明朗了。

"嘉命"一詞已見於銘文前段,此處再次出現,尤可注意。從上文所論,已不難看出,銘文的主旨實並不在於喪事,而正在於此天子之"嘉命"。清人龔自珍曾對銘文中"嘉命"與喪事之關係提出質疑,楊樹達先生對此議論云:

> 龔定庵疑之,謂古無因喪而受嘉命者,亦無以喪祭而匃眉壽者。余謂齊侯有所請而天子許之,且有所授,故謂之嘉命,固不問其所請爲何事也。況此器作自陳氏,方以天子許其君持喪爲其家之榮寵,又焉得不謂之嘉命也?至此器之作,非在陳氏居喪之時,當在終喪以後,事屬追紀,又何不可匃眉壽之有哉![1]

楊先生以爲器作自陳氏,固然不對,但他從"齊侯有所請而天子許之,且有所授"的角度來解釋"嘉命",是很有見地的。但我認爲,龔定庵之疑仍不能輕易否定,所謂"嘉命"應該主要是針對"有所授"這一點而言,而與"有所請而天子許之"的關係不大。從銘文看,既然天子對齊侯之命落脚於"爾其濟受御",這意味着,重點還是在命齊侯御天子之事上,只不過因爲期喪之事的突然插入,使得這一授命要中斷或推遲生效而已。後面的"齊侯既濟洹子孟姜喪……

---

[1]　楊樹達:《積微居金文說》(增訂本),中華書局,1997年,第36頁。

用鑄爾羞銅,用御天子之事",説的正是終喪之後對"嘉命"的重啓。而末尾洹子孟姜也附隨其父齊侯來乞"嘉命",且所謂"嘉命"同樣落實爲"用御爾事",前後高度一致,正可進一步證明"嘉命"云者,是指向"御事"的。

綜上所論,此一對壺是齊侯在成洹子孟姜之期喪之後,爲應天子之嘉命,即進御天子之事而造的。過去多從居喪期間悲哀禁樂的預設,來解釋銘文後段的有關語句,存在方向上的偏差。或以誡勉之言説之,也难通。"其人民鄁(聚)邑菫(艱)寠,無用從爾大樂。用鑄爾羞銅,用御天子之事",是齊侯對周天子説的自謙之言,意思是齊國因爲貧困,無以侍從天子之大樂,故僅能鑄作此壺,聊爲進獻之器。作器主體爲齊侯無疑。"洹子孟姜用乞嘉命"云云,誠如李學勤先生所言,是附帶的;有些研究者據此以洹子孟姜爲作器者,實不可信。故命名當以"齊侯壺"爲是。又從銘文代詞"爾"指稱天子看,似不能晚到春秋晚期。至於其準確年代,以及"洹"之所指,尚待進一步研究。

論"叔子榖厄"的自名

何景成[*]

陝西歷史博物館收藏有一件稱爲"叔子榖厄"的青銅器(或稱"叔子榖盌""叔子榖簠")。該器分別著録於吳鎮烽編著的《商周青銅器銘文暨圖像集成》(第 35 册,編號:19237)[1]和張天恩主編的《陝西金文集成》(第 16 册,編號 1854)。[2] 兩書對這件器物的説明基本相同。據説明,這件青銅器是 1982 年由陝西省文物商店移交給陝西歷史博物館的。該器時代爲戰國早期,通高 12.5 釐米,口徑 19.8×14.3 釐米;器體呈橢圓形,鼓腹,蓋隆起,四足作雙角獸面鳥喙裸體人張開雙臂蹲坐支撐器體,兩側有一對獸頭環鈕,蓋的捉手呈輪狀,由十二條蟠螭組成鏤空圈;器蓋內及內底各鑄銘文 16 字(見圖一)。

1 (器形)　　　　2 (蓋銘)

圖一

器物銘文作(釋文采用寬式):

　　叔子榖作孟姜祖大宗△,以匄永令是保。

---

* 吉林大學考古學院、古籍研究所。

[1] 吳鎮烽:《商周青銅器銘文暨圖像集成》,上海古籍出版社,2012 年。下文簡稱《銘圖》。
[2] 張天恩:《陝西金文集成》,三秦出版社,2016 年。

銘文中的"△"字,似金文中首次出現。該字以"皿"爲義符,從其在整句銘文中的位置來看,應是表示該器的自名。這對於討論這類青銅器的命名,頗有價值。下面談談我們對這一問題的認識。

"△"字形體作表一所示:

表一

| 蓋銘照片 | 蓋銘拓片 | 器銘照片 | 器銘拓片 |

關於"△"字的釋讀,上引吳鎮烽和張天恩兩位先生主編的金文著録書,將之隸定爲从盌从殳之字,括讀爲"盌"。董珊在討論楚王酓審盞等器的自名之字"盍"的文章中,介紹了這件青銅器,將"△"字讀爲"盌"。董先生認爲,叔子叡盌的器形與楚王酓審盞、惆兒盞等器物相似。後者自名之"盍"字上部所从像彎角之羊,即"莧"的表意字,結合器名"盍"字的形聲關係考慮,"盍"應爲"盌"之異體。[1]

李家浩稱此器爲"叔子叡盌"。在器類繫聯上,亦將之與楚王酓審盞歸爲一類器物:

> 除曾少宰黄仲酉壺、齊良壺外,子膚盆、楚王酓審盞等的器形像有蓋的盆。這一類形態的銅器,除見於上録銘文的自名外(景成按:指"盍"),還有一些不同的自名。自名"盞"的,如襄王孫盞;自名"莧"的,如晋公蕢、伯戔莧;自名"盆"的,如息子盆、樊君夔盆;自名"皿"的,如曾太保慶皿;自名"敦"的,如齊侯敦、陳侯敦;自名"盌"的,如叔子叡盌;自名"鎗"的,如西啉鎗等。[2]

在器類歸屬上,與董珊、李家浩兩位先生不同的是,吳鎮烽和張天恩兩位先生在上引兩部青銅器著録書中,將叔子叡所作的這件器物,歸入"卮"類,稱爲"叔子叡卮"。吳鎮烽將叔子叡卮與哀成叔卮、蔡太史卮、伯游父卮等器排在一起,[3]顯然是認同它們爲一類器物。

---

[1] 董珊:《釋楚文字中的"汁邡"與"胸忍"》,原載李學勤主編:《出土文獻》第一輯,中西書局,2010 年,第163—175 頁。收入董珊:《簡帛文獻考釋論叢》,上海古籍出版社,2014 年,第118—132 頁。此據後文。

[2] 李家浩:《葛陵村楚簡中的"句郢"》,收入黄德寬主編:《安徽大學漢語言文字研究叢書·李家浩卷》,安徽大學出版社,2013 年,第 272 頁。按:西啉鎗銘文鑄於器蓋,最近李琦提出所謂的"鎗"是指"器蓋"之意。參看李琦:《西林敦研究》,《出土文獻》2021 年第 2 期。

[3] 吳鎮烽:《商周青銅器銘文暨圖像集成》第 35 冊,上海古籍出版社,2012 年,第 17—23 頁。

從器類來看,楚王酓審盞、愠兒盞與哀成叔匜、蔡太史匜、伯游父匜是兩種不同的青銅器類。這兩類青銅器均有自名,確定叔子麬器與這兩類器物的類型有關,對於討論“△”字的釋讀,是有很大幫助的。

楚王酓審盞、愠兒盞的器形分別見表二:1、2,這兩個器物分別自名爲“盉”或“盞盉”。銅器資料中還有一些自名爲“盉”或“芋”的青銅器,[1]爲方便討論,我們一併列舉如下:

　　　楚王酓審盞:楚王酓審之盉。(《集録》[2]1022)

　　　愠兒盞:愠兒自作鑄其盞盉。(《集録》1025)

　　　許子盞:許子□之盞盉。[3]

　　　王子申盞:王子申作嘉姤(芋)盞盉,其眉壽無期,永保用。(《集成》[4]04634)

　　　黄仲酉方壺:曾少宰黄仲酉之行盉。(《集録二編》[5]861)

　　　可方壺:可之行盉。(《曾國青銅器》[6]360 頁)

　　　齊良壺:齊良作壺盉,其眉壽無期,子孫永保用。(《集成》09659)

　　　子睿盆:惟子睿鑄其行芋,子子孫孫年壽用之。(《集成》10335)

　　　蘇公簋:蘇公作王妃芋簋,永保用。(《集成》03739)

以上諸器的部分圖像如表二所示:

表二

		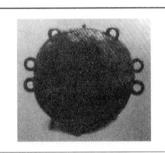
1. 楚王酓審盞(銘圖 06056)	2. 愠兒盞(銘圖 06063)	3. 許子敦(銘圖 06058)

[1] 參看李家浩:《葛陵村楚簡中的“句郚”》,原載《古文字研究》第 29 輯,中華書局,2012 年,第 505—511 頁;收入黄德寬主編:《安徽大學漢語言文字研究叢書·李家浩卷》,安徽大學出版社,2013 年,第 270 頁。

[2] 劉雨、盧岩:《近出殷周金文集録》第四册,中華書局,2002 年。

[3] 王麗霞、王鳳劍:《南陽市近年出土的四件春秋有銘銅器》,《中原文物》2006 年第 5 期,第 9 頁圖 2,封三,2。

[4] 中國社會科學院考古研究所:《殷周金文集成》,中華書局,1984—1994 年。

[5] 劉雨、嚴志斌:《近出殷周金文集録二編》,中華書局,2010 年。

[6] 湖北省文物考古研究所:《曾國青銅器》,文物出版社,2007 年。可方壺形制與黄仲酉方壺一致。

續表

4. 王子申盞(銘圖 06071)	5. 黃仲酉壺(銘圖 12249)	6. 子賞盆[1]

上舉自名爲"盅"的青銅器,除黃仲酉方壺、可方壺和齊良壺外,其他諸器的形制較爲接近。許子敦自名爲"盞盅",其形制與敦一致。董珊先生指出,楚王酓審盞這類器物自稱"盅""盞盅""行盅",這與敦類器物有時稱"盞盅""盞"的情況可以比較。[2] 王子申盞是器蓋,其形制與楚王酓審盞的器蓋相類。關於"盅"的釋讀,趙平安根據睡虎地秦簡和漢印"寧"字的寫法,指出子賞盆和蘇公簋之"芧"字應釋爲"甹",其他諸器的"盅"字應釋爲"盈"。作爲器名,甹是盈的借字。容庚以爲盈即甀,並引《方言》謂:"甀,罌也。"盈是盈的異體字。"壺盈"和"盞""盞盈"都屬於連類相及的用詞現象。[3] 董珊認爲該字應分析爲從"莧"聲,讀爲"盌"。[4] 李家浩贊成趙平安的釋讀意見,並進一步論證説,西鄰鑰自名"鉦鑰","鉦""甹""甀"三字古音相近,"鉦鑰"應讀爲"盈(甀)鑰",可以與蘇公簋"甹簋"讀爲"甀簋"互證。對於黃仲酉方壺和齊良壺的"盈",李先生認爲可以讀爲"鈃",《説文》金部:"鈃,似鍾而頸長。"[5]子賞盆與晉公盆(《銘圖》13·06274)形制相似,子賞盆自名爲"芧",晉公盆自名爲"盈",將"芧"釋爲與"盈"古音相近的"甹",是較爲合理的。

像楚王酓審盞、愠兒盞、許子敦等可稱爲"甀"的青銅器,其特點是器蓋合呈圓體或扁體,腹部横截面作圓形。這與叔子毂器的腹部横截面呈橢圓形是不一致的。

吴鎮烽和張天恩兩位先生將叔子毂器命名爲"卮",歸入"卮"這一器類,應該是吸收了李學勤的意見。李先生通過對古文字"鉊"的改釋,把過去稱爲"鉊"的器物改稱爲"卮"。

青銅器中有一種其自名曾被釋爲"鉊"的器物,如蔡太史"鉊"、哀成叔"鉊"、史孔"鉊"與"左關鉊"等器。朱鳳瀚歸納這種器物的特點是:

---

[1] 信陽地區文管會、潢川縣文化館:《河南潢川縣發現黃國和蔡國銅器》,《文物》1980 年第 1 期,第 46—50 頁。
[2] 董珊:《釋楚文字中的"汁邡"與"胸忍"》。
[3] 趙平安:《金文考釋五篇》,《容庚先生百年誕辰紀念文集》(古文字研究專號),廣東人民出版社,1998 年,第 448—454 頁。
[4] 董珊:《釋楚文字中的"汁邡"與"胸忍"》。
[5] 李家浩:《葛陵村楚簡中的"句鄂"》。

　　鉶的形制特點是敞口或斂口,腹的橫截面與口部皆作橢圓形,腹較深;兩長邊上腹部多有雙環耳,腹壁內收成平底,此外鉶亦有下接矮圈足,或接四足的。無蓋或有蓋。其與杯雖皆橢圓形,但鉶腹較深且作環耳,不同於耳杯淺腹弧狀耳。此外鉶或作斂口鼓腹形,或有蓋,或接四足,亦皆不見於耳杯。[1]

　　爲了討論方便,我們將帶有自名的這類青銅器及相關信息,列成表三:

表三

器　名	圖　像	銘　文	形 制 特 徵
蔡太史匜 (《銘圖》19238)		惟王正月初吉壬午,蔡太史奏作其 [金鉶] ,永保用。	橢圓形,斂口侈唇,鼓腹平底,腹兩側有耳。 高9、口縱8.5、口橫12.5釐米。
哀成叔匜 (《銘圖》19235)		哀成叔之 [鉶] 。	橢圓形,腹微鼓,圜底下面有四個小獸蹄形足,腹兩側有一對環耳,蓋面隆起,上有四個小獸形鈕,可倒置成足。 通高11.8、口橫18、口縱12.7釐米。
史孔匜 (《銘圖》19236)		史孔作 [鉶] ,子子孫孫永保用。	形如蛐蛐罐,體呈球形,圓形弇口,小平底。 通高約10、腹徑約10釐米。
左關匜 (《銘圖》18809)		左關之 [鉶] 。	體呈半圓形,口沿連短流,直腹下斂,小平底。 高10.8,口徑19.07釐米。

---

[1]　朱鳳瀚:《中國青銅器綜論》,上海古籍出版社,2009年,第262—268頁。

續表

器　名	圖　　像	銘　文	形　制　特　徵
伯游父卮 (《銘圖》19239)		惟正月［初］吉［丁］亥,黄季之伯游父作其旅〔圖〕(〔圖〕),其眉壽無疆,永保是尚。	口微侈,束頸鼓腹,平底,腹兩側有一對獸首耳。蓋面隆起,中部有一個繩索形環鈕。通高 14.9,口縱 10.5、口横 14.8 釐米。

關於這種形制青銅器的命名問題,有一個較爲曲折的認識過程。清代《西清古鑒》始稱之爲舟,否定漢儒以舟爲酒尊下之承盤的説法。後人遂從之。但清人定其名爲舟是就其橢圓形體似舟而言,亦未有切實根據。容庚《商周彝器通考》稱其爲卮,是從宋人《博古圖録》之説,容先生説:"《説文》卮部'卮,圜器也,一名觛,所以節飲食'。《博古圖録》定卮之名,今從之。嘗見大中宜酒酒器,巨腹斂口,兩環爲耳,與垂葉象鼻紋卮相似,其爲酒器可信。"[1]但容庚的説法並未被廣爲接受。1981 年,《文物》刊布了表三中哀成叔器的資料;[2]1983 年,《江漢考古》刊布了蔡太史器的資料。[3] 這兩件形制相近的青銅器均帶有自名,自名之字被釋爲"鉶"。1986 年,劉翔在《江漢考古》發表《説鉶》一文,系統討論了表三所列哀成叔、蔡太史、史孔和左關諸器。此後,"鉶"這一名稱便被普遍采用了。[4]

約在 2003 年,李學勤偶然見到一組黄國的流散青銅器,[5]指出其中有一件形制與"鉶"相近,但其自名之字却無法釋爲"鉶"(即表三伯游父卮)。[6] 李先生指出該器自名之字左半部分爲"角",其右部所從,根據楚文字中"只"的字形,可推斷爲"只",該自名之字應釋爲"觗"。由此重新考慮蔡太史諸器自名之字的釋讀,指出蔡太史、哀成叔、左關諸器之字應分析爲從金從枳;史孔器的自名之字,應釋爲"枳"。這些自名之字均從"只"或"枳"聲,古音都在章母支部,與"卮"字的音完全相同,可以通假。這證明宋人把這種形制的青銅器定名爲"卮"是十分正確的。[7]

---

[1] 容庚:《商周彝器通考》,上海人民出版社,2008 年,第 343 頁。

[2] 洛陽博物館:《洛陽哀成叔墓清理簡報》,《文物》1981 年第 7 期。

[3] 武漢市文物商店:《武漢市收集的幾件重要的東周青銅器》,《江漢考古》1983 年第 2 期。

[4] 參看朱鳳瀚:《中國青銅器綜論》,第 262—263 頁;李學勤:《釋東周器名卮及相關文字》,原載香港中文大學中國語言與文學系:《第四屆國際中國古文字學研討會論文集》,2003 年。收入李學勤:《文物中的古文明》,商務印書館,2008 年,第 330—334 頁。

[5] 即後來入藏上海博物館的伯游父諸器,參看周亞:《伯游父諸器芻議》,《上海博物館集刊》第 10 期,2005 年,第 114—129 頁。

[6] 即表三中的伯游父卮。

[7] 李學勤:《釋東周器名卮及相關文字》。

　　李先生對這類自名之字的考釋是可信從的。裘錫圭采納了這一釋讀意見,並據此考察古文字"只"字形體的來源。裘先生指出,"只"是從樹枝之"枳(枝)"的初文 、、(在樹枝上加"口"形——指事符號——表示"枝"。第三形口下長筆本爲連在樹上的樹枝)一類形體中割裂出來的。[1] 這一説法很好地解釋了"枳"的造字本意。這説明原來根據自名而稱爲"鉰"的器物,均應根據新的考釋成果,而改稱爲"厄"。

　　從形制來看,叔子毅器的器形與蔡太史厄、哀成叔厄、伯游父厄等器更爲接近,符合朱鳳瀚所歸納的"厄"的形制特徵。因此,吳鎮烽、張天恩等先生將之稱爲"厄"的意見,應該是可取的。叔子毅厄器類的確定,爲其自名之字"△"的釋讀,提供了綫索。"△"字可能存在兩種情形,一種情形是該字的古音可能與"鉰"等字相近,另一種情形是"△"與"鉰"等字沒有語音上的聯繫,可能是"厄"這一器類一種別稱。

　　目前所見青銅器厄,其自名之字有"鉰""枳""舓"等幾種寫法。另外,據《漢書·高帝紀》注,"厄"或可作"觗"。"鉰""枳""舓"與"觗"雖然字形不同,但均與"厄"古音相近,可相通假。我們認爲上述第一種情形的可能性更大,將"△"釋爲"盌",在音讀上很難跟"厄"相聯繫。此外,陝西省博物館收藏有一件戰國時期帶銘青銅容器,爲該館於 1959 在西安市西關鑒選銅器時收購而得(圖二)。[2] 吳鎮烽編著的《銘圖》一書,將之稱爲"廿五年盌",並把器

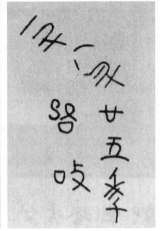

圖二

---

[1] 此爲 2009 年 7 月 2 日,裘錫圭先生在武漢大學舉行的"2009 中國簡帛學國際論壇"上,作題爲"介紹李家浩先生的《釋濾》,兼談與此文有關的兩個問題"的報告。此轉引自鄔可晶《上古漢語中本來是否存在語氣詞"只"的問題的再檢討——以出土文獻所見辭例和字形爲中心》,收入(新竹)清華大學中國文學系主辦"'出土文獻的語境'國際學術研討會暨第三屆出土文獻青年學者論壇"論文集,2014 年 8 月 27—29 日,第 337—338 頁。
[2] 陝西博物館:《介紹陝西省博物館收藏的幾件戰國時期的秦器》,《文物》1966 年第 1 期。

銘"※"釋爲"盌"。[1]　這件器物的形制與漢代的"盌"較爲接近,[2]"※"字上部似即"夗"字,《銘圖》的意見應該可從。這一實物,爲我們了解戰國時期的"盌"的形制,提供了重要參考。

從字形上看,將"△"釋爲"盌",也存在一些疑問。"△"字所從"⚡",是釋讀該字的關鍵,可視爲"△"字的主體部件。把"△"釋爲"盌",是將"⚡"釋爲"夗"。這一形體和古文字資料中的"夗"字,還是存在一定區別的。

古文字中的"夗"字,在于省吾率先釋出甲骨文、金文的"夗"和從"夗"之字後,[3]經劉釗、[4]陳邦懷、[5]徐在國、黄德寬、[6]馮勝君等先生努力,基本上已經弄清其各種形體和發展脉絡。馮勝君曾作過歸納和總結,在西周時期,其形體作表四:1 行之形,這類形體後來演變成小篆的"夗"形。表四:2 行這類形體,主要見於戰國時期,是由"夗"這一形體由左右結構轉成上下結構,或添加聲符"○(圓)"而成。另外,戰國時期還有一種作爲偏旁時形體變化得比較劇烈的"夗"字,作"⚡""⚡"等形。[7]

表四

1	吕鼎 (《集成》2754)	士上盂 (《集成》9454)	士上卣 (《集成》5421)	冉盨 (《集成》4469)	四十三年逑鼎
2	上博簡·緇衣 6	上博簡·緇衣 6	侯馬盟書	《説文》	《古文四聲韵》
3	《金文編》[8] 649 頁:匍	《金文編》 649 頁:匊	《金文編》560— 561 頁:朋	《楚文字編》[9] 130 頁:乳	《包山楚簡文字編》[10]51 頁:盾

[1]　吳鎮烽:《商周青銅器銘文暨圖像集成》第 35 册,19244 號,第 29 頁。

[2]　參看孫機:《漢代物質文化資料圖説》,文物出版社,1990 年,第 312 頁。孫先生云:"如果無耳的圓形小飲器,腹有收分,器壁有弧度,且有矮圈足,則應稱爲盌。"

[3]　于省吾:《商周金文録遺》,科學出版社,1957 年,序言第 2 頁;于省吾:《甲骨文字釋林》,中華書局,1979 年,第 40—42 頁。

[4]　劉釗:《釋甲骨文中從夗的幾個字》,《〈第二届國際中國古文字學研討會論文集〉續編》,問學社有限公司,1995 年,第 153—172 頁;《釋金文中從夗的幾個字》,《中國文字》新十九期,(臺灣)藝文印書館,1994 年,第 195—205 頁。均收入劉釗:《古文字考釋叢稿》,嶽麓書社,2005 年。

[5]　陳邦懷:《一得集》,齊魯書社,1989 年,第 4 頁。

[6]　徐在國、黄德寬:《上海博物館藏戰國楚竹書(一)〈緇衣〉〈性情論〉釋文補正》,《古籍整理學刊》2002 年第 2 期。

[7]　馮勝君:《郭店簡與上博簡對比研究》,綫裝書局,2007 年,第 103—106 頁。

[8]　容庚編著,張振林、馬國權摹補:《金文編》,中華書局,1985 年。

[9]　李守奎:《楚文字編》,華東師範大學出版社,2003 年。

[10]　張守中:《包山楚簡文字編》,文物出版社,1996 年。

　　"△"字的主體部件作"方",與表四 1、2 兩行列舉的兩類"夗"字形體,存在一定的區别。既然將"△"釋爲"盌",在器類和字形上均存在一定疑問,我們認爲可以謀求其他釋讀思路。

　　從字形來看,"方"似可徑釋爲"厄"。《説文》分析"厄"的構形,云"象人卩在其下"。段玉裁《説文解字注》解釋説:"象人,謂上體似人字横寫也。"[1]"方"所從之"勹",在古文字中,多與人形有關。如在西周金文的"匍""匊""朋"諸字中(參看表四:3 行),表示俯身人形。在戰國文字"乳"中(表四:3 行),表示側面身形。[2]"方"所從"勹"演變成"厄"的小篆形體,猶"盾"(表四:3 行)之演變成"盾"。"卩"即"卩"。因此,"方"可徑釋爲"厄"。

　　甲骨文有 字,用作夜間時稱,黄天樹將之釋爲"厄":

　　　　我們認爲 字(之簡體),應即《説文·厄部》從"人"從"卩"之"厄"。古音"厄"在章紐支部,"定"在定紐耕部。二字聲皆舌音,韵爲陰陽對轉,所以"厄"可以讀爲"定"。 字(之簡體)讀爲"定",與後世"人定"(夜深安息之時)時稱相當,約當今之 21 至 23 時。[3]

　　叔子毃厄銘文中"厄"字的考訂,提供了"厄"在古文字晚期階段的形體,爲考察"厄"的形體演變,提供了一定綫索。

　　通過以上論述,我們認爲叔子毃厄中的自名之字"△",應分析爲從皿從攴厄聲,可徑釋爲"厄"。叔子毃厄中"厄"字的釋讀,説明將這類青銅器定名爲"厄",是很有道理的。

[1]　段玉裁:《説文解字注》,上海古籍出版社,1988 年第 2 版,第 430 頁。
[2]　參看郭永秉:《從戰國楚系"乳"字的辨釋談到戰國銘刻中的"乳(孺)子"》,原載陳致主編:《簡帛·經典·古史》,上海古籍出版社,2013 年。收入郭永秉:《古文字與古文獻論集續編》,上海古籍出版社,2015 年,第 3—13 頁。
[3]　黄天樹:《黄天樹古文字論集》,學苑出版社,2006 年,第 182—185 頁。

周代王朝大師家族器的考察[*]

田　率[**]

　　兩周金文中的大師是師氏類職官之長，核心職責是統領軍隊，執掌兵權，王朝大師作爲執政大臣，與三有司等官員協同處理政務，另外歸大師統屬的師氏之職責外延寬闊，還負責教導、訓練貴族子弟和庶人，[1] 所以大師的管轄範圍似乎也更廣。兩周時期，除王朝設有大師之外，一些諸侯國、邦君也仿照王朝建制立有大師，如楚大師（楚大師鄧辥慎鐘《銘圖》[2] 15511—15519、楚大師鄧子辥慎鎛《銘續》[3] 01045）、曾大師（曾大師奠鼎《銘圖》01750、曾大師𥃝與鼎《銘圖》01840）、蔡大師（蔡大師腆鼎《銘圖》02372）等。

　　目前所見，西周早期的大師器發現較少，而西周中晚期以來隨着邊疆危機的加劇，王朝對外戰爭的頻繁，師官的大量出現和崛起，大師的地位日益突顯，《詩·小雅·節南山》言："尹氏大師，維周之氏，秉國之均，四方是維。"《詩·大雅·常武》言："赫赫明明，王命卿士。南仲大祖，大師皇父。"西周晚期王朝大師甚至執掌軍國大政，擔任大師一職的貴族也繁榮灼盛，所作器物多有發現。金文中的大師或冠以伯、仲的稱謂，舊認爲這是大師有正副之別的標識，[4] 現在看來這種認識似乎欠妥，伯、仲表示任大師之人在各自家族中的行第，並以此得氏。本文從世族族姓出發，對兩周時期的王朝大師器進行一下簡要的梳理。

一、姜姓大師家族器

　　從現有的金文材料來看，西周王朝大師一職多由齊太公留在畿內的一支後裔世襲擔任。1974 年陝西扶風强家村窖藏出土了一批銅器，以往學界普遍認爲這是西周中晚期姬姓虢季氏家族的遺物，近年李學勤先生考證這批窖藏的族屬應爲姜姓的齊太公居於畿內的一脉。1992 年陝西扶風召公鎮巨浪海家村出土的師㝨鐘（《銘圖》15266）及傳世的姬奭母豆（《銘圖》06159）所列祖先世系"大公、㫘公、𣪠公、魯仲、憲伯、孝公、静公"中的"大公"即齊太公吕

　　* 本文爲"古文字與中華文明傳承發展工程"資助項目、"西周中期青銅器與金文綜合研究"（項目號 G3214）的階段性研究成果。

　　** 北京師範大學歷史學院教授。

［1］劉源：《西周早期大師在軍事活動中的作用》，《軍事歷史》2019 年第 2 期。

［2］吳鎮烽：《商周青銅器銘文暨圖像集成》，上海古籍出版社，2012 年。以下簡稱《銘圖》。

［3］吳鎮烽：《商周青銅器銘文暨圖像集成續編》，上海古籍出版社，2016 年。以下簡稱《銘續》。

［4］張亞初、劉雨：《西周金文官制研究》，中華書局，1986 年，第 3 頁。

尚,"章公"就是師訊的父親章季易父、師丞的烈祖章季的兄長,章季(易父)是齊太公最小的兒子。[1]　章公之章是郭的初文,《説文·邑部》:"郭,从邑章聲。"儘管在傳世文獻中郭與虢確實相通,[2]但兩周時期金文中的姬姓虢氏之名,字形多爲从孚从虎(及各種省變之形),未見用章字通假的,李學勤先生的意見值得重視。周初的太公與周公、召公、南公等世族情況相同,皆有一支後代留居王朝爲臣,封在畿内郭地的郭公一支"世胙大師"(《左傳》襄公十四年),幼弟郭季一支爲大師屬下,强家村窖藏屬於郭季氏家族,師訊鼎中的伯大師是郭公的後代。

師宷鐘和姬奂母豆所載畿内郭氏家族祖先有一位"魯仲",[3]此人以仲行充任宗子,世襲大師之官,他應該是時代最早的姜姓"仲大師",大約生活在恭、懿二世。但西周晚期還有很多器物涉及伯大師、仲大師,這些人物不一定全部屬於姜姓的郭氏,這就爲我們確定這些大師的族屬增加了難度。下面我們將明確屬於姜姓大師家族相關器物進行爬梳剔抉。

郭公之後世守大師之官,受"守其官職,保族宜家"(《左傳》襄公三十一年)傳統觀念的影響,出於"因官命氏",故有"大師氏"之稱。

1.　山西曲沃羊舌晋侯墓地 M5 出土有一件大師氏姜匜(《銘圖》14999),器形爲寬流槽,腹較淺,龍首形鋬,四獸形扁足,口沿下飾竊曲紋,腹部飾瓦紋。同墓所出的鼎、盤[4]等銅器亦皆帶有明顯的春秋初年的特徵。其銘曰:

　　佳(唯)王三月丁丑,大自(師)氏姜乍(作)寶般(盤)。其萬年無彊(疆),子͏̤(子子)孫͏̤(孫孫)永寶用,其敢又(有)奪,劕(則)卑(俾)受其百央(殃)。

李春桃先生已指出作器者大師氏姜是一位女性,大師氏是其夫家氏名。[5]　我們認爲大師氏可能是此女父家之氏,因官命氏,只不過在官職名後綴一"氏"字,類似的還有小臣氏樊尹[6](小臣氏樊尹鼎《銘圖》01830)。大師氏姜是畿内的姜姓郭公之後代女子。

和此匜作器者同屬一個家族的還有一位女性也稱作大師氏姜,見於家伯束邘簋(《銘續》

[1]　李學勤:《論西周王朝中的齊太公後裔》,《煙臺大學學報》2010 年第 4 期。
[2]　《公羊傳》僖公二年:"吾欲攻郭,則虞救之;吾欲攻虞,則郭救之,如之何?"又"虢謂之郭,聲之轉也"。
[3]　章(郭)公爲大公之子,始得郭氏,其後裔執公之執字有可能摹寫有誤,故此字爲執字異寫,讀爲獻,與魯仲之魯、憲伯之憲、孝公之孝、静公之静皆爲常用的謚號。參見李學勤:《論西周王朝中的齊太公後裔》,《煙臺大學學報》2010 年第 4 期。
[4]　山西省考古研究所、曲沃縣文物局:《山西曲沃羊舌晋侯墓地發掘簡報》,《文物》2009 年第 1 期,圖二七、圖二八。
[5]　李春桃:《太師氏姜匜銘文釋讀》,《古文字研究》第三十一輯,中華書局,2016 年。
[6]　小臣氏樊尹這一人名可以有兩種解釋:1. 氏名綴"氏"字+私名,樊尹是雙字名;2. 尹讀爲君,樊君是樊氏的宗主,從時代上看,這件鼎是西周中期之物,其族屬不可能是宣王世的樊仲山甫之後,有可能是殷遺民,即《左傳》定公七年的"殷民七族"之一"樊氏","小臣氏樊"則構成了複合式氏名。

451、452），該簋爲方座簋，侈口，束頸，鼓腹，一對獸首半環形耳，獸尾上卷爲珥，這位大師氏姜是作器者家伯束邘的皇妣。

2. 美國明尼阿波利斯藝術博物館藏有一件大孟姜匜（《銘圖》14987），形制與河南光山黃君孟夫人墓出土的黃子匜（G2：A13）[1]相近，時代在春秋早期。匜銘曰：

　　　　大師子大孟姜，乍（作）般（盤）盟（匜），用享用考（孝），用旂（祈）鬒（眉）齧（壽），子=（子子）孫=（孫孫），用爲元寶。

“子大孟姜”中的“子”是親稱，通常指兒子，但也可指代女兒，如復公仲簋蓋（《銘圖》05105）“復公仲若我曰：其擇吉金，用作我子孟媿寢小尊媵簋”、封孫宅盤（《銘圖》14499）“魯少司寇封孫宅作其子孟姬嬰媵盤匜”、慶叔匜（《銘圖》14998）“慶叔作媵子孟姜盥匜”、鼄公壺（《銘圖》12407）“鼄公作爲子叔姜媵盥壺”等，類似“公子”“元子”這種慣用於男性的稱謂也可指女性，如《戰國策·中山策》“公何不請以公子傾爲正妻”、番匊生壺（《銘圖》12416）“番匊生鑄媵壺，用媵厥元子孟改乖”。這件匜是大師的女兒大孟姜自作器。

二、不能確定族姓的大師器[2]

（一）西周早期大師器

西周金文中的王朝大師目前所見最早的一件自作器是新發現的鄗大師齊簋（《銘續》356），器形爲侈口，束頸，鼓腹，一對獸首半環形耳，下接鈎形珥，圈足下接一周較高的折沿。頸部及圈足飾雲紋組成的饕餮紋帶。該簋的形制、紋飾與張家坡 M178 出土的饕餮紋簋（M178：4）[3]相同，時代在西周早期前段。簋銘曰：

　　　　鄗大師齊乍（作）寶彝。

齊是作器者私名，鄗可以有兩種解釋：一、作氏名，鄗字從南得聲，讀爲“南”，即西周著名的姬姓世族南宮氏的省稱，此人系任大師之職私名爲齊的南氏貴族；二、作地名，此人爲王朝軍隊駐扎於鄗地的大師。西周晚期有一件侯父甗（《銘圖》03334）作器者侯父自稱“鄭大師

---

[1] 河南信陽地區文管會、光山縣文管會：《春秋早期黃君孟夫婦墓發掘報告》，《考古》1984 年第 4 期，圖版三·1。

[2] 由於受資料限制，這一部分的大師器不排除包含有姜姓家族的大師所作，但爲慎重起見，故做了從嚴處理。

[3] 中國科學院考古研究所：《灃西發掘報告——1955—1957 年陝西長安縣灃西鄉考古發掘資料》，文物出版社，1963 年，圖版柒壹·2。

小子"，他是駐守在周王直接管控的鄭地（西鄭，今陝西鳳翔一帶）大師的小宗，郰大師與鄭大師性質相同，所以我們更傾向於第二種解釋。

（二）西周中期大師器

1. 原藏商承祚的大師鼎（《銘圖》01907），器形作窄沿，方唇，口沿上一對立耳，腹下部傾垂，圜底，三柱足。口下飾一周竊曲紋，足根處飾浮雕獸面。形制與岐山董家村一號窖藏出土的五祀衛鼎（《銘圖》02497）近似。鼎銘曰：

> 大師作叔姜鼎，其永寶用。

2. 1972 年周至縣下倉峪出土有一件大師簋（《銘圖》04452），器形作弇口，鼓腹，一對獸首半環形耳，下有長方形珥，矮圈足下連鑄四個小獸足，蓋面呈緩坡狀，蓋頂有圈狀捉手。器內底鑄銘：

> 大師作孟姜饙簋。

仔細觀察我們會發現，這件簋的蓋與器皆有子口，無法扣合，且蓋無銘文，我們懷疑此蓋不是原配，原蓋蓋沿向下直折才能與器口吻合。這種形制的簋比較少見，耳部獸首的獸角似雞冠狀，圈足下連鑄四個小附足，新發現的宗人簋（《銘續》461）、邵簋（《銘三》[1] 514—516）與之器形完全相同。

大師鼎與大師簋這兩件器的時代均在西周中期後段，作器者可能是同一位大師，叔姜、孟姜是他的兩位夫人，[2] 這位大師的族屬顯然不是姜姓，周至下倉峪這一帶可能是其居住地。

3. 西周中期還有一位比較有名的大師盧，此人所作之器包括簋 4 件、盨 1 件、豆 1 件、鐘 6 件，傳 1940 年 2 月出自陝西扶風縣法門鎮任家村窖藏。1940 年任家村窖藏曾出土銅器百餘件，其中最著名的當屬梁其器、吉父器，李學勤先生指出"梁其"與"吉父"是一名一字，"梁其"可讀爲"良期"，與"吉父"意義相應。[3] 另外早在光緒十五年（1889 年）任家村窖藏也曾出土銅器 120 餘件，以克器、仲義父器爲主。柯昌濟先生早已指出仲義父即克之字，[4] 李學勤先生也認爲他們是同一人。[5] 任家村先後發現的這兩處窖藏四組器：克與仲義父器、梁其與伯吉父器應屬於同一家族，克與梁其很可能是父子關係，[6] 他們都是生活在西周晚

---

［1］ 吳鎮烽：《商周青銅器銘文暨圖像集成三編》，上海古籍出版社，2020 年。簡稱《銘三》。

［2］ 周代金文中確實有一部分不帶"媵"字的廣義媵器，但多出現在東周時期，且女子稱謂中多添加夫氏或親稱（如"子"）等身份信息。

［3］ 李學勤：《青銅器與周原遺址》，《西北大學學報》1981 年第 2 期。

［4］ 柯昌濟：《韡華閣集古錄跋尾》乙編中，第 57 頁，1935 年。

［5］ 李學勤：《青銅器與周原遺址》，《西北大學學報》1981 年第 2 期。

［6］ 李學勤：《青銅器與周原遺址》，《西北大學學報》1981 年第 2 期。

期的姬姓華氏家族。[1]　大師盧器群的時代在西周中期後段,器主盧似不屬於姬姓的華氏家族,6 件盧鐘按照形制、紋飾的不同可分爲兩組:

甲組 4 件(《銘圖》15269—15272),器形爲圓筒形甬,有幹有旋,鉦、篆、枚之間隔以小乳刺,枚爲平頂兩段式,篆間飾斜角雲紋,隧部飾大雲紋,右鼓以圓渦紋爲基音點標志。

乙組 2 件(《銘圖》15273、15274),器形爲圓筒形甬,有幹有旋,鉦、篆、枚之間隔以凸弦紋,枚爲平頂兩段式,篆間飾斜角雲紋,隧部飾大雲紋,右鼓以鸞鳥紋爲基音點標志。

鐘銘言"盧眾蔡姬永寶,用卲大宗",蔡姬顯然爲盧的夫人,按照同姓不婚的原則,盧的族姓不應爲姬姓,另外盧稱自己的父親爲"己伯""釐伯",釐是謚號,己是日名,盧的家族在西周中後期仍保持以天干爲日名的習俗,其族屬似存在殷遺民的可能。

(三)西周晚期大師器

1. 伯大師器

(1)伯大師盨 2 件(《銘圖》05561、05562),器橫截面呈橢方形,斂口,鼓腹,圈足沿下折,每邊的正中有一個尖括弧形的缺,兩側各有一個螺旋角獸首鋬形耳,蓋隆起,有橢方形圈狀捉手。蓋上和腹均飾瓦紋,蓋沿和口沿下均飾無目竊曲紋。銘曰:

　　　　白(伯)大師乍(作)旅盨,其萬年永寶用。

(2)伯大師釐盨 2 件(《銘圖》05572、05573),現藏於上海博物館。器橫截面呈橢方形,口稍斂,腹微鼓,腹兩端有一對獸首半環形耳,圈足外侈,蓋上有四個扁平的曲尺形鈕,中央有方孔。蓋沿和器口沿下均飾重環紋,圈足飾一道弦紋。銘曰:

　　　　白(伯)大師釐乍(作)旅頮(盨),其邁(萬)年永寶用。

上列兩組伯大師器時代相同,很有可能是一人所作,此人私名爲釐。

2. 西周晚期還出現了很多大師氏、伯大師氏、仲大師氏家族的分支首領所作的器物,這是西周宗法制度發達成熟、宗族繁衍昌盛的結果,可舉出如下諸器(群):

(1)大師小子器

① 陝西西安市長安區馬王鎮西周銅器窖藏出土的大師小子蒾簋(《銘圖》05123—05125)3 件,另海外還有一件同人所作的同銘簋,故此人所作的這組簋應有 4 件。器形作弇

[1]　朱鳳瀚:《商周家族形態研究》(增訂本),天津古籍出版社,2004 年,第 341 頁;中國國家博物館編:《中國國家博物館館藏文物研究叢書·青銅器卷·西周》,"善夫梁其簋"條,上海古籍出版社,2020年,第 263—267 頁。

口鼓腹,一對螺角獸首半環形耳,下有鈎狀垂珥,圈足下連鑄三個獸面扁足,蓋面隆起,上有圈狀捉手。蓋沿、器口沿飾大小相間的重環紋,圈足飾大小一致的重環紋,蓋面和器腹飾瓦紋。此簋與陝西扶風齊家村窖藏出土的琱我父簋(《銘圖》05032)形制相似,是西周晚期的標準器。銘文曰:

> 大師小子夅(夆)乍(作)朕(朕)皇考寶隮(尊)𣪘(簋),夅(夆)用匂𪐴(眉)釁(壽)康罳(娱)屯右(祐),夅(夆)其萬年子=(子子)孫=(孫孫)永寶用亯(享)。

　　"小子"舊被認爲是大師的屬官,[1]現在看來不妥,小子不能理解爲職官名,朱鳳瀚先生全面考察了西周金文中的"小子"之稱,認爲其含義應是貴族家族中的小宗,即分支之長。[2]夅的這一隻宗族係從大師氏家族中分衍而出。

　　②上海博物館藏伯蔑父鼎(《銘圖》02190),未披露器影資料,銘文字體是流行於西周晚期的典型的"玉著體",銘曰:

> 大師小子白(伯)𡩉(蔑)父乍(作)寶鼎,其萬年子=(子子)孫=(孫孫)永寶用。

　　作器者伯蔑父是某一大師氏家族中的小宗之長,此人在新的宗室内排行在伯,身份爲該小宗的宗子。

　　③師望器群,計鼎1、簋1、壺1件,皆爲師望白作器,銘文如下:

> 大師小子師望曰:不(丕)顯皇考寯公,穆=(穆穆)克盟(明)氒(厥)心,𢝫(哲)氒(厥)德,用辟于先王,旲(得)屯(純)亡(無)敃(愍),望肇帥井(型)皇考,虔夙(夙)夜出内(納)王命,不敢不夸不妻,王用弗𢖻(忘)聖人之後,多蔑𤯍(曆)易(錫)休,望敢對𤮍(揚)天子不(丕)顯魯休,用乍(作)朕(朕)皇考寯公乍(作)障(尊)鼎,師望其萬年,子=(子子)孫=(孫孫)永寶用。(師望鼎,《銘圖》02477)
> 大師小子師望乍(作)鬻彝。(師望簋,《銘圖》04560)
> 大師小子師望乍(作)鬻彝。(師望盨,《銘圖》05515)
> 大師小子師望乍(作)寶壺,其萬年子=(子子)孫=(孫孫)永寶用。(師望壺,《銘圖》12360)

---

[1] 楊樹達:《積微居金文説》(增訂本),中華書局,1997年,第84頁。

[2] 朱鳳瀚:《商周家族形態研究》(增訂本),天津古籍出版社,2004年,第310—313頁。

李學勤先生認爲師望鼎銘中"皇考冕公"與師丞鐘的"冕公"是同一人,即師觀,師望則是師丞鐘、即簋中的"幽叔",生活的年代在懿、孝二世。[1]

我們認爲師望器的時代距離懿、孝時期較遠:師望鼎的器形作折沿,雙立耳,垂腹,圜底,三蹄足。口沿下飾一周竊曲紋,腹部飾卷曲變形鳥紋,足根處飾浮雕獸面。此鼎形制是西周晚期的典型代表,陝西寶雞眉縣楊家村窖藏出土的宣王四十三年逨鼎(《銘圖》02503—02512)與之相同;師望簋器形爲侈口、鼓腹,矮圈足,下連鑄三獸首扁足(扁足已缺失,僅存獸面),雙獸首半環形耳,下有象鼻形扁方珥,口下和圈足均飾一周竊曲紋,腹部飾瓦紋。獸首爲插屏式角,上卷唇這些造型頗具時代特色,形制相同者有三門峽上村嶺虢國墓地 M2001 出土的六件虢季簋(《銘圖》04465—04470)等;師望壺器形爲直口,長頸,頸部有一對獸首銜環耳,獸角呈螺旋形,垂腹,矮圈足,下有一周折沿。口下、頸部、腹部均飾大波帶紋,圈足飾一大一小重環紋,耳環飾重環紋。此壺的形制、紋飾與扶風齊家村窖藏出土的幾父壺(《銘圖》12438—12439)、厲王二十六年的番匊生壺(《銘圖》12416)相似。師望器的時代應該西周晚期後段,"冕"是西周貴族常用的諡號,見於不同族姓的祖先名稱中,所以師望不一定是冕公師觀之子,可能不屬於姜姓的郭季之後。

(2)伯大師小子器

1976 年陝西扶風雲塘窖藏出土西周晚期有銘銅器 8 件,分爲伯公父與伯多父二人所作器,伯公父器的時代早於伯多父[2]。1977 年雲塘又發現一處窖藏,出土有伯公父簋(《銘圖》05976),作器者伯公父自稱"伯大師小子","伯大師"之伯表示任大師之人爲家族大宗宗子,伯公父是伯大師的小宗,稱伯表示他是小宗宗子,伯公父一支已脫離伯大師另立門户。這批銅器中有一件伯公父壺蓋(《銘圖》12348)銘曰:"伯公父作叔姬醴壺,萬年子子孫孫永寶用。"另有一件傳世的西周晚期伯多父盨(《銘圖》05591)銘云:"伯多父作成姬多母寶盨,其永寶用享。"根據周代貴族夫妻同字的原則,成姬多母顯然是伯多父的夫人,成通郕,郕氏是"文之昭"(《左傳》僖公二十四年),叔姬也是伯公父之妻,可見伯公父家族與姬姓存在着穩定的婚姻關係,按照隔代通婚的規律,伯公父是伯多父的祖父的可能性較大。

(3)仲大師小子器

1976 年陝西扶風莊白窖藏出土有一批西周晚期銅器,其中有三件具銘,即密姒簋(《銘圖》05837),其銘爲:"㣇(密)姒(姒)作旅匡(筐),其子子孫孫永寶用。"西周密氏爲姬姓,所以密姒是女子"夫氏+父姓"的人名格式,這件簋是她的自作器;畀仲雫父甗(《銘圖》03295),銘曰:"畀仲雫父作旅甗。"畀是作器者的氏名,其族姓不可考;仲大師小子休盨(《銘圖》

---

[1] 李學勤:《西周中期青銅器的重要標尺——周原莊白、强家兩處青銅器窖藏的綜合研究》,《中國歷史博物館館刊》1979 年第 1 期。

[2] 陝西周原考古隊:《陝西扶風縣雲塘、莊白二號西周銅器窖藏》,《文物》1978 年第 11 期。

05574)銘爲："仲大師小子休爲其旅盨,永寶用。"此盨銘文全被利器刮去,這種現象在周代遺存中並不罕見,從側面説明此盨原本不屬於窖藏主人,所以很難斷定這一窖藏的主人屬於哪一族氏。而休自稱"仲大師小子",説明他是仲大師的分族之長。

這裏還可以再補充探討一下伯大師、仲大師這種氏名的叫法。中國國家博物館近年新入藏的乘盨,[1]時代在西周晚期厲王世。銘曰："隹(惟)三年二月初吉己子(巳),中(仲)大師才(在)菶,令(命)乘覵(總)官嗣(司)走馬、騶人,易(錫)乘馬乘昌(與)車。乘敢對覞(揚)中(仲)氏不(丕)顯休,用乍(作)寶盨,乘其萬年子=(子子)孫永寶。"乘稱其上級仲大師爲"仲氏",這個仲氏可以有兩種理解:一、仲大師這個人當時在家族中排行爲仲;二、仲大師作爲一個氏名的簡稱。從前揭伯大師小子、仲大師小子的名稱來看,小子表示此人作爲伯大師、仲大師家族的分支,可見伯大師、仲大師是一個氏名,伯、仲之稱來自得此氏名的貴族當初在家族中的排行,故才有伯大師、仲大師這種氏名沿襲下來。所以仲氏作爲仲大師氏的簡稱這種解釋更顯合理。

(四)東周時期的大師器

1. 大師器

上海博物館收藏有一件大師盤(《銘圖》14513),器形、紋飾、銘文字體頗富春秋早期特徵,内底不僅有淺浮雕的魚、蛙、龜紋,而且還鑄接有可轉動的立體的魚、蛙、鳥等構件,設計奇巧,甚具匠心。銘文曰:

> 隹(唯)六月初吉辛亥,大師乍(作)爲子中(仲)姜盥(沬)盤,孔碩盧(且)好,用
> 旛(祈)黌(眉)耆(壽),子=(子子)孫=(孫孫)永用爲寶。

"子仲姜"之"子"與前揭"子大孟姜"之"子"性質不同,不是親稱,而是一種特殊的尊稱或美稱,[2]也可用於女性。[3] 與此盤銘涉及女子稱謂、人物關係相同的是鮑子鎛(《銘圖》15828):

> 齊辟鮑叔之孫,臍仲之子歠,作子仲姜寶鎛。

---

[1] 田率:《乘盨小考》,《文物》2020 年第 4 期。

[2] 黄錫全:《楚器銘文中"楚子某"之稱謂問題辯證——兼述古文字中有關楚君及其子孫與楚貴族的稱謂》,《江漢考古》1986 年第 4 期;李守奎:《楚大師鄧辥慎編鐘與楚大師鄧子辥慎編鎛補釋》,《古文字與古史考——清華簡整理研究》,中西書局,2015 年。

[3] 謝明文:《談談周代金文女子稱謂研究中應該注意的幾個問題》,《出土文獻》第十輯,中西書局,2017 年。

作器者私名被刮去,是鮑叔牙之後,鮑氏爲姒姓,子仲姜是其夫人。同理,這件盤是大師爲姜姓的夫人所作,這位大師的族姓顯然不是姜姓。

2. 伯大師器

新見有一件伯大師鼎(《銘圖》02027),未見器影資料,銘文曰:

白(伯)大師乍(作)𩰫(饙)鼎,我用田(畋)用獸(狩),用旂(祈)釁(眉)壽(壽)。

《銘圖》將此器定爲西周中期,我們認爲從銘文字體來看似乎時代應更晚,尤其是"用"字,中間的竪筆極其垂直修長,這種寫法多見於東周時期的金文,故暫將此器歸入春秋初年。這件鼎是伯大師的自作實用器,用於外出田獵。

3. 仲大師器

新發現的主要有一人所作的三器:

① 仲大師鼎(《銘圖》02196)器形爲寬折沿,雙立耳,半球形淺腹,三蹄足,上腹有一道箍棱,頸部和腹部均飾卷曲雙首龍紋。銘文爲:

中(仲)大師乍(作)孟姬𩰫鼎,用匽(宴)旨飤,(开)匃耇(壽)受福,宜孷(釐)允異。[1]

② 仲大師壺(《銘圖》12370)器體横截面呈橢圓形,直口微外侈,長頸垂腹,頸部有一對獸首銜環耳,矮圈足沿下折,蓋上有圈狀捉手。蓋沿飾重環紋,頸上部飾變形波帶紋,下部飾竊曲紋,腹部和圈足飾垂鱗紋。其銘曰:

中(仲)大師乍(作)孟姬隮(尊)壺,用匽(宴)旨飤,(开)匃耇(壽)受福,宜孷(釐)允異。

③ 仲大師盤器形爲窄折沿,淺腹,雙附耳,矮圈足,下連鑄三獸首小足,腹部飾竊曲紋,圈足飾垂鱗紋。銘文曰:

中(仲)大師作孟姬旅盤,用□召即,匃壽受福,宜孝以祀。[2]

---

[1] 銘文釋文參照傅修才《新出仲大師器銘文釋讀》,《古文字論壇》第二輯,中西書局,2016年。

[2] 郭會敏、馮蘇鵬:《運城市館藏青銅器介紹》,《收藏界》2015年第3期。

　　① 鼎、② 壺、③ 盤的形制分别與三門峽虢國墓地 M2011 出土的鼎(M2011：82)、[1]長清仙人台 M6 出土的ⵂ壺(M6：B31)、[2]虢國墓地 M1820 出土的盤(M1820：24)[3]相近,這三件大師器時代同爲春秋初年,銘文内容基本一致,皆系仲大師爲孟姬所作,二人有可能是夫妻關係,[4]仲大師的族姓非姬姓。

　　4. 仲大師小子器

　　三門峽上村嶺虢國墓地出土吉父甗(M2001：65)(《銘圖》03346),甑、鬲分體,甑呈長方體,侈口立耳,下部腹壁較直;鬲爲侈口短頸,中有子口與甑套合,溜肩,肩上右一對附耳,平襠四蹄足。甑口沿下飾一周竊曲紋,腹部飾波曲紋,鬲飾目紋。此甗形制、紋飾富有春秋早期特徵。甑内壁鑄有銘文約 18 字,曾被利器刮劃,難以卒讀,大致可釋爲:

　　　　中(仲)大師小子吉父乍(作)□□□寶甗,其萬年永寶用鲁(享)。

　　作器者吉父的身份是仲大師氏的小宗宗子。此器銘文被刮去,這種情況在周代比較常見,多是器物易主之後,新主人所爲。這件器出自三門峽虢國墓地 M2001,該墓墓主是姬姓虢季氏的宗子,所以仲大師小子吉父與虢季不似一人,此器不是虢季所作,被隨葬入壙當另有原因。

三、大師屬官器

　　從盠方彝(《銘圖》13546、13547)銘文中可知王朝軍隊西六師中也設有"三有司",即司土、司馬、司工。同理,大師也是統領軍隊的首長,其下屬也應有各色官員。上揭乘盨中的乘是仲大師的部下,那位仲大師還見於柞鐘(《銘圖》15343—15348),也是作爲柞的上級出現的。乘盨銘中涉及的大師下轄的官名有走馬和騶人:"走馬"即趣馬,見於《尚書·立政》,孔安國傳:"趣馬,掌馬之官。"在《周禮》所擬的周代官制系統中,趣馬是司馬之下校人的屬官,執掌馬政事務。《周禮·夏官·趣馬》:"趣馬,掌贊正良馬,而齊其飲食,簡其六節。"

　　《説文·馬部》:"騶,廄御也。從馬,芻聲。"《玉篇·馬部》:"騶,養馬人名。"《左傳》襄公二十三年"孟氏之御騶豐點好羯也",孔穎達疏:"騶,是掌馬之官,蓋兼掌御事,謂之御騶。"騶字本義是刈草餵馬,芻旁是表意兼聲,引申爲養馬、御馬駕車之人。

　　趣馬、騶人是掌管馬政的軍事類低級職官,乘管理的就是駐扎在莽京的王師中的趣馬、

[1]　河南省文物考古研究所、三門峽市文物工作隊:《三門峽虢國墓》(第一卷)下,文物出版社,1999 年,圖版一二〇·2。

[2]　山東大學考古系:《山東長清縣仙人台周代墓地》,《考古》1998 年第 9 期,圖版肆·2。

[3]　中國科學院考古研究所:《上村嶺虢國墓地》,科學出版社,1959 年,圖版陸貳·2。

[4]　這組器也有可能是不帶"媵"字的廣義媵器,那麼孟姬則是仲大師之女,仲大師家族爲姬姓。

駜人。除此之外，目前所見還有以下兩種官員：

1. 人駜

大師人駜乎鼎（《銘圖》01995），現藏天津博物館。形制爲盆形鼎，口沿上一對立耳，腹微鼓，圜底，三蹄形足。口沿下飾一周重環紋，其下有一周凸弦紋。[1]　鼎的形制和紋飾極具西周晚期的風格，銘曰：

  大師人獙（駜）乎乍（作）寶鼎，其子孫=（孫孫）用。

作器者私名爲乎，人獙是其官職，我們懷疑此官的名稱應爲獙人，獙从犭畀聲，畀字依李家浩先生釋爲弁，[2]犭與馬是意符通用的關係，故此字可釋作駜。駜通駢，《說文》云："駢，駕二馬也。"駜人似與駜人職務相似，皆爲馬政之官，負責駕車。[3]

2. 史官

史官在軍事戰爭中發揮着重要的作用，縱觀西周歷史，早期有史旗受祭公之命與師氏、有司一同討伐東夷中的𦝠（貊）人（𠭯鼎《銘圖》02365、02366），晚期有史密受王命與師俗東征戡亂，史密作爲右路軍的指揮與師俗相互配合取得了勝利。大師統領的軍隊中也有史官，這類人所作的器物有大師史良父簋蓋（《銘圖》04892），現藏蘇州博物館，蓋面隆起，頂部有圈狀捉手。捉手内飾重環紋，蓋面飾瓦紋，蓋沿飾無目竊曲紋。從形制和紋飾來看，簋蓋是一件西周晚期的器物。銘文爲：

  大𠂤（師）事（史）良父乍（作）寶殷（簋），其萬年子=（子子）孫=（孫孫）永寶用。

作器者字良，身份是大師統屬的史官。

通過上述討論，兩周時期的王朝大師涉及的家族龐雜，繁衍代出，隨着新材料的不斷湧現，對於釐清縷析不同大師家族的族姓源流將大有裨益。

---

[１]　該鼎器形、紋飾見於天津博物館編《天津博物館藏青銅器》（文物出版社，2018年，第84頁），《銘圖》收錄的器影有誤，誤作一件西周早期的饕餮紋圓腹柱足鼎。

[２]　李家浩：《釋"弁"》，《古文字研究》第一輯，中華書局，1979年。

[３]　對此銘還可作另外的理解：金文中人、㠯、氏三字字形常相互訛混，如作册奉鬲（《銘圖》03037、03038）中的"享人"之"人"就易與㠯混，𠭯鼎中的"師氏"之"氏"就錯寫成"㠯"。所以此鼎銘中的"大師人"有可能是"大師氏"之誤，那麽此人就是以大師爲氏的一位貴族，其私名爲獙乎，係雙字名。

金文"亞祖"考

胡　寧*

　　周代金文文獻記載的先輩中,有"亞且(祖)"這一稱呼,學界對其内涵的理解有較多分歧,或認爲指家族分支的創立者,或認爲指前一位祖之弟,或認爲指比前一位祖次一輩的先祖。[1]"亞祖"不見於傳世文獻,金文文獻中的用例也並不多,但已經具備了作對比分析的條件。2006—2007 年,吳鎮烽先生連續發文,主要從 1995 年 6 月陝西咸陽市渭城公安局文物派出所繳獲的䲧鼎出發,重新探討了"亞祖"的内涵,[2]讓其再次回到學術爭議的焦點。筆者擬在本文中對諸用例語境進行梳理,辨析諸家觀點,聯繫亞字在商周金文中的含義,對"亞祖"這一稱號提出新的看法,並以此爲基礎探討相關問題,就教於方家同好。

一、"亞祖"之稱在青銅器銘文中的使用情況

　　商代晚期器物有䀠亞且癸鼎(《集成》1816)和亞且丁爵(《集成》8323),銘文分別爲"䀠亞且癸"和"亞且丁",但前者銘文排列是"䀠亞"竪行連在一起,下面"且癸"橫行從左往右,後者銘文"亞"與"且丁"分鑄在兩處,故皆非"亞且(祖)"連讀爲一詞。甲骨卜辭中有"貞:隹(惟)亞且(祖)乙害王"(《合集》1663)一條,陳夢家先生説:"亞義爲次,與後相若,所以祖庚卜辭的'亞祖乙'即後祖乙、小乙。因其在中宗祖乙之次。"[3]因爲商先王中既有祖乙又有小乙,兩者日名皆是乙,故稱後者爲"亞祖乙"。與之類似的還有一組材料,殷墟劉家莊北商末墓葬 M1046 出土的石璋中有三件都記録了日名"辛",銘辭爲:"祼于囗辛"(編號 167)、"祼于亞辛"(編號 116)、"祼于三辛"(編號 104、117),發掘整理者説:"'亞'意爲'第二','三'意爲'第三',其後皆省'祖'字。"[4]這兩例,都是在日名有重複的情況下用"亞"表示第二次出現,是以"亞"修飾限定後面的日名(無論帶不帶"祖"),"亞祖"顯然還不是一個固定的親稱。西周彝銘中的"亞且(祖)"則與之不同,是親稱之一種,凡五見,分別介紹如下:

---

　　* 上海大學歷史系副教授。

[1]　詳見本文第二部分。

[2]　參見吳鎮烽《高祖、亞祖、王父考》(《考古》2006 年第 12 期)、《䲧鼎銘文考釋》(《文博》2007 年第 2 期),本文引用吳先生觀點,皆出自這兩篇文章,不再一一出注。

[3]　陳夢家:《殷虚卜辭綜述》,中華書局,1988 年,第 441 頁。

[4]　中國社會科學院考古研究所安陽工作隊:《安陽殷墟劉家莊北 1046 號墓》,《考古學集刊》第 15 集,文物出版社,2004 年,第 387 頁。

（一）二式癲鐘銘文(《集成》00247)

1976 年出土於陝西省扶風縣法門公社莊白大隊一號青銅器窖藏,西周中期器,四件同銘,銘文 8 行 104 字,其前半部分爲:

> 癲曰:不顯高祖、亞祖、文考克明厥心,疋尹叙厥威義,用辟先王。癲不敢弗帥祖考,秉明德。圝(恪)夙夕,佐尹氏。

銘文中器主表示要"帥祖考",即效法祖考,祖考包括高祖、亞祖和文考。同出尚有一式癲鐘、三式癲鐘、四式癲鐘,前兩者亦有較長銘文,一式癲鐘銘文曰:

> 癲桓桓,夙夕聖趧(爽),追孝于高祖辛公、文祖乙公、皇考丁公龢鑽(林)鐘,用邵各喜侃樂前文人……

"高且(祖)辛公、文且乙公、皇考丁公"與"高且(祖)、亞且(祖)、文考"一一對應,則器主又稱其亞祖爲文祖乙公。

三式癲鐘銘文曰:

> 曰古文王,初盩龢于政,上帝降懿德大甹,匍有四方,甸受萬邦。雩武王既弋殷,微史剌祖乃來見武王,武王則令周公舍寓(宇)自五十頌處,今癲夙夕虔苟(敬)……

僅提及一位先祖,即"微史剌祖",自"雩武王"到"五十頌處"幾句,亦見墙盤銘文(見下文),大同小異。癲與墙皆屬微史家族,銘文内容可對照分析、綜合考慮。

（二）墙盤銘文(《集成》10175)

墙盤與癲鐘同出,又名史墙盤,西周中期器,銘文 18 行 284 字,先記述自文王到恭王(時王)的功業,再記述微史家族自商末周初以下的重要先祖,兹將後一部分按世系順序分段抄録如下:

> 青幽高祖在微靈處。
> 雩武王既弋(翦)殷,微史剌祖乃來見武王,武王則令周公舍宇于周,俾處𫜵。
> 惟乙祖逑匹厥辟,遠猷腹心,子(兹)納姝明。
> 亞祖祖辛竅毓子孫,繁祓多釐,齊角熾光,宜其禋祀。
> 龡遟文考乙公遽趩,得純無諫,農穡越曆,唯辟孝友。

此銘中的叙述順序是青幽高祖、微史剌祖、乙祖、亞祖祖辛、文考乙公。因爲二器同出,所以一般認爲亞祖祖辛就是一式瘋鐘銘文里的高祖辛公、文考乙公就是一式瘋鐘銘文里的文祖乙公,那麼瘋比墙晚一輩。

（三）逨盤銘文

逨盤 2003 年出土於陝西省寶雞市眉縣楊家村青銅器窖藏,宣王時器,銘文 21 行,372 字,先記述器主逨的話,歷數歷代先祖輔佐歷代先王,再記述王對逨的册命。兹將銘文前半部分世系順序分段抄錄如下:

逨曰:

丕顯朕皇高且（祖）單公,桓桓克明恴（慎）厥德,夾召文王、武王,達殷,膺受天魯令（命）,匍有四方,並宅,厥董（勤）疆土,用配上帝。

雩朕皇高且（祖）公叔,克逨匹成王,成受大令（命）,方狄不亯（享）,用奠四或（國）萬邦。

雩朕皇高祖新室仲,克幽明厥心,柔遠能邇,會召康王,方懷不廷。

雩朕皇高祖惠仲盠父,盭（戾）和于政,又成于猷,用會卲（昭）王、穆王,盜政四方,撲伐楚荆。

雩朕皇高祖零伯,粦明厥心,不墜其服,用辟龔（共）王、懿王。

雩朕皇亞祖懿仲致諫諫,克匍保厥辟考（孝）王、㣉（夷）王,又成于周邦。

雩朕皇考龔（共）叔,穆穆趩趩,龢訇（詢）于政,明陸于德,享佐剌（厲）王。

逨肇尸（纂）朕皇祖考服,虔夙夕敬朕死（尸）事,肆天子多賜逨休,天子其萬年無疆,耆黃耇,保奠周邦,諫辟四方。

列舉了文王、武王直到厲王的十一位王,器主的先輩從"高祖單公"到"皇考共叔"共七位,分別輔佐十一位王,其對應關係如下表所示:

表一　逨盤銘文所載家族世系與王朝世系對照表

祖　　稱	稱　　呼	對應王世
皇高祖	單公	文王、武王
皇高祖	公叔	成王
皇高祖	新室仲	康王
皇高祖	惠仲盠父	昭王、穆王
皇高祖	零伯	共王、懿王
皇亞祖	懿仲	孝王、夷王
皇　考	共叔	厲王

（四）雧鼎銘文

雧鼎是 1995 年 6 月陝西咸陽市渭城公安局文物派出所收繳的文物之一,西周晚期器,銘文存 61 字,記録了一個師職世家的簡要情况,吳鎮烽先生釋文爲:

> 雧曰:不顯天尹,匍保王身,諫辪四方,在朕皇高祖師婁、亞祖師夆、亞祖師窶、亞祖師僕、王父師虤,于(與)朕皇考師孝,□作尹氏,羣屯亡敗,□尹氏家。雧姟(夙)……

器主之言,首先説"不顯天尹",吳先生説:"天尹是西周時期對主要執政大臣尊隆的别稱。《公臣簋》有'虢仲令(命)公臣:司朕百工,易女(錫汝)馬乘、鐘五、金,用事。公臣拜稽首,敢揚天尹不(丕)顯休'。此天尹指虢仲。《作册大鼎》:'大揚皇天尹大保休'所頌揚的皇天尹大保是召公奭。此銘天尹當是雧的上司,官職可能是太師。"此論似可商権,銘文前三句頌揚"天尹",第四句曰"在朕皇高祖……",歷數高祖、亞祖(三人)、王父、考,直到自己。如果"天尹"是器主的上司,行文似顯突兀,且銘文後文言"于朕皇考師孝,□乍(作)尹氏","乍(作)"前一字難以辨識,原形爲:

此字殘泐並雜有折痕或畫痕,上部似爲"自"字,左側似有"水"形,可能是"洎"字繁體,或因"洎"得聲的字,上古音中"洎"爲羣紐質部字,"繼"爲見紐質部字,羣、見皆牙音,二字音近可通,"繼作尹氏"指世代作尹氏,正與首句"天尹"呼應,則"天尹"當是"高祖師婁"之前的器主祖先。大盂鼎銘文(《集成》2837)記王的册命之語,一開始就是:"不顯文王,受天有大命。在武王,嗣玟乍邦,闢厥匿,匍有四方,畯正厥民。"與此銘正可對照,"在"前是追溯文王,"在"後是追溯武王。

（五）南宫乎鐘銘文(《集成》00181)

南宫乎鐘 1979 年出土於陝西扶風豹子溝,西周晚期器,正面和甬部各有一篇銘文,前者爲:

> 先祖南公、亞祖公仲必父之家。天子其萬年眉壽,畯永保四方,配皇天。乎拜手稽首,敢對揚天子不顯魯休,用作朕皇祖南公、亞祖公仲……

此銘"亞祖"出現兩次,"亞祖公仲"之前的先輩是"南公",稱爲"先祖""皇祖"。

總的來看五件青銅器銘文中的"亞祖",其所在位置如下:

　　癲鐘: 高祖→亞祖→考

　　墻盤: 高祖→剌祖→乙祖→亞祖→考

　　逨盤: 高祖→高祖→高祖→高祖→高祖→亞祖→考

　　𤔲鼎: 高祖→亞祖→亞祖→亞祖→王父→考

　　南宫乎鐘: 先祖(皇祖)→亞祖

"亞祖"的使用情況如下表所示:

表二　"亞祖"使用情況表

器　名	"亞祖"之前的祖稱	"亞祖"之後的先輩之稱	其　他　情　況
癲鐘	高祖	皇考	此器亞祖即墻盤文考
墻盤	乙祖	文考	此器亞祖即癲鐘高祖
逨盤	皇高祖	皇考	亞祖排行"仲",前五代稱高祖
𤔲鼎	皇高祖	王父	三亞祖連稱
南宫乎鐘	先祖(皇祖)		亞祖排行"仲"

可得到以下兩點基本認識:

　　1. 前三例中,"亞祖"都用於指稱祖父輩,第四例則用於指稱祖父(王父)之前輩,如果三"亞祖"是連續三代,則指稱的是曾祖輩及曾祖之父輩、祖輩。第五例不詳。

　　2. "亞祖"之前,三例爲"高祖",一例爲"乙祖",一例爲"先祖"或"皇祖","乙"是日名,若不用日名,很可能也可以用"高祖"。"先""皇"修飾"祖",是泛稱、美稱。則"亞祖"恒接續於"高祖"之後。

二、"亞祖"内涵分析

　　"亞祖"不見於傳世文獻,與其相關的"高祖"在傳世文獻中可以指稱曾祖父之父,如《禮記·喪服小記》:"有五世而遷之宗,其繼高祖者也。"明確是五世祖。也可以指遠祖,如《左傳》昭公十五年:"昔而高祖孫伯黶司晋之典籍。"這兩種含義皆不符合西周金文用例,僅就本文所涉銘文來看,亦可知道"高祖"可用於曾祖輩及之前的任意輩,並非固定指稱曾祖之父,曾祖也並不能視爲遠祖。相應的,接續於"高祖"之後的"亞祖"位置亦不固定,可以指稱祖父輩及之前。金文中指稱祖父,有用"王父"者,如前文提及的𤔲鼎銘文,亦見於伯康簋銘文(《集成》4160)等。但更多銘文中就用"祖"表示,前可用"皇""文"等詞修飾,"祖""考"亦多連言,有"皇祖考""皇祖皇考""文祖皇考""皇祖剌考"等表述。"曾祖"之稱,見於禮書,金文中則未見。因此,金文中的祖稱,很難用傳世文獻中的祖稱與之比對。

羅泰先生認爲在莊白微氏青銅器銘文所提到的微氏先祖中,"高祖"是命氏立族者,"亞祖"是微氏家族這一分支的立族者。[1] 曹瑋先生贊同之。[2] 吳鎮烽先生在詮釋𤼈鼎銘文時,對於銘文中"高祖"的詮釋亦未用"曾祖父之考"的義項,而認爲是指"𤼈的立族之祖,也就是第一代先祖",並認爲三個"亞祖"是高祖師婁之下的三代先祖。吳先生不同意羅泰先生的觀點,認爲史墻盤銘文所稱"亞祖"是𤼈鐘銘文所稱"亞祖"的父親,"兩個亞祖所指不同,説是微氏家族的分支立族者於理不通"。[3] 譚步雲先生從"亞者次也"出發,將"亞祖"理解爲次一位的祖先,即前一位祖的弟弟。[4] 吳先生同意以"次"訓"亞",但認爲是"次一輩"而非"次一位"。[5] 黃國輝先生贊同之。[6] 杜廼松先生認爲"亞祖"是"父之父"即祖父的意思,"'亞'字在排序上有次一等的意義,這一般應理解爲'祖父'要較在其上的'曾祖父'輩低一輩分"。但又指出"亞祖""在有的金文中,同時也涵蓋了祖父之上一代或幾代祖先的意思"。[7] 凡此四説,都是以"次"訓"亞",羅泰先生的觀點實際上是把"亞祖"的"亞"理解爲"宗族的次一級"。"亞祖"的含義究竟爲何,需要帶入用例語境中作仔細辨析。

（一）對已有諸家觀點的審視

首先説"立族者",即另立新宗者。𤼈鐘、墻盤二銘是相互關聯的,皆有"亞祖",可以把世系結合起來作一番辨析,更深入地探討"亞祖"的內涵。𤼈所述與墻所述先輩世系可列表對照如下:

表三　𤼈鐘、墻盤實習對照表

序號	𤼈鐘世系	墻盤世系
1		青幽高祖
2	微史剌祖	微史剌祖
3		乙祖

[1] 羅泰:《有關西周晚期禮制改革及莊白微氏青銅器年代的新假設: 從世襲銘文説起》,《中國考古學與歷史學之整合研究》,中研院歷史語言研究所會議論文集之四,1997 年。

[2] 曹瑋:《高祖考》,《文物》2003 年第 9 期。

[3] 吳鎮烽:《高祖、亞祖、王父考》,《考古》2006 年第 12 期。

[4] 譚步雲:《𥂞氏諸器▼字考釋——兼説曾祖原委》,載於《容庚先生百年誕辰紀念文集》,廣東人民出版社,1998 年,第 438 頁。

[5] 吳鎮烽:《高祖、亞祖、王父考》,《考古》2006 年第 12 期。

[6] 黃國輝:《商周親屬稱謂的演變及其比較研究》,《中國史研究》2014 年第 2 期。

[7] 杜廼松:《論西周金文父祖宗親輩分稱謂》,《故宫博物院院刊》2010 年第 3 期。

序號	瘋鐘世系	墙盤世系
4	高祖辛公	亞祖祖辛
5	文祖乙公(亞祖)	文考乙公
6	皇考丁公(文考)	墙
7	瘋	

　　學者多將墙與瘋視爲父子關係,若然,則僅就微氏家族而言,對"亞祖"最直觀的理解應是祖父之稱,但從其他用例來看,並非如此。如果"亞祖"指另立新宗者且爲器主的直系先輩,則沒有連續兩代皆另立新宗的道理,僭鼎銘文中三位"亞祖"連稱難道是連續三代另立新宗? 而且,何以墙盤銘文里的"亞祖祖辛"在瘋鐘銘文里不稱"亞祖"而稱"高祖"? 是無法講通的。

　　再說"次一位的祖先",即"亞祖"是前一位祖的弟弟。以親屬關係上的"次"釋"亞",本身是合理的思路。《詩經·周頌·載芟》:"侯亞侯旅。"毛傳:"亞,仲叔也。"典籍中"亞"多表示"次"義,親屬上的"次"也就是"仲叔",譚步雲先生的理解是有道理的,南宮乎鐘銘文曰"亞祖公仲",可知器主"亞祖"的排行是"仲",逨盤銘文中的"皇亞祖懿仲"排行也是仲,雖然青銅器器主的直系先祖排行皆有伯仲叔季,"亞祖"的排行與"亞"字本身的含義是相符合的。

　　但是,僭鼎銘文中三位"亞祖"並列,按"次一位"理解的話,就意味着僭在追述自己祖先時,於曾祖輩提及曾祖兄弟四人,而且僭鼎銘文的內容是關於職位繼承的,在傳承過程中的某一代出現兄弟四人連續繼任的情況,雖然不能說完全沒有可能性,概率是極低的。而將瘋鐘銘文與墙盤銘文合在一起看,則辛公是乙祖之弟、乙公又是辛公之弟,即便不考慮日名的重複,墙也就成了微史之孫,與從武王到西周中期的時間差也無法吻合。

　　最後再說"次一輩",青銅器銘文中追述先祖,輩次通常以敘述先後表明,本不需要特別用"亞"字表示比上一位祖低一輩,如果有這樣的用法,銘文中理應有更多的用例。就從本文所涉之例來看,逨盤銘文五位"高祖"連言,何以不用"亞祖"區分輩次?

　　(二)"亞祖"應指當輩叔祖

　　"亞祖"之"亞",確應理解爲親屬關係上的"次",即依"仲叔"的含義理解,但並不是指前一位祖的弟弟,而應是當輩叔祖,即指稱父輩之前任意一代先祖之弟(含族弟)。這樣理解,可以講通這個稱謂的實際使用情況。

　　首先,可以解釋爲什麼"亞祖"一稱少見。傳世文獻中未見此稱,金文文獻僅見於前文列舉的五篇銘文。如果"亞祖"是對直系祖先的稱呼之一,彝銘中理應有更多的用例。青銅器銘文,誠如徐中舒先生所說,"多述爲父祖作器,而繼以祈句之辭;或述其父祖功德,而申以錫降之文"。[1]　爲父祖作祭器,當然通常是爲直系先祖作;述父祖功德,當然通常僅述及直系先祖功德,需要提到旁系先祖功德的情況是較少的,這是"亞祖"一詞用例少的原因。

再者,可以與銘文的叙述重點以及一些語句相合。𤼈鼎銘文所記述的是職位的承襲,這正是連續列舉三位"亞祖"的原因,器主的直系先祖中應是有三代因爲某種原因未能承襲職位,職位在旁系傳承的三代,又因某種原因回到本系承襲。此銘如果僅僅是祭祀祖先,祭祀對象當然可以是没有繼承職位的直系先祖,但所述重在職位的世襲傳承,就不能不把世襲鏈條中的旁系先祖列舉出來。

逨盤銘文中,前五位都稱"皇高祖",後兩位是皇亞祖、皇考。此銘先載器主逨之言,後載王的册命。逨所説的這一大段,其落脚點在"逨肇纂朕皇祖考服",即逨承襲了先輩的職務(服)。也就是説,前面所述歷代先祖在朝中任職的情況,是爲了説明本家族世代效忠、輔佐周王。從商末周初到周屬王時,王世十一,族歷七代,其中有一代直系先祖因爲某種原因未能在王朝任職而任職者是旁系先祖,是完全正常的,却不能因此就少叙述一兩個王世,所以把旁系先祖也列舉出來。

墙盤銘文中對"亞祖祖辛"的描述很值得注意,如果他是器主的直系先祖之一,"𤳨毓子孫……"幾句就顯得非常奇怪了。"𤳨毓子孫"的𤳨字,原字形爲⿰𡨄攴,唐兰先生説:"𤳨字从攴窒聲,窒是《説文》煙字古文,从垔聲。古文字从攴的,後代改从手,那麽,𤳨就是㧾字。《説文》㧾古文㧾。……'遷育子孫'當即立新宗。"[2]洪家義先生釋爲"煙",讀爲"煛",訓爲蔭庇。[3]　徐中舒、裘錫圭、李學勤三位先生皆釋爲"甄",[4]認爲"甄育"是甄陶教育的意思。唐先生的釋讀更爲合理,依此説則此句非常明確地證實了"亞祖"是宗族分支之始,即器主的旁系先祖。[5]　若釋爲"甄",此字表示教育的義項産生很晚,先秦兩漢並無用例。

我們不妨將𤳨字訓釋擱置,將"𤳨毓子孫"粗略地理解爲蕃育子孫或養育子孫。"繁祓多釐"一句,應同於叔向父簋之"多福繁釐","繁""多"義近,"祓""釐"亦當表示相近的意思,句意大致爲福佑多。"齊角熾光,宜其禋祀",諸家意見分歧較多,前句連劭名先生認爲意爲"使用雙角周正的赤黄色的牲牛進行祭祀",引《詩經‧小雅‧良耜》"殺時犉牡,有捄其角"等文例説明古人對牲牛之角的重視,"'熾光'即指鮮明的黄紅色,形容牲牛的顔色,極爲恰

[1]　徐中舒:《金文嘏辭釋例》,《徐中舒歷史論文選集》,中華書局,1998年,第503頁。

[2]　唐蘭:《西周青銅器銘文分代史徵》,中華書局,1986年,第457頁。

[3]　洪家義:《墙盤銘文考釋》,《南京大學學報》1978年第1期。

[4]　徐中舒:《西周墙盤銘文箋釋》,《考古》1978年第2期;裘錫圭:《史墙盤銘解釋》,《古文字論集》,中華書局,1992年,第380頁。

[5]　《尚書‧盤庚》:"乃有不吉不迪,顛越不恭,暫遇姦宄;我乃劓殄滅之,無遺育,無俾易種于兹新邑。"垔是影母文部字,遺是余母微部字,聲母皆喉音,韵母主要元音相同,僅尾音不同,音近可通。"遺育"之"遺"很可能就是𤳨字音轉,"無遺育"一言與遷到新居有關,故説"無俾易種于兹新邑"。

當"。論證合理充分,可從。後句之"宜",連先生認爲即《詩經·魯頌·閟宮》"子以騂牛犧,是饗是宜"之"宜",亦是。

這樣看來,墻盤銘文中對"亞祖祖辛"的贊美,大意是説他蕃育子孫,多受福佑,祭祀得宜,這段話的"他者"視角是相當明顯的。若是器主直系先祖,則何祖不蕃育子孫? 何祖不祭祀得宜? 因此,最合理的理解是墻和癲是叔侄關係,墻的父親乙公是癲的叔祖,癲的曾祖辛公是墻的叔祖,親屬關係如下圖所示:

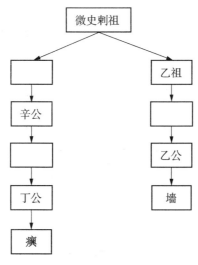

圖一　微氏家族親屬圖譜

圖中所示的微氏家族每一代先祖,當然都可能有多個兒子,具體人數和排行無從考知。因此如果我們嚴格地從"仲、叔"的含義去定義"亞祖",就墻稱辛公爲"亞祖"來説,辛公當是墻的祖父(亦即乙公之父、乙祖之子)的族弟。而癲稱乙公爲"亞祖",則乙公當是癲的祖父(亦即丁公之父、辛公之子)的族弟。從微史剌祖分出的兩支,無論哪一支爲大宗,或者都不是大宗(另有大宗),都不影響這種互稱"亞祖"情況的成立。如果我們從親疏關係上的"次"去定義"亞祖",互稱"亞祖"的情況就更不成問題。

"亞"在親屬關係上之可用於互稱,"婭"即一證,"亞"是其本字,《詩經·小雅·節南山》曰:"瑣瑣姻亞,則無膴仕。"《爾雅·釋親》:"兩婿相謂爲婭。"郭注:"今江東人呼同門爲僚婿。"郝懿行《義疏》:"言一人取姊,一人取妹,相亞次也。又竝來至女氏門,姊夫在前,妹夫在後,亦相亞次也。又曰'友婿',言相親友也。按,'友婿'即郭云'僚婿',其義同。"[1]兩婿之間有親屬關係,是因爲同娶了一家的女兒,所以只能從女家的角度去表述這種關係,嫁出之兩女猶如分出之兩支。姻親關係可以如此稱呼,很可能就是從血親關係的家族分支互稱類

[1]　(清)郝懿行:《爾雅義疏》,上海古籍出版社,1983年,第619—620頁。

推而來,最起碼也可以提供一個參照,讓我們通過比擬理解"亞"用於親稱的常規。

　　需要强調的是,銘文中提到"亞祖",並不意味着"亞祖"一定是器主祭祀的對象。如上文所言,在叙述家族歷史或職位繼承序列的過程中需要提到一位或幾位旁系先祖,是"亞祖"這個稱呼出現的原因,並不與祭祀制度挂鈎。五篇銘文中,南宫乎鐘銘文並不完整,缺頭少尾,冁鼎銘文亦不完整,缺後半部分,可姑置勿論,其他三篇的作器用途部分,二式瘋鐘銘文言"用追孝升祀,卲各樂大神",墙盤銘文言"剌祖文考",逑盤銘文言"用追孝于前文人",都是籠統言先輩,並未説此器是用來祭祀具體某一位或某幾位先祖的。因此,即便按照當時的祭祀制度不能祭祀旁系先祖,這樣的作器用途銘文也是完全没有問題的,總不能因爲銘文中提及了旁系先祖,就要在銘文最後涉及祭祀的部分加一句表示"亞祖除外"吧。

三、余論:"亞祖"與"亞"字形

　　探討"亞祖",不能不讓人聯想到商周金文中習見的"亞"字形,"亞"字形的含義問題,是關於宗族制度的,歷來受到關注,學者討論甚多,未能形成統一意見。近年朱鳳瀚先生著文再次探討了這一問題,對銘文用例作了系統全面的類型分析,得出令人信服的結論。朱先生認爲"亞"在彝器銘文中的内涵是與"亞"訓爲"次也"的含義相應的,"'亞某'(包括'亞'中'某'與'亞'冠於'某'前)之'亞',是表示'某'爲氏名,且爲其所屬宗族的分支,亦即相對獨立的次級族氏"。"也可以用來作爲'某'氏族長之稱,亦即以氏名爲人稱"。"在複合氏名形式的銘文被匚以'亞'字形時,此'亞'仍具有指示複合氏名中基層一級族氏名號爲該宗族内次級族氏——即作器者族氏的作用。作器者也應具有該族氏族長的身份"。[1]

　　在論述"亞"字形的族屬内涵中,朱先生特別引用了《詩經·周頌·載芟》"侯主侯伯,侯亞侯旅,侯彊侯以",毛傳:"主,家長也;伯,長子也;亞,仲叔也;旅,子弟也;强,强力也;以,用也。"並説:"在這裏,'亞'恰是指親屬組織中,在平輩的兄弟關係中相對於'伯'(即長子)來説次級的輩份。而在大的貴族宗族組織中,此'亞'相對於'伯'即大宗一級來説,即小宗。"[2]"亞某"作爲氏名,在彝銘中是指稱本族氏或本族氏的族長,也就是説,器主自己是在這個從大宗族分出的小宗族中。"亞+氏名"表示宗族内次級族氏或其族長,可以與本文前面所論"亞祖"的含義相印證。"亞"用在氏名前表示宗族分支,那麼用在先輩尊稱中應該也表示支系先祖。當然,用在"祖"前的"亞"與"亞字形"有區別,不能率爾等同起來,"亞祖"的"亞"雖然也表示宗族分支,器主却並不屬於這個分支。這是不难理解的,亞字形所標識的是祭器的祭祀對象,當然是器主的直系先祖,而"亞祖"則是器主在列舉先輩職任、功績時所涉及的,既然以"亞"與其他先祖相區別,最合理的解釋當然就是器主的旁系先祖。

---

[1]　朱鳳瀚:《商周金文中"亞"字形内涵的再探討》,《甲骨文與殷商史》第六輯,2016年,第194—207頁。
[2]　朱鳳瀚:《商周金文中"亞"字形内涵的再探討》,《甲骨文與殷商史》第六輯,2016年,第194—207頁。

山東高青陳莊遺址所出金文與齊史新證[*]

李秀亮[**]

2008—2010 年間發現於山東淄博高青縣的陳莊遺址,被公認爲近年來齊文化考古的最重要發現之一,填補了多項歷史記載的空白。遺址出土的西周城址、貴族墓葬、夯土祭壇以及青銅銘文、刻辭卜甲等遺迹遺物,都爲西周時期齊國歷史文化的研究提供了重要的最新資料依據,備受學者矚目。時至今日,有關陳莊城址的性質、夯土祭壇的功能、青銅銘文的釋讀等問題,學界已取得較多共識。[1] 但利用這批寶貴資料來系統研究齊國的早期史事,仍有很多工作要做。筆者不揣淺陋,願在前輩學者研究的基礎上,對此問題試做討論。

一、齊太公世系

大量金文資料已可證明,作爲周朝開國重臣的魯周公、燕召公、齊太公等,在西周時期都擁有龐大的宗族,支脈衆多,除嫡長子被外封爲諸侯國君外,其餘諸子也都在王室內各司一職,世代享有王室俸祿。最典型的當屬燕召公,除嫡長子克被封於燕國爲侯外,另有一子召伯父辛在王畿內繼承召公采邑,世爲召伯。還有一子名耆,繼承召公"大保"的官職,做了周朝大保氏的第一代宗主,世代延續。[2] 魯周公亦然,嫡子伯禽被封爲第一代魯侯,次子君陳留相王室,繼承王畿內的采邑,世代爲周公。[3]

與召公、周公不同的是,齊太公本人親自就封爲第一代齊侯,嫡子丁公繼任。其餘諸子的情況,由於文獻缺載,後人無從得知。2010 年,李學勤先生曾根據兩組新出青銅器銘文,考證出齊太公在王畿內的兩支後裔。一組是 1992 年陝西扶風巨良海家村出土的師宓鐘,結合傳世的姬寏母豆,可考證出郭公、獻公、魯仲、憲伯、孝公、靜公、師宓等一支系。另一組是1974 年出土於陝西扶風強家村的師觀鼎、即簋、師奐鐘等,結合傳世的師望鼎,可考證出郭季易父、宮公(師觀)、幽叔(師望)、德叔(即)、師奐等一支系。其中郭公一支繼承了太公大師的職位,幼弟郭季易父一支則世代在大師屬下任職。兩者共同構成了齊太公在周王畿內的

* 本文爲山東社科規劃項目"出土文獻所見齊史資料整理與研究"(20CLSJ05)階段性成果。

** 教育部人文社會科學重點研究基地山東師範大學齊魯文化研究院講師。

[1] 李秀亮:《高青陳莊遺址研究綜述》,《管子學刊》2019 年第 2 期。

[2] 李學勤:《走出疑古時代》(修訂本),遼寧大學出版社,1997 年,第 159—161 頁。

[3] 陳夢家:《西周銅器斷代》(上冊),中華書局,2004 年,第 36—40 頁。

支系小宗。[1] 李先生的研究,爲學界揭示了諸多長期不爲人知的太公宗室成員,意義重大。

今高青陳莊遺址銅器銘文的問世,又爲我們展示了齊太公的另一支系子孫。

陳莊遺址現已出土 50 餘件青銅器,帶銘文的 10 件,其中 M18 的銅簋、觥、甗、卣、觚,M17 的銅簋等,銘文内容基本相同,可稱之爲豐器。M35 的 2 件銅簋,銘文相同,可稱之爲引器。

7 件名豐者所作的器物,6 件出土於 M18,1 件出土於 M17。各器銘文多少不等,間有省略,最多的 11 字,最少的 2 字。先將各器銘文抄録如下:

> 簋(M17):　豐啟作祖甲寶尊彝
>
> 簋(M18):　豐啟作厥祖甲寶尊彝
>
> 甗:　　　豐啟作祖甲寶尊彝
>
> 鼎:　　　豐作厥祖齊公尊彝
>
> 觥:　　　豐啟作厥祖甲齊公寶尊彝
>
> 卣:　　　豐啟作文祖齊公尊彝
>
> 尊:　　　豐啟作文祖齊公尊彝

諸器中的祖甲、齊公、祖甲齊公、文祖齊公等,都指同一個受祭者。甲是日名,齊是國名,公是爵稱,文是美稱。其身份,學者一般認爲是齊國的首任國君師尚父。[2] 太公的日名爲甲,這在典籍中是缺載的。作器者豐既然稱太公爲祖,當爲其孫輩無疑。據《史記·齊太公世家》記載,太公嫡孫、丁公嫡子爲齊乙公吕得,故豐只能爲太公的旁支孫輩,時代相當於周昭王時期。學者多根據銅鼎、觥、簋等器的組合、形制、紋飾等特點,並結合同出陶鬲、陶罐的形制特徵,推斷該組銅器的年代當爲西周早期偏晚階段。[3]

引簋有 2 件,均出自 35 號大墓,共 8 行 73 字,現抄録銘文如下:

> 佳正月壬申,王各于龔(共)大室。王若曰:"引,余既命汝更乃祖堇司齊師,余唯申命汝,易汝彤弓一、彤矢百、馬四匹。敬乃御,毋敗績。"引拜稽手,對揚王休,同陝追,俘兵,用作幽公寶簋,子子孫孫寶用。

---

[1] 李學勤:《論西周王朝中的齊太公後裔》,《煙臺大學學報》2010 年第 4 期。

[2] 代表性的論著有李學勤:《論高青陳莊器銘"文祖甲齊公"》,《東嶽論叢》2010 年第 10 期;張俊成:《高青陳莊"齊公"諸器銘文及相關問題》,《出土文獻》第十一輯,中西書局,2017 年,第 19—29 頁,等等。唯吕茂東認爲祖甲應該當是周初僭號稱王的"豐王",他在被周公征伐後臣服於齊,因而稱爲齊公,可備一說,詳見氏著:《解讀高青縣陳莊西周遺址》,《管子學刊》2011 年第 4 期。

[3] 方輝:《高青陳莊銅器銘文與城址性質考》,《管子學刊》2010 年第 3 期。

龔大室，周共王的宗廟，説明器物製作於周共王之後。既命，之前已有的任命。申命，重申前命。䟽司，掌管。齊師，學者或認爲是齊國的軍隊，[1]或認爲是周王室的軍隊。[2] 彼此雖有分歧，但皆承認周王擁有對齊師的直接指揮權，引的身份爲管理齊師的高級軍事將領。更乃祖，賡續乃祖，説明引軍事將領的身份是世襲的，其家族應世代職掌齊師。彤弓一、彤矢百，又見於應侯見工鐘、宜侯夨簋，後兩器都是對諸侯的賞賜。敗績，指戰爭時的大潰敗。《左傳》莊公十一年"大崩曰敗績"。同隞追，隞字不識，含義不明，學者或認爲其句例與不其簋"我大同從追汝"類似。俘兵，俘獲兵器，可知戰爭最終以胜利告終。幽公，引的先祖。根據西周社會世官世禄制度的特點，幽公很可能也是"䟽司齊師"的武官。[3]

引簋的製作時代，李學勤等先生通過銘文内容、器物紋飾等特徵，考證屬於周懿王、孝王時期，未到夷王時期。[4] 朱鳳瀚先生根據 M35 隨葬器物有盤、匜等水器組合，而匜在關中與中原地區是自西周晚期約厲王後才開始流行的特點，推斷墓主人引應"主要活動於西周中期偏晚至晚期初懿王至夷王這一時段内"。[5] 李伯謙先生也認爲屬西周中期偏晚，不出懿、夷二王。[6] 各家雖意見不同，但大致不離西周中期後段。

從結構布局看，豐、引的墓葬都圍繞城址中南部的夯土祭壇而建，其中 M17、M18 位於祭壇東面，M35、M36 位於祭壇北面，"墓地雖狹窄，但墓葬、馬坑排列有序，基本没有打破關係，説明它是一處家族墓地。其位置與埋葬方式表明該家族不是普通的家族，而是領有陳莊西周城的家族"。[7] 社壇和墓地的排列已有後世"左祖右社"的觀念，宗族墓地的特徵比較明顯。

以上信息，至少給我們四點認識：

其一，豐、引屬於同一家族成員。豐的時代早於引，當爲引的先祖。

其二，引和豐一樣，都是齊太公的直系後裔，但屬於有别於齊國公室的旁系子孫。

其三，豐很可能與引的職務相同，都是掌管齊師的高級軍事將領，豐、引家族世襲此官職，爲歷代周王所倚重。

其四，豐爲太公之孫，中間相隔的一代不詳。引所承襲的先祖與受祭者幽公之間的關係

---

[1] 李學勤、劉慶柱等：《山東高青陳莊西周遺址筆談》，《考古》2011 年第 2 期。

[2] 山東省文物考古研究所：《海岱考古》（第四輯），科學出版社，2011 年，第 370—377 頁。

[3] 銘文關鍵字詞的釋讀，主要依李學勤先生的意見，詳見氏著：《高青陳莊引簋及其曆史背景》，《文史哲》2011 年第 3 期。

[4] 張光明、徐義華主编：《甲骨學暨高青陳莊西周城址重大發現國際學術研討會論文集（2012 年中國高青）》，齊魯書社，2014 年，第 18 頁。

[5] 李學勤、劉慶柱等：《山東高青陳莊西周遺址筆談》，《考古》2011 年第 2 期。

[6] 張光明、徐義華主编：《甲骨學暨高青陳莊西周城址重大發現國際學術研討會論文集（2012 年中國高青）》，齊魯書社，2014 年，第 19 頁。

[7] 張學海：《陳莊西周城蠡測》，《管子學刊》2010 年第 4 期。

不明了，與引的輩分亦不清楚。因此之故，豐、引家族的世系只能大致總結爲：

齊太公———□———豐……祖……幽公……引

根據上文的考述，我們可以在李學勤等先生工作的基礎上，將齊太公現有的世系列表如下：

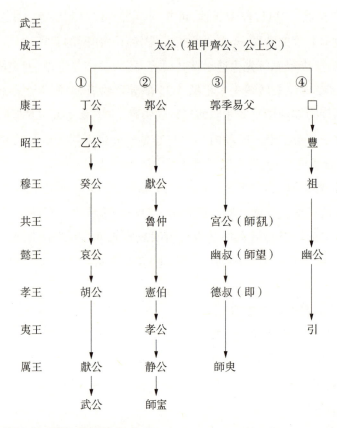

		①	②	③	④
武王					
成王			太公（祖甲齊公、公上父）		
康王		丁公	郭公	郭季易父	□
昭王		乙公			豐
穆王		癸公	獻公		祖
共王			魯仲	宮公（師甗）	
懿王		哀公		幽叔（師望）	幽公
孝王		胡公	憲伯	德叔（即）	
夷王			孝公		引
厲王		獻公	靜公	師俞	
		武公	師宏		

上列太公衆世系中，還有兩點值得注意：

其一，諸支系後裔中，無論是師宏、師望、師俞還是引簋的師引，都秉承了太公的軍事指揮才能。師望在銘文中自稱“大師小子”，張亞初、劉雨認爲這裏的“小子”有屬官之意，師望應當是大師的屬官。[1] 引及其先祖都是統率齊師的高級軍事將領。師宏、師俞等也都是軍職武官。

其二，高青陳莊遺址總面積近 9 萬平方米，現僅挖掘 9 000 餘平方米，“揭露西周灰坑和

---

[1] 張亞初、劉雨：《西周金文官制研究》，中華書局，1986 年，第 46 頁。另外，“小子”在商周甲骨金文中還有未成年人、貴族子弟、爵稱、小宗族長等不同内涵，學者對此多有探討，具體可參看嚴志斌：《關於商周“小子”的幾點看法》，《文物春秋》2001 年第 6 期。

窖穴近千座、夯土臺基幾處、殘房基 7 座、柱洞 60 多個、灶 4 座、水井 1 眼及墓葬 13 座,東周時期灰坑 500 多座及道路、柱洞、房基、陶窰、水井、小型墓葬等"。[1] 現僅公布了其中 6 座西周墓葬的資料。以後隨着更多材料的公布,豐、引家族的信息或許會得到更多的補充和完善。

二、西周時期齊國的命卿

據傳世典籍記載,周代盛行命卿制度。《禮記・王制》:"大國三卿,皆命於天子……次國三卿,二卿命於天子,一卿命於其君,……小國二卿,皆命於其君。"清人黃以周曰:"《王制》所言命於天子,皆爲受命於王國。"[2]《周禮・夏官・序官》:"凡制軍,萬有二千五百人爲軍,王六軍,大國三軍,次國二軍,小國一軍,軍將皆命卿。"《周禮・春官・大宗伯》:"以九儀之命,正邦國之位,壹命受職,再命受服,三命受位。"鄭玄注:"此列國之卿,始有列位於王,爲王之臣也。"可知周王室在封邦建侯後,爲加強管理,便依受封國等級的不同,分別設置了數量不等的命卿,以便有效掌控諸侯之政。雖然這些文獻都成書較晚,所述典制又過於整齊劃一,有明顯後儒增飾演繹的痕迹。但學者普遍認爲《周禮》所言"軍將皆命卿""則應該是周代確實存在的制度",[3]而且"即便周代的命卿制度未必盡如儒家口中那樣規整,但終究還是有明確史實所本的"。[4] 依此,命卿制度在西周社會可能確實廣泛存在。

關於周王室在齊國的命卿情況,傳世典籍並不能反映其全貌。據《左傳》《國語》等記載,春秋時期在齊國擔當周室命卿的,是國氏和高氏。《左傳》僖公十二年管仲告訴周襄王,齊國境內有"天子之二守國、高在",杜預注:"國、高二氏爲天子所命,世爲齊上卿。"楊伯峻先生進一步解釋道:"齊侯爵爲次國,二卿爲天子所命,則國氏、高氏也,爲上卿。"[5]《國語・齊語》在記載管仲改革齊之軍隊時,還要求"公帥五鄉焉,國子帥五鄉焉,高子帥五鄉焉。"韋昭注:"國子、高子皆齊上卿,各帥五鄉,爲左、右軍也。"[6]國氏、高氏在齊國既統兵,又領政,與典籍所載命卿的身份相符。

國氏、高氏從何時開始擔任齊之命卿,史無明文。但梳理現有資料可知,有關高氏的記載最早見於《春秋》莊公二十二年,當時有名高傒者代表齊國在防地與魯人結盟。有關國氏的記載最早見於《左傳》僖公二十八年,當時有名國歸父者與崔夭代表齊國參與晉楚城濮之戰。在這兩個時間點之前,尚未有任何有關國氏、高氏兩大宗族活動的具體信息。《新唐

[1] 山東省文物考古研究所:《山東高青縣陳莊西周遺址》,《考古》2010 年第 8 期。

[2] 孫詒讓:《周禮正義・大宗伯》,中華書局,1987 年,第 1371 頁。

[3] 謝乃和:《高青陳莊〈引簋〉與周代軍制》,《管子學刊》2015 年第 3 期。

[4] 趙慶淼:《高青陳莊引簋銘文與周代命卿制度》,《管子學刊》2015 年第 3 期。

[5] 楊伯峻:《春秋左傳注》(第一冊),中華書局,2009 年,第 341 頁。

[6] 徐元誥:《國語集解》,中華書局,2002 年,第 222 頁。

書·宰相世系表》曾記載高氏出自齊文公："高氏出自姜姓，齊太公六世孫文公赤生公子高，孫傒爲齊上卿，與管仲合諸侯有功，桓公命傒以王父字爲氏。"[1]據《史記·齊太公世家》所錄齊國世系可知，文公爲齊獻公之後的第三任國君，即位於公元前815年，已是周宣王時期。國氏雖不知所出，但李學勤[2]、楊永生[3]都推測肯定不會早於西周中期。

那麼在高氏和國氏之前，周王室所置的齊命卿人員爲誰，之前因史料缺載不盡可知。今高青陳莊遺址資料的出現，則有力彌補了這一歷史缺憾。

從銘文體例看，引簋是一篇典型的册命金文。引被周天子親命所統帥的"齊師"，又見於史密簋和師袁簋，學者一般認爲指齊國的軍隊，[4]故引的身份明顯是周王室派來管理齊國軍隊的高級軍事將領。按照西周社會軍政合一的特點，引應該也執掌齊國政事。引的身份，符合西周之命卿的特徵。"銘文里引世襲管理軍隊，受王命後即能聚合人衆作戰，也應系齊國上卿，地位與國、高相類"。[5]

既爲命卿，引在齊國的地位當僅次於齊侯，而遠遠高於其他諸卿。對此，高青陳莊遺址也提供了有力的資料證據。首先，引被賞賜的"彤弓一、彤矢百"，在同類銘文中的被賜對象多屬於諸侯，如宜侯夨簋中的宜侯、晉侯蘇編鐘中的晉侯、應侯見工簋中的應侯等。其次，引簋所在的35號墓，屬於帶一條墓道的"甲"字形大墓，這一般屬於諸侯的墓葬標准。最後，引的墓葬中不僅出土了10餘件青銅器，墓道中還用了2輛車殉葬，級別遠高於其他貴族墓葬。凡此，都是引高級卿事身份的有力體現。

銘文説引的職務爲賡續其祖而來，説明"司齊師"的册命在其祖時已經存在，引只是承襲先祖職位。前文討論齊太公世系時已指出，豐也屬於引的直系先祖，豐的職務銘文中缺載，或許亦屬齊國命卿。從器物形制、紋飾特徵等分析，引簋的時代屬西周中期後段，其祖可推算至中期前段或早期。豐既爲太公之孫，當與齊乙公同時，時代屬於西周前期後段。此外還有引祭祀的幽公，輩份和時代都不可知，是否也是命卿只能存疑。

若上述分析成立，則在西周中期之前，在齊國擔任周王室命卿、執掌齊國政事的，當爲豐、引家族的成員。他們與齊國公室同宗共祖，皆出自齊太公，又分掌齊國政權，共同替周天子鎮守東土，以靖王室。此時期擔任過齊之命卿的人員，至少有豐——祖——引等三人。

可惜的是，豐、引家族的輝煌歷史並沒有持續太久。因爲發掘者在對現存城牆做解剖後發現，陳莊城址自西周早期建立後，至西周中期偏晚階段既已受到破壞，且未見後期拓寬修

［1］ 歐陽修、宋祁：《新唐書》，中華書局，1975年，第2378頁。

［2］ 李學勤：《高青陳莊引簋及其歷史背景》，《文史哲》2011年第3期。

［3］ 楊永生：《從引簋看周代的命卿制度》，《史學集刊》2015年第5期。

［4］ 李學勤：《史密簋銘所記西周重要史實考》，《中國社會科學院研究生院學報》1991年第2期；張懋鎔：《史密簋與西周鄉遂制度——附論"周禮在齊"》，《文物》1991年第1期。

［5］ 魏成敏：《陳莊西周城與齊國早期都城》，《管子學刊》2010年第3期。

補的迹象。對此，發掘者在整理簡報中已明確指出：“西周城址選建於當時無人居住的高地上，即爲新建城址。城牆至西周中期偏晚階段被破壞，此後没有再修補。”[1]“春秋戰國時期，城牆雖已破壞，但未見修補迹象，反映其防禦功能已經弱化，僅是在城外挖建城壕增强防禦而已，尤其是城内發現大量灰坑、窖穴等與人們日常生活直接相關的痕迹，很可能此地已經成爲一般的聚落，從而表明該城前後的性質是有所不同的。”[2]依此，陳莊西周城址的主要使用期，即功能鼎盛期，僅限西周中期之前。此後，該城址便遭到時人的嚴重破壞，原有的軍事功能也開始急速衰弱和轉化。

　　陳莊城址既然是豐、引家族的采邑所在，[3]那麽在城址被毀壞的背後，肯定伴隨着豐、引家族成員的被屠戮和宗族的集體消亡。其中的原因，學者多推測當與齊胡公被殺、齊獻公重新奪權繼位有密切關係。[4]

　　根據上述分析，我們或許可以做這樣的推測：由於豐、引家族的滅亡，周王室只能另擇他人繼續接管“齊師”和擔任周在齊的“命卿”。中間可能數易其人，直至齊文公時，才最終確定高氏和國氏爲最佳人選。自此之後，高氏、國氏及其後裔，便長期分掌了周王室設置在齊國的命卿職位，世代執掌齊政。而豐、引及其家族成員，不但在齊國政壇上徹底消失了身影，而且在後世文獻典籍中也被抹去了全部踪迹，爲後人所遺忘。若不是高青陳莊遺址的問世，他們曾經的輝煌，仍舊不爲人所知曉。

三、齊　魯　聯　姻

　　《左傳》僖公二十六年記載，西周成王在分封太公於齊、周公於魯時，曾“勞之而賜之盟，曰‘世世子孫，無相害也。’”爲維持這種政治聯盟關係，齊、魯兩國間長期互通婚姻，以交其好。

　　細繹《春秋》《左傳》等典籍資料可知，春秋時期近三百年的時期内，上至兩國公室、下至貴族宗族之間的通婚行爲在不同諸侯國之間時有發生。其中，魯國國君有六位夫人娶於齊：魯桓公夫人文姜、魯莊公夫人哀姜、魯僖公夫人聲姜、魯文公夫人出姜、魯宣公夫人穆姜、魯成公夫人齊姜。齊國國君有五位夫人娶於魯：齊僖公夫人（名字不詳）、齊昭公夫人叔姬、齊靈公夫人顏姬、齊景公夫人重、齊悼公夫人季姬。兩國貴族階層間的聯姻活動有：魯宣公五

[1] 山東省文物考古研究所：《山東高青縣陳莊西周遺址》，《考古》2010 年第 8 期。

[2] 方輝：《高青陳莊銅器銘文與城址性質考》，《管子學刊》2010 年第 3 期。

[3] 張天恩：《陳莊西周諸侯采邑的初步認識》，《兩周封國論衡——陝西韓城出土芮國文物暨周代封國考古學研究國際學術研討會論文集》，上海古籍出版社，2014 年，第 372—378 頁；李春利：《兩周時期采邑制度的演變》，中國社會科學出版社，2016 年，第 55—59 頁。

[4] 曹斌：《山東高青縣陳莊遺址性質探析》，《考古》2018 年第 3 期；李秀亮：《高青陳莊西周城址廢棄原因探析》，《海岱學刊》（第 22 輯），齊魯書社，2020 年，第 11—20 頁。

年齊高固娶魯叔姬;成公十一年齊管於奚娶魯聲伯之母;成公十六年齊聲孟子通魯叔孫僑如;昭公四年魯叔孫豹娶齊國氏之女國姜等。考慮到文獻記載的缺失,實有的聯姻行爲要遠多於此。

對齊魯之間長期通婚的現象,學者雖已有較深入研究,但因材料所限,研究的時限最早只能上推到春秋初魯桓公時期。對西周時期兩國聯姻的狀況則多避而不談,甚至認爲兩國在西周時期彼此尚不存在通婚行爲:"齊、魯兩國的世姻歷史是從春秋開始的","齊女魯桓公夫人文姜,魯女齊僖公夫人公子糾之母,是負有篳路藍縷之功的"。[1]

現有的青銅器銘文却提供了與之完全相反的資料依據。如傳世的魯侯盉蓋(《殷周金文集成》09408)銘文曾明確記載"魯侯作姜享彝",其中的"姜",據《商周青銅器銘文選》推測很可能是魯侯夫人,"當爲齊女嫁於魯者"。[2] 魯侯盉蓋的時代,學者或認爲屬於西周早期,或認爲屬於西周中期,但都承認不會晚至春秋時期。魯侯盉蓋銘文的問世,或許可以證明齊魯兩國在西周時期確曾有過彼此通婚的行爲。

對此,高青陳莊遺址的出土,又給西周時期的齊魯聯姻情況提供了一條有力的補證材料,足以修訂前人成説。

在陳莊西周城址東南部的 18 號墓中,曾出土一件銅鼎,其銘文曰:"魯姬易(賜)貝十朋,用乍寶尊鼎。"[3]按照西周銘文的用字習慣,"魯姬賜貝十朋"當爲被動句式,指魯姬被某人賞賜了十朋貝。前文已交待,18 號墓中還出土了數件豐所作銅器,祭祀對象都是"甲祖齊公",學者已據此確認豐爲太公之孫,同時也是 18 號墓的主人。此鼎中賞賜魯姬貝十朋的主體,很可能也是豐。

依商周金文中女性稱名的慣例,魯姬應該是由魯國嫁於齊國的姬姓女子。其身份,朱鳳瀚先生認爲是"出身魯國的齊侯夫人,爲豐之母親或祖母"。此解有兩點需要補充説明:其一,魯姬若是豐的祖母,便不可能是齊太公之妻。因爲與太公同爲始封君的魯侯伯禽,與太公之子丁公同輩,斷無嫁女於太公的可能。豐在其他諸器中祭祀和頌揚的"甲祖齊公",便只能是其遠祖。這與學者所主張的豐爲太公之孫的身份不能符合。[4] 其二,若魯姬爲豐的母親,其身份便不會是齊侯夫人,而只能算是齊國公室小宗族長的夫人,因爲豐本身只是齊太公的支系孫輩。因此,僅憑"魯姬"二字,尚無法完全確認其具體身份。

魯姬與豐的關係雖不能完全確知,但她既然出身於魯國,又遠嫁在齊國,便可作爲齊魯

[1] 王京龍:《試説春秋時期的齊魯聯姻》,《管子學刊》1993 年第 1 期。

[2] 上海博物館商周青銅器銘文選編寫組:《商周青銅器銘文選》(三),文物出版社,1988 年,第 242 頁。

[3] 需要説明的是,此件銘文僅朱鳳瀚先生在文章有詳細介紹,遺址發掘報告及其他學者都未曾提及,應該尚在未公布的後續材料内。朱氏的釋讀是在其"觀摩發掘出土的部分青銅器"後所作,當不會有誤。詳見朱鳳瀚等:《山東高青陳莊西周遺址筆談》,《考古》2011 年第 2 期。

[4] 李學勤:《讀高青陳莊器銘"文祖甲齊公"》,《東嶽論叢》2010 年第 10 期。

兩國在西周時期彼此聯姻的確證。這不僅填補了西周時期齊魯政治婚姻的空白,對了解西周時期的齊魯關係也提供了寶貴的資料依據。而以往學者所主張的齊魯聯姻最早始於春秋初期、西周時期齊魯不通婚的主張,至此也可以徹底抛棄了。真實的歷史事實是,齊、魯兩國從被封建於東土且成爲鄰國之後,便延續姬姜兩族長期聯姻的傳統,互爲婚姻,時有嫁娶,以增進兩國的友好同盟情誼。

學者之前之所以没有過多提齊魯兩國在西周時期的聯姻情況,除了没有直接的文獻資料佐證外,還認爲西周時期因爲文化的差異,齊、魯兩國各自獨立縱向發展,彼此没有發生聯姻的可能。如《左傳》哀公二十四年中魯國宗人釁夏在追溯魯國的婚姻傳統時曾提到:"周公及武公娶於薛;孝、惠娶於商;自桓以下娶於齊,此禮也。"依此,則魯國在西周的婚姻與國主要是任姓的薛國和子姓的宋國,而與姜姓齊國的聯姻直到春秋初年魯桓公之後才正式開始。對此,現有大量資料已可證明,釁夏此話的疏漏十分明顯。因爲即使魯桓公本人也不是僅僅娶妻於齊國,至少還同媯姓的陳國、嬴姓的秦國有過政治聯姻。如《史記·魯周公世家》中已明確交待,魯桓公曾娶妻於陳,其最小的兒子季友的母親便是陳國女子,故在慶父亂魯時,季友首先想到的便是躲到陳國避難。另外,據《史記·秦本紀》記載,秦寧公的兒子德公的母親爲魯姬子,很明顯是來自魯國的女子,説明秦寧公曾娶妻於魯。從時間上推算,秦寧公"生十歲立",約在公元前 715 年繼位爲君,若其在十四五歲時開始娶妻生子,正時值魯桓公繼位不久。而且秦德公的上面還有其兄長武公,德公的出生應該還要後推,時間更要晚於魯桓公執政後。[1] 因此,僅魯桓公時期的資料已可證明,魯宗人釁夏所述魯國的婚姻傳統必定存在較多疏漏缺載之處,故他雖然没提到齊魯兩國在西周時期有嫁娶現象,但並不能據此而否定兩國之間在此時存在通婚的行爲。

而且,前引《左傳》僖公二十六年中周成王曾告誡齊、魯兩國要"世世子孫,無要害也"。那麽彼此通婚無疑也應該是聯絡兩國感情的重要方式。另外,據《左傳》僖公四年記載,當年周王室封太公爲東方諸侯之伯時曾特别交待:"五侯九伯,女實征之,以夾輔周室。"據李零先生考證,"五侯,是齊、魯、晋、衛、燕;九伯,是穿插期間的小國",[2] 既然要擔負鎮撫東方、穩定東土之重任,除了有事出兵討伐外,平時以聯姻交各國之好,也是有可能的。或許當時齊與魯、晋、衛、燕等國皆有婚姻往來,只是限於資料,無法一一證實。

四、結　語

綜上,通過分析高青陳莊遺址資料的内涵,尤其是對相關青銅器銘文資料的解讀,我們對西周時期齊國的有關史事有了更清晰的認識,具體可總結爲如下幾點:

---

[1] 劉麗:《兩周時期諸侯國婚姻關係研究》,上海古籍出版社,2019 年,第 35 頁。

[2] 山東省文物考古研究所:《海岱考古》(第四輯),科學出版社,2011 年,第 370—377 頁。

其一,由陳莊遺址所出豐、引諸器銘文内容,我們可考辨出齊太公的另一支系子孫,主要成員有:太公——□——豐……祖……幽公……引。他們世代職掌齊師,爲當時的高級軍事統帥。至此,齊太公已有四支後裔族人爲世人所知。

其二,高氏、國氏之前,在齊國擔任周之命卿的,是豐、引家族的成員。他們統帥齊師,又執掌齊國政治,曾經是權勢顯赫的貴族世家。西周中期時,豐、引家族因故敗落後,齊命卿之職才由國氏、高氏繼任。

其三,由 M18 豐鼎銘文"魯姬"的記載證實,早至西周中期之前,已有魯女嫁入齊國公室。齊、魯兩國實行政治聯姻的時間,遠遠早於學者普遍認爲的春秋初期。

20 世紀 30 年代,陳寅恪先生在爲《敦煌劫餘録序》一書作序言時曾指出:"一時代之學問,必有其新材料與新問題。取用此材料,以研求問題,則爲此時代學術之新潮流。"進入 21 世紀以來,隨着考古大發現時代的到來,與齊史、齊文化研究相關的衆多考古遺址和出土文獻資料大量問世,爲我們重新認識齊文化的内涵提供了豐富素材。其中比較重要的,除本文的陳莊銅器銘文外,至少還有:2004 年陝西岐山周公廟廟王村灰坑出土的"蒲姑"刻辭卜甲;2005 年公布的上海博物館館藏戰國楚竹書《競建内之》《鮑叔牙與隰朋之諫》篇;2013 年新泰周家莊東周墓葬出土的兵器銘文;以及近年新發布的清華大學藏戰國竹簡《繫年》(2011年)、《管仲》(2016 年公布),等等。它們不但彌補了《左傳》《國語》《史記》等傳世典籍對齊史資料記載不足的缺憾,訂正了相關記載的訛誤。更重要的是,通過對這些新出資料的研究,可以更好地展現齊國歷史的原貌,深入挖掘齊文化的豐富内涵。希望本文能起到抛磚引玉的功效,以引起更多學者對此問題的關注和研究。

從春秋述祖銘文的體例看南公的身份*

陳民鎮**

“南公”之稱，不見於傳世文獻。從兩周金文看，南公是周初的重要歷史人物：

1. 㢟乍（作）剌（烈）考**南公**寶障（尊）彝。（南公方座簋，《銘續》30371，西周早期）[1]

2. 令（命）女（汝）孟井（型）乃嗣且（祖）**南公**……易（賜）乃且（祖）**南公**旂……孟用對王休，用乍（作）且（祖）**南公**寶鼎，佳（唯）王廿又三祀。（大盂鼎，《集成》2837，西周早期）

3. 先且（祖）**南公**、亞且（祖）公仲、必父之家……用乍（作）朕皇且（祖）**南公**、亞且（祖）公仲……（南宫乎鐘，《集成》181，西周晚期）

4. 佳（唯）王五月吉日丁亥，曾公畴曰：昔在辝（台）不（丕）顯高且（祖），克述（仇）匹周之文武。淑＝（淑淑）白（伯）昏（括），小心有德。召事上帝，遹（聿）褒（懷）多福。左（佐）右（佑）有周，㝃神其鐘（聲），受是不恧（寧）。不（丕）顯其欁（靈），甫（匍）匐辰（祇）敬。王客我于康宫，平（伻）［尹］氏命皇且（祖），建于南土……曰：邵（昭）王南行，豫（舍）命于曾。咸成我事，左（佐）右（佑）有周。易（賜）之甬（用）鉞，用政（征）南方。**南公**之剌（烈），叡（駿）聖（聲）有聞。陟降上下，保埶（乂）子孫……以享于其皇且（祖）**南公**，至于㔉（桓）莊，以祈永命，眉壽無疆，永保用享。（曾公畴編鐘，春秋中期）[2]

---

* 本文係國家社會科學基金重大課題“中國古代文體觀念文獻整理與研究”（18ZDA236）的階段性成果。

** 北京語言大學首都國際文化研究基地、中華文化研究院副研究員、博士生導師，主要研究方向爲出土文獻、先秦史、古代文論。

[1] 除特別説明，本文所引銅器銘文，均見於中國社會科學院考古研究所《殷周金文集成》（中華書局，1984—1994 年）與吳鎮烽編著《商周青銅器銘文暨圖像集成》（上海古籍出版社，2012 年）、《商周青銅器銘文暨圖像集成續編》（上海古籍出版社，2016 年）、《商周青銅器銘文暨圖像集成三編》（上海古籍出版社，2020 年），以下分別簡稱《集成》《銘圖》《銘續》《銘三》。釋文參酌其他學者與筆者的意見。

[2] 郭長江、凡國棟、陳虎、李曉楊：《曾公畴編鐘銘文初步釋讀》，《江漢考古》2020 年第 1 期。釋文參酌其他學者與筆者的意見。如“平（伻）［尹］氏命皇且（祖）”之“平（伻）”，即過去通常所釋“乎（呼）”。然曾公畴編鐘銘文寫作“平”，可驗證王森先生的改釋，參見王森《甲骨文、金文所謂“乎”字當釋爲“平”字》，《語言科學》2021 年第 3 期。“平”讀作“伻”，訓“使”，參見拙作《曾公畴編鐘銘文補説》，《漢字漢語研究》2020 年第 4 期。

5. 佳(惟)王正月吉日甲午,曾侯腆曰:白(伯)遣(括)上嘗(帝),左(佐)右(佑)文武。達墊(殷)之命,罷(撫)斀(定)天下。王譴(遣)命**南公**,蒸(營)宅塑土。君圠(庇)淮尸(夷),虧(臨)有江湲(夏)……(曾侯腆編鐘,《銘續》31029,春秋晚期)

上述銘文,或出自王畿南宮氏家族(如大盂鼎、南宮乎鐘),或出自南土曾國公室(如南公方座簋、曾公畎編鐘、曾侯腆編鐘),這兩大宗支均奉南公爲先祖。這位南公究竟是何人? 南公是否可能有多位呢?

大盂鼎銘文中的"南公",學者很早便已經指出當即南宮括。[1] 在 2014 年曾侯腆編鐘面世之後,一些學者進一步强調南公便是南宮括。[2] 不過也有學者提出質疑,認爲曾侯腆編鐘銘文所見伯括與南公是不同的兩個人。伯括即南宮括,至於南公,或以爲即南宮毛,[3]或以爲即南宮夭,[4]或以爲即大盂鼎、小盂鼎銘文所見盂。[5]

2019 年,嬭加編鐘銘文公布,銘文曰:

白(伯)昏(括)受命,帥禹之堵(緒),有此南洍(汜)。(嬭加編鐘,《銘三》41282,春秋中期)

由於該篇銘文明確稱"伯括受命",並言及伯括統領南土,可與曾侯腆編鐘銘文中南公受封之事相呼應,因此一些學者愈加堅定了伯括即南公的認識。[6]

緊接着是 2020 年公布的曾公畎編鐘銘文,該銘文與曾侯腆編鐘銘文一樣兼述伯括和南公。發掘者認爲,"伯括和皇祖南公可能是兩代人,也可能是一個人"。[7] 此外有學者明確指出,南

[1] 李學勤:《大盂鼎新論》,《鄭州大學學報》(哲學社會科學版)1985 年第 3 期;朱鳳瀚:《商周家族形態研究》(增訂本),天津古籍出版社,2004 年,第 339 頁;韓巍:《從葉家山墓地看西周南宮氏與曾國——兼論"周初賜姓説"》,《青銅器與金文》第 1 輯,上海古籍出版社,2017 年,第 102 頁。

[2] 李學勤:《曾侯腆(與)編鐘銘文前半釋讀》,《江漢考古》2014 年第 4 期;黃鳳春、胡剛:《再説西周金文中的"南公"——二論葉家山西周曾國墓地的族屬》,《江漢考古》2014 年第 5 期。

[3] 沈長雲:《談曾侯銅器銘文中的"南公"——兼論成康時期周人對南土的經營》,《中國史研究》2017 年第 1 期;韓宇嬌:《試論葉家山墓地三代曾侯關係》,湖北省文物考古研究所編:《曾國考古發現與研究》,科學出版社,2018 年,第 170 頁。

[4] 程浩:《由清華簡〈良臣〉論初代曾侯"南宮夭"》,《管子學刊》2016 年第 1 期。

[5] 王恩田:《曾侯與編鐘與曾國始封——兼論葉家山西周曾國墓地復原》,《江漢考古》2016 年第 2 期。

[6] 陳民鎮:《新出芈加編鐘所見"禹"與"夏"》,《中華讀書報》2019 年 9 月 25 日,第 15 版。

[7] 郭長江、凡國棟、陳虎、李曉楊:《曾公畎編鐘銘文初步釋讀》,《江漢考古》2020 年第 1 期。

公、伯括是同一人。[1] 但由於該篇銘文同時出現"伯括"和"南公"兩個人名,且"伯括"被冠以"高祖"之號,"南公"被冠以"皇祖"之號,因此有不少學者傾向於認爲伯括與南公是不同的兩個人。[2] 或以爲南公有多位,[3] 或以爲南公即曾侯諫,[4] 或以爲南公活躍於昭王時期。[5]

下面,筆者試分析上述諸説成立的可能性。

首先看南公即南宫毛的説法。沈長雲先生的理由如下:伯括與南公並未生活在同一個時代,伯括是文、武時期的重臣,而從康昭時期的曾侯狼爲父南公作器看,南公應是成、康時期的人物;從曾侯腆編鐘追述其祖先事迹的銘文内容看,伯括與南公也應分别是兩代人,西周時期的銅器銘文一般都是在每一位祖先的名諱之下記載他最主要的事迹,説完一位再提到下一位祖先的名諱、事迹。[6] 朱鳳瀚先生也指出,銘文中"屬南宫氏的曾之來源及其發展史上的三件大事,中間完全有可能有間隔,在時間上是有跳躍性的"。[7] 南宫毛僅見於《尚書·顧命》,他在周成王臨終之際現身,應是當時南宫氏的代表。南宫毛的材料闕如,學者一般推斷其爲南宫括之子。從傳世文獻和曾國銅器銘文看,南宫括(伯括)活躍於文武時期,且很可能也進入成王之世。葉家山 M111 是昭王時期的墓葬,[8] 墓主人曾侯狼應是康昭時期的人物。曾侯狼爲南公之子,如果這位南公是南宫括,那麽曾侯狼在世時間時代跨度顯然較大,但其可能性並非不存在——前提是曾侯狼足够長壽。[9] 從南宫括的顯赫地位看,他被

[1] 如付强先生便持此觀點,見簡帛論壇《曾公畎編鐘初讀》,第 22 樓,2020 年 5 月 1 日。程浩先生指出,"高祖""皇祖""伯括""南公"等指稱都是曾國的始封君南宫括,只不過銘文對其稱謂過於"多元",篇章布局又多用"插叙",遂導致很多學者誤會這篇銘文前後描述的是不同時間、不同人物的事迹,參見氏撰《加嬭編鐘與楚莊王服曾》,《北方論叢》2021 年第 4 期。
[2] 參見拙作《鐘銘所見曾國早期歷史》,《中國社會科學報》2020 年 10 月 19 日,第 4 版。
[3] 黄益飛:《南公與曾國封建》,《故宫博物院院刊》2020 年第 7 期;田成方:《曾公畎鐘銘初讀》,《江漢考古》2020 年第 4 期;朱鳳瀚:《棗樹林曾侯編鐘與葉家山曾侯墓》,《中國國家博物館館刊》2020 年第 11 期。
[4] 筆者曾持此説,參見拙作《曾公畎編鐘銘文補説》,《漢字漢語研究》2020 年第 4 期。黄益飛先生認爲曾侯可世稱"南公",曾侯諫是初代南公,曾侯腆編鐘中"王遣命南公"的"南公"是曾侯腆,見氏撰《南公與曾國封建》,《故宫博物院院刊》2020 年第 7 期。
[5] 朱鳳瀚先生認爲南公不限於一人,同時認爲昭王時期受到册命的皇祖南公當即南宫毛,見氏撰《棗樹林曾侯編鐘與葉家山曾侯墓》,《中國國家博物館館刊》2020 年第 11 期。田成方先生也認爲南公有多位,並指出曾侯腆編鐘銘文中的南公是伯括,而曾公畎編鐘銘文中的南公在昭王時代,當即曾侯狼,曾侯狼之父南公則另有其人(應非伯括),見氏撰《曾公畎鐘銘初讀》,《江漢考古》2020 年第 4 期。
[6] 沈長雲:《談曾侯銅器銘文中的"南公"——兼論成康時期周人對南土的經營》,《中國史研究》2017 年第 1 期。
[7] 朱鳳瀚:《葉家山曾國墓地諸大墓之墓主人關係再探討》,《青銅器與金文》第 1 輯,第 235 頁。
[8] 湖北省文物考古研究所、隨州市博物館:《湖北隨州葉家山 M111 發掘簡報》,《江漢考古》2020 年第 2 期。也有學者有不同的看法,參見張天宇《葉家山墓地曾侯墓排序新論》,《江漢考古》2021 年第 5 期。
[9] 朱鳳瀚先生曾討論曾侯諫與曾侯狼爲兄弟關係的可能性,從年代上看,曾侯諫約卒於成、康之際,暫以康王初年計,曾侯狼約卒於昭王時(未必至昭王末年),其間相差時間(康王依二十六年計)三十餘年,在狼較長壽的情況下亦不無可能,參見氏撰《葉家山曾國墓地諸大墓之墓主人關係再探討》,《青銅器與金文》第 1 輯,第 233—234 頁。

稱爲南公並受到王畿南宫氏及南土曾國公室的共同尊奉，是完全可以理解的。至於南宫毛，他是否具備"南公"的地位則頗值得懷疑。沈長雲先生舉出西周銘文的叙述習慣來説明伯括和南公並非一人，這是本文討論的重點，容下文詳論。

再看南公即南宫夭的説法。南宫夭於史無徵，僅見於清華簡《良臣》。《良臣》的記載確有一些令人費解之處，如一般認爲召公即君奭，伯括即南宫括，子犯即咎犯，但在《良臣》中，這些人物都被誤析爲不同的人。[1] 王恩田先生指出，南宫夭一名疑點頗多，不可信據。[2] 筆者推測，"南宫夭"或是"文王四友"中閎夭、南宫括二人名號雜糅的産物。

一些學者認爲南公不止一位，南公即盂的説法也可以歸入此列。有學者指出，作爲對祖先稱謂的"南公"，應該特指唯一的祖先。[3] 正如周公黑肩、周公忌父、周公閲、周公楚與周公不能同日而語，南公有司鼎（《集成》2631，西周中期）所見南公有司與南公也並非一回事。與周公、召公、畢公等一樣，"南公"也是"氏名＋公"的形式，且均爲助武王克商而有功勛者。[4] 一般而言，只有始封君才稱"公"，他們的後裔因爲血緣關係疏遠而不能再憑血緣稱"公"，[5] 故"公"的稱號通常不會世襲。[6] 如果能以一位南公解釋所有的材料，那麽就不必徒生枝蔓。由於學者認爲曾侯腆編鐘所見"王遣命南公，營宅汢土"與曾公畎編鐘所見"王客我于康宫，伻尹氏命皇祖，建于南土"是另一層次的叙述内容，故認爲伯括與南公並非一人。關於叙述層次的問題，容下文詳論。

再看南公即曾侯諫的説法。已有學者指出南公不可能是曾侯諫，[7] 這主要基於以下三個原因：其一，儘管曾侯諫墓究竟是葉家山 M65 還是 M28 尚有争議（這兩座墓均出有"曾侯諫"銘文的銅器），但可以肯定的是，這兩座墓葬的規格均與南公的地位不相稱；其二，西周時

---

[1] 參見馬楠《清華簡〈良臣〉所見三晋〈書〉學》，《中國高校社會科學》2013 年第 6 期；黑田秀教《清華簡〈良臣〉初探》，《中國研究集刊》總 56 號，2013 年。子犯是否即咎犯，尚有争議。羅小華先生認爲，《良臣》中的子犯指狐偃，咎犯則可能是白季，見氏撰《試論清華簡〈良臣〉中的"咎犯"》，《古文字研究》第 31 輯，中華書局，2016 年，第 363—365 頁。郭永秉先生則認爲，《良臣》的"咎犯"仍然是"舅犯"狐偃，而"子犯"則其實是白季，見氏撰《春秋晋國兩子犯——讀清華簡隨札之一》，《文匯報》2017 年 2 月 3 日，第 W07 版。

[2] 王恩田：《曾侯與編鐘與曾國始封——兼論葉家山西周曾國墓地復原》，《江漢考古》2016 年第 2 期。

[3] 石安瑞：《由曾公畎編鐘銘文錯亂看製銘時所用的寫本》，簡帛網，2020 年 7 月 24 日，http://www.bsm.org.cn/show_article.php?id=3574。

[4] 參見朱鳳瀚《關於西周封國君主稱謂的幾點認識》，陝西省考古研究院、上海博物館編：《兩周封國論衡：陝西韓城出土芮國文物暨周代封國考古學研究國際學術研討會論文集》，上海古籍出版社，2014 年，第 275 頁。

[5] 騰興建：《從親稱到尊稱：商周時期"公"稱謂的演變》，《史學月刊》2020 年第 6 期。

[6] 陳恩林：《先秦兩漢文獻中所見的周代諸侯五等爵》，《歷史研究》1994 年第 6 期；魏芃：《西周春秋時期"五等爵稱"研究》，南開大學博士學位論文，2012 年，第 28 頁。

[7] 朱鳳瀚：《棗樹林曾侯編鐘與葉家山曾侯墓》，《中國國家博物館館刊》2020 年第 11 期。

期貴族受封爲侯後往往以封地地名爲氏,而不再沿襲宗族原氏,南公不會稱"曾侯",正如魯侯伯禽不稱"周公"、燕侯克不稱"召公"、楷侯不稱"畢公";[1]其三,結合西周宗法制度以及大盂鼎、南宮乎鐘等銅器,留在王畿的南宮氏同樣尊南公爲先祖,這位南公作爲南宮氏和曾國公室的共同先祖,應是留在王畿的南宮氏宗子,而不會是死後葬於南土的曾侯諫。

至於南公生活於昭王時期的説法,主要依據是:曾公畎編鐘銘文先是説"昭王南行",接着又説"南公之烈",這位南公似乎即受到昭王賜鉞的曾侯。這便涉及對述祖銘文[2]體例的理解。

沈長雲先生援引西周的述祖銘文,來説明後人在稱述先祖事迹時遵循一王一事的原則。不過,曾侯腆編鐘與曾公畎編鐘的時代皆在春秋時期,而春秋的述祖銘文無論是内容和體例都發生了明顯變化,我們有必要結合春秋的相關辭例加以考察。

春秋時期流行一種以"器主曰"的形式呈現的銘文,此類銘文由西周的稱頌近世祖考轉變爲稱頌始封之君或始祖或所屬氏族發展中某位具有重要地位的先祖;[3]與西周時期羅列多位先祖的銘文(如逨盤、史墻盤)不同,此類銘文傾向於追述一位地位特殊的先祖,相當於所謂"焦點先祖"。[4] 國君或其他貴族在叙述焦點先祖(通常稱"皇祖")的事迹時,往往會涉及接受天命、遵循禹績、佐佑先王、召事上帝、分封建國、征伐蠻夷等要素。與唯一的始封君或始祖相對應,此類銘文通常還會提到亡父的事迹,表現爲兼述遠祖與近考(即"一祖+一父")的述祖模式:

> 佳(唯)十又(有)一月乙亥,戎生曰:休辥(台)**皇且(祖)憲(憲)公**,起₌(桓桓)趩₌(翼翼),啟乓(厥)明心,廣坙(經)其猷,越禹(稱)穆天子次雨(靈),用建于兹外土,牅(通)嗣(司)緣(蠻)戎,用軏(榦)不廷方。至于辥(台)**皇考即(昭)白(伯)**,趩₌(趩趩)穆₌(穆穆),憨(懿)次不朁(僭),醟(召)匹晋侯,用葊(恭)王令(命)。(戎生編鐘,《銘圖》15239—15241,春秋早期)
>
> 佳王正月,初吉丁亥,晋公曰:我**皇且(祖)酃(唐)公**[膺]受大命,左(佐)右(佑)武王,殼(敎)戜(威)百緣(蠻),廣闢(辟)四方,至于不廷,莫不□□。[王]命酃(唐)公,建宅京自(師),□□□□邦,我**剌(烈)考憲[公]**,□□□□,彊(疆)

[1] 楊坤:《長子就封與庶子就封——西周早期高等級宗族分宗模式探析》,《青銅器與金文》第3輯,上海古籍出版社,2019年,第201—202頁。

[2] 本文所謂"述祖銘文",指的是稱述先祖事迹、功業的銘文。

[3] 陳英傑:《兩周金文"器主曰"開篇銘辭研究》,《華夏考古》2009年第3期。

[4] "焦點先祖"(focal ancestors)的概念,參見 Lothar von Falkenhausen, *Chinese Society in the Age of Confucius（1000–250BC）: The Archaeological Evidence*, Los Angeles: Cotsen Institute of Archaeology at UCLA, 2006, p. 64.

□□□,□□□□,虩_(赫赫)才(在)上,□□□□□,台粟(業)□□,□□晋邦。"
(晋公盆,《集成》10342,春秋中期)[1]

秦公曰:不(丕)顯朕**皇且(祖)**受天命,鼎宅禹責(績)。十又二公,才(在)帝
之坏,嚴龏(恭)夤天命,保㜺(乂)氒(厥)秦,虩(赫)吏(事)繼(蠻)夏。(秦公簋,
《集成》4315,春秋中期)[2]

此類銘文的另一種形式,表現爲"某之孫,某之子"。"某之子"中的"某",指先父;"某之
孫"中的"某",並非祖父,而是指某位遠祖。[3] 這同樣可歸入"一祖+一父"的述祖模式,可
以説是一種簡化形式,與前文提到的叙述詳備的完整形式相對。此類簡化形式也常伴隨"器
主曰",但並不絶對;此類銘文出現頻率相對較高,不但見於南方的吳、越、徐、楚、曾、鐘離諸
國,也見於北方的齊、魯、晋、宋、鄭、邾、郳諸國,[4]是春秋時期的時代風氣。有時"某之子"
可以省略,而只剩下"某之孫",可見對遠祖的追述是第一位的。相關例證甚夥,試列舉如下:

穆侯**之子**,西宫**之孫**,曾大攻(工)尹季怡之用。(曾大工尹季怡戈,《集成》
11365,春秋中期)

余文王**之孫**_(子孫),穆**之元子**。(嬭加編鐘,《銘三》41282,春秋中期)

齊辟鼄(鮑)弔(叔)**之孫**,遵仲**之子**國,乍(作)子中(仲)姜寶鎛。(齹鎛,《集
成》271,春秋中期)

余畢(畢)公**之孫**,郘(吕)白(伯)**之子**,余頡岡事君,余曌(戰)孔武,乍(作)爲
余鐘。(吕齹鐘,《集成》227—237,春秋晚期)

殷王**之孫**,右帀(師)**之子**武弔(叔)曰庚,𤔲(擇)其吉金,台(以)鑄其媵壺。
(庚壺,《集成》9733,春秋晚期)

奠(鄭)武公**之孫**,聖白(伯)**之子**良夫,𤔲(擇)氒(厥)吉金,自乍(作)盥盤
(盤)。(良夫盤,《銘圖》14521,春秋晚期)

陸鼄**之孫**邾公釛,乍(作)氒(厥)禾(龢)鐘。(邾公釛鐘,《集成》102,春秋晚期)

余有輨**之子孫**,郳(郳)公镦父,惕懃大命,保朕邦家,正和朕身,台(以)正朕寶,
台(以)共(供)朝于王所。(郳公镦父鎛,《銘圖》15815—15818,春秋晚期)

---

[1] 類似的銘文亦見於晋公盤(《銘續》30952)。
[2] 類似的銘文亦見於秦公鐘(《集成》262—266)、秦公鎛(《集成》267—270)。
[3] 在春秋時期,存在對先祖的追溯愈加邈遠的現象。參見晁福林《試論春秋時期的祖先崇拜》,《陝西師
大學報》(哲學社會科學版)1995 年第 2 期。
[4] 李零:《再論淅川下寺楚墓——讀〈淅川下寺楚墓〉》,《文物》1996 年第 1 期。

　　無論是曾侯睋編鐘、曾公畎編鐘,抑或是嬭加編鐘,均屬於"一祖+一父"的述祖模式。其中前兩件曾侯器屬於完整形式,嬭加編鐘銘文則是完整形式和簡化形式的雜糅。對於這些銘文的理解,也需要結合同類銘文的體例加以理解。

　　"一祖+一父"述祖模式的銘文,所追述的遠祖只有一位,曾公畎編鐘與曾侯睋編鐘也應屬於這種情形。如曾公畎編鐘銘文的結尾作"以享于其皇祖南公,至于桓莊",相當於同墓所出曾公畎壺銘文的"皇祖南公至于皇考桓莊",[1]"皇祖南公"是唯一的遠祖,"桓莊"或"皇考桓莊"是近考。如果"皇祖南公"並非伯括,那麼開篇伯括的出現便顯得不甚合理。[2] 曾侯睋編鐘銘文結尾的"用孝以享于昭皇祖","皇祖"也應該相當於前文的伯括/南公。如若將這兩件銅器的銘文與其他相關銅器相比照,更可見先祖叙述中諸要素的平行關係:

	曾公畎編鐘	曾侯睋編鐘	嬭加編鐘	晋公盆/盤	秦公簋	戎生編鐘
稱述先祖	昔在台丕顯高祖			我皇祖唐公	丕顯朕皇祖	休台皇祖憲公
先祖受命			伯括受命	膺受大命	受天命	
遵循禹績			帥禹之緒		罼宅禹績	
佐佑先王	克仇匹周之文武;佐佑有周	佐佑文武		佐佑武王		趆稱穆天子次靈
召事上帝	召事上帝	伯括上帝			在帝之壞	
分封建國	王客我于康宫,伻尹氏命皇祖,建于南土	王遣命南公,營宅塈土	有此南汜	王命唐公,建宅京師		用建于兹外土
征伐蠻夷	屏于漢東,南方無疆。討征淮夷,至于繁陽	君庇淮夷,臨有江夏		教威百蠻,廣辟四方,至于不廷	鎮靖不廷[3]	遹司蠻戎,用榦不廷方
先祖庇佑	南公之烈,駿聲有聞。陟降上下,保乂子孫			嚴貪恭天命,以乂朕身,罼静晋邦	嚴恭貪天命,保乂厥秦	

------

[1] 郭長江、凡國棟、陳虎、李曉楊:《曾公畎編鐘銘文初步釋讀》,《江漢考古》2020年第1期;湖北省文物考古研究所、北京大學考古文博學院、隨州市博物館、曾都區考古隊:《湖北隨州市棗樹林春秋曾國貴族墓地》,《考古》2020年第7期。曾公畎壺銘文所見"皇考桓莊",在《曾公畎編鐘銘文初步釋讀》一文中釋作"皇考桓叔",與《考古》所刊簡報不同(此承匿名審稿專家提示)。

[2] 田成方先生認爲,這裏的"皇祖南公"涵蓋高祖伯括,曾公畎鐘銘顯示的宗廟祭祀對象包括了曾公畎之前所有的曾國先君,見氏撰《曾公畎鐘銘初讀》,《江漢考古》2020年第4期。但從春秋述祖銘文的體例看,這一看法是難以成立的,"皇祖南公"顯然是一人。

[3] 此處"鎮靖不廷"並非就遠祖而言,與其他銘文有異。

　　“一祖+一父”的完整形式中，“一祖”部分可涉及稱述先祖、先祖受命、遵循禹績、佐佑先王、召事上帝、分封建國、征伐蠻夷、先祖庇佑諸要素。這幾大要素並不會全部同時出現，但每篇銘文都會在不同程度上滿足這幾大要素，將這些要素進行排列組合。這些要素都是就同一先祖而言的，目的是凸顯本諸侯國或本宗支之始封。曾公畎編鐘與曾侯與編鐘的銘文應當也不例外，始封祖的事迹不宜被割裂開來。

　　原本嬭加編鐘銘文“伯括受命”“有此南洍”的記載已可佐證南公即伯括，但由於曾公畎編鐘銘文先言“伯括”、後言“皇祖（南公）”，曾侯與編鐘先言“伯括”、後言“南公”，容易令人認爲伯括、南公分屬於不同的叙述層次。加上“王遣命南公，營宅塑土”與“王客我于康宮，伻尹氏命皇祖，建于南土”中的“王”難以落實，出現相對突兀，故一些學者認爲自“王”以下是開始叙述另一時代的事件。[1] 如果參照晉公盆銘文中的“王命唐公，建宅京師”，則不難看出其與“王遣命南公，營宅塑土”及“（王）伻尹氏命皇祖，建于南土”具有平行關係。南公與伯括的事迹應是一貫的，屬於同一叙述層次的內容，過去的疑慮自可打消。曾侯與編鐘與曾公畎編鐘的銘文仍是在遵循“一祖+一父”述祖模式的套路。

　　有的“器主曰”銘文有宗廟祭告祖先的性質，[2] 曾公畎編鐘銘文便在此列，因此其內容需要結合祭祖的背景加以理解。如銘文在叙述“昭王南行”的相關事迹時，並未提到當時的曾侯，只是以“我”代替；銘文除了唯一的遠祖（焦點先祖），其他先祖的形象都被虛化。銘文叙述完“昭王南行，舍命于曾。咸成我事，佐佑有周。賜之用鉞，用征南方”，緊接着便稱“南公之烈，駿聲有聞。陟降上下，保乂子孫”，容易讓人理解爲受到昭王賞賜的曾侯便是南公。其實，所謂“陟降上下，保乂子孫”所要表現的是南公的祖先神形象，銘文的編纂者實際上是將曾國所獲得的恩寵歸功於南公的庇護，其表述同於秦公簋銘文中的“十又二公，在帝之壞。嚴恭夤天命，保乂厥秦”。銘文的發掘者業已指出：“陟降，屢見於金文及傳世文獻，指祖先的靈魂升降。如訣簋（《集成》04317）：‘作鷸彝寶簋，用康惠朕皇文烈祖考，其各前文人，其瀕在帝廷陟降。’《詩·大雅·文王》：‘文王陟降，在帝左右。’朱熹集傳：‘蓋以文王之神在天，一升一降，無時不在上帝之左右，是以子孫蒙其福澤，而君有天下也。’”[3] 另可參見《詩經·周頌·閔予小子》的“念兹皇祖，陟降庭止”，謂先祖逝世之後已化身祖先神，“嚴在上”，“在帝左右”，以庇佑子孫。從銘文開頭的“丕顯高祖伯括”，到“南公之烈”，再到結尾的“以享于其皇祖南公”，可反映南公是本篇銘文的祭告對象。

---

［1］黃益飛先生認爲“王”指時王，曾侯與編鐘中的“王”是周敬王，曾公畎編鐘中的“王”是周襄王，見氏撰《南公與曾國封建》，《故宮博物院院刊》2020 年第 7 期。再如田成方先生認爲曾公畎編鐘中的“王”是昭王，見氏撰《曾公畎鐘銘初讀》，《江漢考古》2020 年第 4 期。

［2］陳英傑：《兩周金文“器主曰”開篇銘辭研究》，《華夏考古》2009 年第 3 期。

［3］郭長江、凡國棟、陳虎、李曉楊：《曾公畎編鐘銘文初步釋讀》，《江漢考古》2020 年第 1 期。

　　還有一個問題需要解釋,那便是:伯括和南公果若是一人,何以前後稱呼不一? 其實,在同一篇文獻中同一人物存在異稱的現象不乏其例。或是爲了避複,或是爲了適應不同的語境。如令方尊(《集成》6016)與令方彝(《集成》9901)銘文中記載"王令周公子明保",繼而稱明保爲"明公",這是册命之後的稱號;班簋(《集成》4341)銘文中記載"王命毛伯更虢城服",繼而稱毛伯爲"毛公",這也是册命之後的稱號;清華簡《楚居》中先言季連如何如何,又言穴熊如何如何,根據安大簡的材料,可知季連實際上便是穴熊,"穴熊"之稱是季連後來避居洞穴時獲得的。[1] "公"須由王册命,[2]伯括也可能存在這一情形:由於他後來被賦予了"南公"的稱號,故銘文再度提及他時,改稱"南公"。

　　此外,又該如何理解曾公畦編鐘銘文中"高祖伯括"與"皇祖南公"的差異呢? 吳鎮烽先生認爲,在商周時期直到春秋戰國時期,"高祖"只是一種尊稱,並不是哪一代先祖的專稱;"高"與"皇"一樣,是對"祖"的一種尊隆之詞。[3] 儘管兩周金文和典籍中的"高祖"與"皇祖"仍有微妙差異,但二者均不專指某代先祖,且均可作爲受命之君或始封之君的尊稱。[4]由此,也便不難理解曾公畦編鐘銘文中的伯括(南公)何以既稱"高祖"又稱"皇祖"。

　　"康宫"的問題也需要解釋。銘文中的皇祖在康宫受封,由於學者多認爲康宫係周康王的宗廟,故出現"康宫"一語的銅器勢必在康王之後,如若皇祖即伯括(南公),則會與"康宫原則"產生衝突。實際上,曾公畦編鐘銘文在追述先祖事迹時,套用、改造了西周中晚期的册命銘文格式和用語,措辭多不合周初的時代特徵,並非當時記錄,故難以依據它來判斷"康宫"的時代和性質,[5]也不能以此來否定皇祖於周初受封之事。

　　綜上,從春秋時期述祖銘文的體例看,曾國銅器銘文所見南公當即伯括(南宫括)。

---

[1]　黄德寬:《安徽大學藏戰國竹簡概述》,《文物》2017 年第 9 期。

[2]　朱鳳瀚:《關於西周封國君主稱謂的幾點認識》,陝西省考古研究院、上海博物館編:《兩周封國論衡:陝西韓城出土芮國文物暨周代封國考古學研究國際學術研討會論文集》,第 276 頁。

[3]　吳鎮烽:《高祖、亞祖、王父考》,《考古》2006 年第 12 期;《䜌鼎銘文考釋》,《文博》2007 年第 2 期。

[4]　參見拙作《説兩周金文與典籍的"高祖""皇祖"》,《出土文獻》2021 年第 4 期。

[5]　參見拙作《曾公畦編鐘並未挑戰"康宫原則"》,《中國社會科學報》2021 年 4 月 28 日,第 9 版。

"用事"一詞的使用與册命銘文的格式化

劉夢揚*

"用事"屢見於西周册命銘文,以往學者對其含義多有考釋,而有關該詞的來源及其在册命銘文中出現的意義等問題還可以繼續研究。本文主要通過梳理"用事"在册命銘文中的形成脈絡和使用方式討論該詞的使用對册命銘文格式化發展的意義。

一、以往學者對"用事"的闡釋與分歧

"用事"是册命銘文中的常見詞語,主要出現在册命賜物之後,一般句型爲"(册命者對受命者言)賜汝……(具體賜物),用事"。不少學者對其含義進行過解釋:陳漢平認爲該詞與職事有關,意爲册命者要求受命者以賜物行使其職事。[1] 葛志毅強調該詞與賜物的聯繫更爲密切,重在説明賜物的作用:一是使受命者使用此車旗服飾等賜物,二是使受命者奉此賜物爲任職、守官、治事的合法標志。[2] 張振林、唐復年、李冠蘭等則認爲該詞是表達册命者對受命者勉勵的套語。[3] 陳英傑認爲該詞在金文中有兩種含義,一是勉勵受封賜者勤於政事、職事,二是指祭事。[4]

上述諸位學者對"用事"一詞在册命銘文中的性質判斷亦各有不同,可以分爲"命辭實録"和"程式套語"兩類:陳漢平和葛志毅認爲"用事"本身是册命禮上册命者實際所講内容的一部分,該詞出現在册命銘文中是對命辭的實録;唐復年和李冠蘭則將"用事"視作册命銘文中表達固定意義的套語,認爲在册命銘文中屢見該詞説明作器者可能對原册命命辭的内容進行了整理和簡化。

以往研究中學者們主要是根據上下文對銘文中出現的"用事"進行解釋,較少注意到該

---

* 北京大學歷史學系。

[1] 陳漢平:《西周册命制度研究》,學林出版社 1986 年,第 263、279 頁。
[2] 葛志毅:《周代分封制度研究》,黑龍江人民出版社,2003 年,第 115 頁。
[3] 張振林:《彝銘中的"日"與"易……旂 X 日用事"鄙見》(稿本),中國古文字研究會第四屆年會論文,1981 年;唐復年:《輔師嫠簋三考及斷代》,《古文字研究》第 13 輯,中華書局,1986 年,第 227—229 頁;李冠蘭:《西周册命文體的文本生成》,《中山大學學報》2019 年第 6 期。
[4] 陳英傑:《讀金小札(五則)》,《古文字研究》第 25 輯,中華書局,2004 年,第 127 頁;《談親簋銘中"肇享"的意義——兼説册命銘文中的"用事"》,《古文字研究》第 27 輯,中華書局,2008 年,第 212—215 頁。

詞在册命命辭中含義的特殊性。在册命銘文中,"用事"一詞的形成有明顯脉絡可循。考察"用事"在册命銘文中的形成脉絡和使用方式,可以爲認識該詞在册命銘文中的性質和意義提供新的思路。

二、不同語境下"用事"含義的差別

除册命銘文外,"用事"亦見於其他類型青銅器銘文和傳世文獻。其在非册命銘文中的用例可舉生史簋和伊設簋。[1] 生史簋(西周中期前段,《銘圖》05077)銘文爲:

> 霝(召)白(伯)令(命)生史吏(使)于楚,白(伯)易(錫)賓,用乍(作)寶毁(簋)。用事乓(厥)𥃧(祖)日丁,用事乓(厥)考日戊。

該篇屬於記事類銘文,記生史受召伯之命出使楚,完成任務歸來後召伯將生史帶回的楚賓饋之物又賞賜給他。生史感到光榮,因此鑄造簋來祭祀自己的祖父和父親。作器者"生史"聽命於召伯,當爲其屬臣。在提及父祖時使用日名,説明其身份可能是殷遺民。但甲骨卜辭中尚未見"用""事"二字連用的辭例。

此處"用事"中"用"是介詞,可釋爲"以",承接上文,與册命銘文中的用法是接近的。"事"與天亡簋"事喜上帝"之"事"意同,可依《玉篇・史部》訓爲奉,侍奉也,引申爲祭祀。二字相連構成介詞+及物動詞的結構,意爲"以此簋祭祀(某人)",即説明該器的用途。

唐復年認爲"用事"最早出現在西周中葉,可從。但其提出"用事"是隨册命制度一同出現的觀點則可商榷。由生史簋可知,"用事"不僅出現在册命銘文中,亦見於非册命銘文。生史簋是"用""事"二字相連構成介詞+及物動詞的結構,二字聯繫尚不緊密,較册命銘文中的"用事"組合形態更爲原始。在册命銘文中該詞則作爲組合形式出現,聯合表意的特徵更爲明顯。由此可見册命銘文中"用事"的形態和用法已經相對固定,其起源當更早,其原始形態極有可能是如生史簋所見"用""事"二字相連構成介詞+及物動詞的結構。但二者"事"的詞性有所不同,生史簋中的"事"爲及物動詞,册命銘文中的"事"則爲不及物動詞。

伊設簋(西周晚期,《銘圖》05830)銘文爲:

> 伊設乍(作)𣪊(簋),用事于亐(考),永寶用之。

---

[1] 此外非册命銘文中"用""事"二字相連的詞例亦見於仲孟父簋(西周早期,《銘續》403)"仲孟父作厥叔子寶器,厥子胡其永用事厥宗"和受鼎(西周中期前段,《銘續》214)"用作寶鼎,其萬年用事宗"。前者可斷爲"厥子胡其永用,事厥宗",後者可斷爲"其萬年用,事宗","用""事"二字雖然連用但不構成組合,而是分别表意,"用"意爲"以之";"事"爲及物動詞,意爲服事,侍奉。

此篇銘文内容較爲簡略,僅有作器者之名、器類、用途等基本要素。大意是伊設鑄造簋來祭祀其父,希望此器長久使用下去。此銘中"用事"的形態與意義皆與生史簋一致,亦是介詞+及物動詞的結構,表明簋的作用是用來祭祀。此種用法流傳後世,可能與《周禮》等東周文獻中所見"用事"表示祭祀之意有一定聯繫。[1]

生史簋和伊設簋分別作於西周中期和晚期,同一時期已出現使用"用事"的册命銘文。但兩篇銘文中"用事"的含義與該詞在册命銘文中的意義明顯不同,説明"用事"在册命銘文與非册命銘文中有不盡相同的語義。

陳英傑注意到輔師嫠簋(西周中期後段,《銘圖》05337)銘文中有兩個"用事",其一出現在命辭中,"易(錫)女(汝)幺(玄)衣、㸃屯(純)、赤市、朱黄(衡)、戈彤沙(緌)瑪㦿、旂五日,用事",爲册命銘文中的常見用法;其二在銘末,爲"其萬年子子孫孫永寶用事",陳先生將該句斷爲"其萬年子子孫孫永寶,用事",認爲此處的"用事"與啟卣(西周早期後段,《銘圖》13321)"作祖丁寶旅尊鼎,用匄魯福,用夙夜事"以及倗卣(西周中期前段,《銘圖》13265)"倗作厥考寶尊彝,用萬年事"意義相同。其中"事"應該包括政事、祭事以及其他一些本家族内部事務。[2] 啟卣與倗卣皆非册命銘文,"用夙夜事""用萬年事"可以視作"用事"的變體。由此可見在非册命銘文中,"用事"及其變體主要出現在銘文末尾,表示作器用途。

文獻中所見"用事"主要有如下三種含義:

一、舉行祭祀: 見《穀梁傳》定公四年"蔡昭公歸,乃用事乎漢"范寧注"用事者,禱漢水之神";《周禮·春官·大祝》"過大山川,則用事焉"鄭玄注"用事,亦用祭事告行也"。

二、執政當權: 見《戰國策·秦策三》"今秦,太后、穰侯用事,高陵、涇陽佐之";《戰國策·趙策四》"趙太后新用事";《史記·衛康叔世家》"成王長,用事"等。

三、征伐起兵: 見《漢書·田儋傳》"且秦復得志于天下,則齮齕首用事者墳墓矣"顏師古注"首用事,謂起兵而立號也"。

以上諸例中"用事"出現的時間和青銅器銘文相比相對較晚,《周禮》《戰國策》等已是東周文獻,《穀梁傳》《史記》《漢書》等則更晚,這些詞義中可能有一部分傳承自西周時期,如"舉行祭祀"。但年代相隔較遠,已經難以追尋詞義來源的完整脉絡;有些可能是在詞匯使用過程中新發展出來的詞義,與西周册命銘文中的含義相差甚遠,如"執政當權""征伐起兵"等。

文獻中所見"用事"一詞諸義項皆與西周册命銘文中不同,可知册命銘文中"用事"的特定含義隨着西周册命制度的衰落而消亡,未能流傳至後世。

---

[1] 具體文例詳見下文。

[2] 陳英傑:《談親簋銘中"肇享"的意義——兼説册命銘文中的"用事"》,《古文字研究》第27輯,中華書局,2008年,第212—215頁。

以往已有學者注意到"用事"一詞具有不同的含義：張振林將"用事"的内容分爲祭祀、田獵與征伐和具體職司内的工作三類；[1]陳英傑指出"用事"在金文中有勉勵受封賜者勤於政事、職事和指祭事兩種含義。[2] 不同含義的出現當與語境有關,在册命銘文中"用事"的意義比較固定和單一,爲册命者要求受命者憑藉和使用所賜服——物來履行其職事。而在其他類型的青銅器銘文和文獻中,該詞還有"祭祀""執政""征伐"等多方面意義。

綜上,"用事"一詞約形成於西周中期,在册命銘文與非册命銘文中有不盡相同的語義,當特別注意。

三、"用事"一詞在册命銘文中的形成脉絡

不少學者研究總結"用事"在册命銘文中的位置大多情況下是在賜物之後。[3] 該詞的位置是認識其在册命銘文中意義的要點。通過考察册命銘文中同等位置的具體内容可知,賜物後主要有"用"與不及物動詞連用、"用"與表示任命的短語連用、"用事"作爲固定組合使用三種情況。從中可見"用事"在册命銘文中逐步發展成爲固定詞並具有特定詞義的過程。

（一）"用"與不及物動詞連用

許慎在《説文》中采用衛宏説,釋"用"爲"可施行也,从卜从中",鄭玄注"卜中乃可用也"。該字主要用作動詞,有"使用""任用"等意,亦可作介詞或連詞。金文中"用"字單獨出現含義豐富,詞例衆多,説明該字是西周時期較爲活躍的詞匯,這也是其能够進一步發展,與其他字構成組合的條件。

册命賜物後"用"與不及物動詞連用之例可舉矢令方彝和大盂鼎。矢令方彝（西周早期,《銘圖》13548）銘文包含兩次任命,第一次是周王任命明保管理卿士僚,爲作器者矢令受任命的背景；第二次是明保任命其屬下矢令協助處理僚屬和親族之事。該篇銘文雖在叙述形式上與西周中期典型册命銘文不同,但從内容上看仍可歸入册命一類。本文節選與作器者相關的第二次任命的内容：

[1] 張振林：《彝銘中的"日"與"易……旅 X 日用事"鄙見》（稿本）,中國古文字研究會第四屆年會論文,1981 年。

[2] 陳英傑：《讀金小札（五則）》,《古文字研究》第 25 輯,中華書局,2004 年,第 127 頁；《談親簋銘中"肇享"的意義——兼説册命銘文中的"用事"》,《古文字研究》第 27 輯,中華書局,2008 年,第 212—215 頁。

[3] 葛志毅：西周册命金文於車旗、服飾等賜物之後,往往有"用事"一語；陳漢平：西周册命金文於賞賜物之後,王命多言"用事"之語；張振林：多數銘文在賜物之後有"用事"之説,也有一部分銘文在賜物之後無"用事"之説；張光裕："用事"一詞大多書於賞賜物之後。張光裕：《新見智簋銘文對金文研究的意義》,《文物》2006 年第 6 期。

　　……甲申,朙(明)公用牲羽(于)京宮;乙酉,用牲羽(于)康宮,咸既,用牲羽
(于)王。朙(明)公歸自王。朙(明)公易(錫)亢師鬯、金、小牛,曰:用襟;易(錫)
令鬯、金、小牛,曰:用襟。迺令曰:今我唯令女(汝)二人亢眾矢,爽(尚)盾(左)右
羽(于)乃寮(僚)目(以)乃友事。乍(作)册令敢(敢)飘(揚)朙(明)公尹氒(厥)
宣,用作父丁寶隵(尊)彝,敢(敢)追朙(明)公賞羽(于)父丁,用光父丁。𩲔册

　　本部分主要内容是明公(即明保[1])賞賜其屬下亢師和作册令[2]鬯、金和小牛,並授
予二人職事,讓他們協助處理僚屬和親族之事。作册令因此作祭父之器以紀念明公的賞賜
和任命。

　　明公賞賜下屬的賜物中"鬯"指祭祀中所用香酒;"金"指銅料,可用於鑄造祭祀所需銅
器;小牛當是用作祭祀中的犧牲。此三種賜物皆與祭祀有關。

　　"用襟"之前的"曰"字説明此二字與下文"今我唯令女(汝)二人亢眾矢,爽(尚)盾(左)
右羽(于)乃寮(僚)目(以)乃友事"一樣,皆是明公對亢師和作册令所講的原話,並不是縮寫
或省略。此處"用"與"襟"相連出現在賜物之後,與賜物聯繫密切,意在説明賜物的用途,即
賞賜鬯、金和小牛是爲了讓二人舉行祭祀。

　　大盂鼎(西周早期,《銘圖》02514)主要記周王册命盂輔佐榮,賞賜他門衣、市(韍)、鳥、
車馬等物。銘文可以分爲兩部分,前一部分重在記録周王對盂的講話,後一部分主要記周王
對盂的賞賜和勉勵。與賞賜物相關的内容如下:

　　雩(粤)我甘(其)遹省先王受(授)民受(授)彊(疆)土。易(錫)女(汝)鬯一
卣,门衣、市、鳥、車、馬;易(錫)乃且(祖)南公旂,用遱(狩);易(錫)汝邦嗣(司)三
(四)白(伯),人鬲自馭(馭)至于庶人六百又五十又九夫;易(錫)尸(夷)嗣(司)王
臣十又三白(伯),人鬲千又五十夫,遬、窸、遷自氒(厥)土。

　　册命賜物中有一項是"乃祖南公旂",賞賜先祖之旂又見於善鼎(西周中期,《銘圖》
02487),既是對受命者的勉勵又是世官制度的表現之一。本銘在列出此項賜物後緊接"用
狩",其後又列述賜人。因此"用狩"只能是承接"賜乃祖南公旂"而來,説明賜旂的目的是讓
盂用以巡狩。之所以特別説賜旂的作用是因爲旂這項賜物在不同情況下具有不同的意義,

---

[1] "明保"是其在王朝中表明政治身份的正式稱呼,出現在周王的任命中;"明公"是作册令對長官的稱
　　呼,出現在作册令的叙述中。

[2] 銘文中作器者之稱有矢、作册令和令,矢見於明保對作器者之稱,作册令和令是作器者自稱,"矢"和
　　"令"是名與字的關係。

有時旂還是身份的象徵,如緐簋(西周中期,《銘圖》05180):"王事(使)焂(榮)蔑曆,令赵(往)邦。乎(呼)易(錫)絲旂,用保乎(厥)邦。"作器者緐是周的邦君,周王派王朝重臣榮前往緐的屬地對其進行勉勵,並賞賜旂。銘文中"用保厥邦"與"用狩"的結構和用法相同,在於説明此次賜旂的目的是爲彰顯緐的身份,使他能長久地保有自己的屬地。

由上舉二例可知,"用"字與不及物動詞連用主要出現在尚未形成固定格式,[1]賜物亦不以命服命器爲主的,較早期的册命銘文中。此種用法與賜物密切相關,主要作用是説明賜物的用途。

(二)"用"與表示任命的短語連用

册命銘文賜物後與"用"相連表示任命的短語主要内容分爲三類。

一是令受命者輔佐某人,如弭叔師察簋(西周中期後段,《銘圖》5291):"王乎(呼)尹氏册命師察:易(錫)汝赤舃、攸勒,用楚(胥)弭白(伯)。"即周王賞賜師察赤舃、攸勒等命服,命他輔佐弭伯。師察自稱"弭叔",與弭伯同出一氏,可能是兄弟關係,二人同時擔任王官,在王朝職官等級中弭叔的地位低於弭伯,成爲其屬官。此用法又見南季鼎(西周中期,《銘圖》02432)"王易(錫)赤⊙⊙市、幺(玄)衣、裏屯(純)、絲(鑾)旂,曰:用又(左)右俗父嗣寇"和斷簋(西周中期前段,《銘圖》05295)"王令(命)乍(作)册嗇(憲)尹易(錫)斷絲(鑾)旂,用足(胥)師殼嗣甸人"。"左右"和"胥"皆有"助"意。説明俗父和師殼皆爲受命者的直系長官,而受命者爲其屬官。

以上諸篇銘文基本包含時間、地點、右者、王命、賜物等要素,是較爲標準的廷禮册命銘文。其中的賜物主要爲命服命器,此時與"用"相連的短語側重説明受命者的職事,不再像"用"與不及物動詞連用的文例中直接説明賜物的用途。

二是令受命者管理某事,如盠方彝(西周中期前段,《銘圖》13546):"王册令(命)尹,易(錫)盠:赤市、幽亢(衡)、攸勒。曰:用嗣六師王行、三有嗣:嗣土、嗣馬、嗣工。王令(命)盠曰:總嗣六師眔八師藝。""嗣"意爲管理,銘文記周王賞賜盠命服命器,任命他管理六師王行和軍隊中的三有司,並負責六師和八師的耕植事務。此處與"用"相連的語句較長,意義在於詳述受命者的職事。雖然仍出現在賜物之後,却不爲説明賜物的特定用途。

三是令受命者繼承其祖先之職務,如害簋(西周晚期,《銘圖》05296):"王册命害曰:易(錫)女(汝)責、朱黄(衡)、幺(玄)衣、裏屯(純)、旂、攸勒,易(錫)戈琱戚、彤沙(緌),用篹乃且(祖)考事,官嗣尸(夷)僕、小射、氏魚。""篹"有"繼承"之意,此"事"是名詞,指祖考之職事。銘文意爲周王任命害繼承其祖、父的職事,管理夷僕、小射等。賜物主要是玄衣裏純等

---

[1] 陳漢平將完整册命銘文内容劃分爲"時間地點""册命禮儀""册命内容""受命禮儀"和"作器銘識"五部分。(《西周册命制度研究》,學林出版社,1986年,第25—27頁)本文將之作爲册命銘文固定格式的標準。

命服。這些賜物在禮儀活動時使用,成爲承繼其祖考之身份的象徵。

綜之,"用"與表示任命的短語相連主要出現在格式較爲標準的廷禮册命銘文中,賜物亦以命服命器爲主。"用"與短語連用出現在賜物之後,從位置上看似仍是爲説明賜物之用途,實際意義則更側重於對受命者所司職事加以説明。

(三)"用事"作爲固定組合出現

目前所見"用事"作爲固定組合出現的較早用例見於静方鼎(西周早期後段,《銘圖》02461),其銘文爲:

> 隹(唯)七月甲子,王才(在)宗周。令師中眔静省南或(國),相埶应(位)。八月初吉庚申至,告于成周。□月既望丁丑,王才(在)成周大室,令(命)静曰:"卑(俾)女(汝)嗣才(在)甶(曾)噩自(師)。王曰:静,易(錫)女(汝)巤、旂、市,采霝。曰:用事。静揚天子休,用乍(作)父丁寶尊彝。

"師中"又見於昭王時期的"安州六器"因此學界基本認爲静方鼎作於西周早期後段昭王南征時。[1] 銘文記周王命令静管理在曾地和鄂地的軍隊,並賞賜静霝地作爲采邑。賞賜物有巤、旂和市。其中的"市"已經屬於命服範疇,但尚未形成詳記顔色紋飾的叙述形式。

金文中"事"作動詞主要有兩種用法:一是作及物動詞,有"侍奉、服侍"意,可用於作器者自稱服侍周王,如眉壽鐘(西周晚期,《銘圖》15157)"恭事朕辟皇王";或周王稱説作器者的功勞,如師訇簋(西周中期前段,《銘圖》02495)"事余一人"。

二是作不及物動詞,有"服事、治事"意,如虘父鼎(西周早期,《銘圖》02245)"率我友吕(以)事"。[2] 册命銘文中"用事"的"事"當爲此種用法,意爲受命者以所賜服——物來履行職事。

"用事"成爲固定組合與命服命器成爲册命的主要賜物具有同步性。命服命器是受命者身份的象徵和履行職事的依據,受命者對其使用方式不再能像巤、金、小牛、旂等賜物一樣有具體的"祭祀""巡狩"等用途,命辭中也就不再出現針對特定種類賜物的"用祭""用狩"等詞而統一以"用事"代替。

在賜服——物後言"用事"表示册命賜物部分的結束。賜物大多是册命中王命的最後一部分,因此"用事"亦往往成爲命辭結尾的標志。[3] 在時代較早的册命銘文中"用事"只是

---

[1] 李學勤:《静方鼎與周昭王曆日》,《光明日報》1997年12月13日;張懋鎔:《静方鼎小考》,《文物》1998年第5期;王占奎:《關於静方鼎的幾點看法》,《文物》1998年第5期。

[2] 朱鳳瀚:《金文所見西周貴族家族作器制度》,《青銅器與金文》第1輯,上海古籍出版社,2017年,第42頁。

[3] 在含有"用事"的册命銘文中,該詞一般是王命的結尾,但也有少數幾篇銘文在"用事"之後還有册命者勉勵受命者的内容,這些内容主要是"夙夕勿廢朕命""夙夜勿廢朕命"等套語。

偶一見之,隨着册命銘文格式的規範化,該詞的使用頻率越來越高。

靜方鼎在册命銘文中屬於時代較早的文例。其中作爲組合出現的“用事”前有一“曰”字,説明其本身是周王任命靜時所講的原話,而非鑄銘時對命辭原文的省略或簡寫。類似用例亦見於曶簋(西周中期前段,《銘圖》05217)、召簋(西周中期前段,《銘續》446)、獄簋(西周中期前段,《銘續》457)和衛簋(西周中期前段,《銘續》462)等青銅器中,這些文例中的“曰”字反映出史官記録王言的痕迹,更多地保留了命辭的原貌,爲我們認識“用事”一詞的性質提供了重要綫索。從中可見“用事”正如陳漢平、葛志毅等學者所説,是册命禮上册命者實際所講内容的一部分。此後,隨着册命銘文格式的標準化,“曰”字逐漸被省略。

綜上,出現在册命銘文中的“用事”組合是從賜物之後“用”與不及物動詞連用和“用”與説明職事的詞組連用的形式發展而來。此位置上的詞語本爲説明賜物的直接用途,此後又有了叙述受命者職事的作用。“用事”組合的出現與命服命器成爲册命的主要賜物具有同步性。其含義爲册命者要求受命者憑藉和使用所賜服——物來履行其職事。

(四) 册命銘文中“用事”的用法與變體

含有“用事”的册命銘文可以分爲兩類,一類是職事任命與賜物、“用事”同見,此類文例占多數;一類僅包含賜物和“用事”而没有職事任命的内容,此類文例相對較少。

在職事、賜物與“用事”同見的銘文中,“用事”一般接在賜物之後,處於銘文結尾的位置,構成職事+賜物+用事的結構,如申簋(西周中期前段,《銘圖》05312):“王命尹册命申,㪅(更)乃且(祖)考疋(胥)大祝,官嗣豐人眔九戲祝,易(錫)女(汝)赤市、縈黃(衡)、䜌旂,用事。”此種結構下册命以授予職事爲核心,賜物爲職事的附屬。

册命銘文中叙述職事之語和“用事”作用不同,前者是任命的主要内容,而“用事”則從屬賜物,是對賜物的用途的説明。“用事”常與叙述職事之語一同出現,可見該詞並非職事的省略形式,二者也不能相互替代。

目前所見僅有曶簋(西周中期前段,《銘圖》05217)在賜物和囑其“用事”之後又補充了職事,構成賜物+“用事”+職事的結構:“王令(命)曶,易(錫)緇市同黃(衡)、鋚、![字]。曰:用事,嗣奠(鄭)駐馬。”又,即簋(西周中期後段,《銘圖》05290)中職事夾在賜物與用事之間,構成賜物+職事+用事的結構:“王乎命女(汝)赤市、朱黃(衡)、玄衣黹屯(純)、䜌旂。曰:嗣琱宫人、虢嫞,用事。”

二者的共同點是賜物在前,職事與“用事”和賜物之間以“曰”字隔開。此類册命似是以賜物爲核心,職事和“用事”皆從屬賜物,是對賜物用途的補充,“用事”傾向於總説,職事説明語則是更有針對性的補充。

在另一類僅包含賜物和“用事”而没有職事任命的銘文中,“用事”亦出現在賜物之後,如王臣簋(西周中期後段,《銘圖》05313):“乎内史吶(敖)册命王臣:易(錫)女(汝)朱黃(衡)、㚔(睪)親(襯)、玄衣黹屯(純)、䜌旂五日、戈畫戴,厚必(柲)、彤沙(緌),用事。”此類銘文亦以賜物爲核心,[1]因没有新的職事任命或變化,册命中也就没有説明具體職,僅以"用事"泛指。

"用事"本無"勉勵"之意,但由於常出現在册命末尾,位置相對固定,逐漸與表示勉勵的詞相連甚至結合,出現了諸多變體,如伯晨簋(西周中期後段,《銘圖》02480)"用夙夜事"、𤔲簋(西周中期前段,《銘續》457)"用夙夕事"、大克鼎(西周晚期,《銘圖》02513)"敬夙夜用事"、元年師旋簋(西周晚期,《銘圖》05331)"敬夙夜用事"、師㝅簋(西周晚期,《銘圖》05363)"敬乃夙夜用事"等。這些變體含有勉勵之意,以往學者們提出"用事"爲册命者對受命者勉勵的套語認識的根據當是源於此。

但這些變體中"勉勵"之意的來源不是"用事",而是與之結合的"敬夙夕""敬夙夜"等語。此類勉勵之語與"用事"結合的綫索可見師𩱏簋(西周中期後段,《銘圖》05381)"令(命)女(汝)䚻乃且(祖)舊官小輔、鼓鐘,易(錫)女(汝)叔(素)市、金黄(衡)、赤舄、攸勒,用事。夙(夙)夜勿澹(廢)朕令(命)"和恒簋蓋(西周中期後段,《銘圖》05218)"恒,令(命)女(汝)𡩡(更)克䚻𥄂𠓝(鄙),易(錫)女(汝)鑾旂,用事。夙(夙)夕勿澹(廢)朕令(命)"兩篇銘文中的"用事"與賜物緊密相連,從整篇銘文角度看,屬賜物部分;其後的"夙夜勿廢朕命"則屬於勉勵部分。但因二者位置皆處於銘末,便逐漸融合,産生"用夙夜事"等語。這些詞從形式上看是在"用事"二字中插入其他内容,爲"用事"組合的變體,從本質上看則是"用事"與勉勵之語的結合。其完整的表意形式應是"……用事。敬夙夕勿廢朕命"。"用事"本身並不能視作册命者勉勵之言的縮寫。

綜上,册命銘文中的"用事"一詞從一般用法中抽離出來發展出固定意義,處在固定位置,並與册命銘文中其他命辭相結合産生若干變體。此過程反映了册命賜物制度的發展完善和册命銘文用語的標準化、程式化。

四、小　結

綜上所述,從册命銘文中"用事"一詞的形成脉絡和使用方法中,我們可以對其性質和意義得出如下幾點認識:

(一)"用事"在册命銘文中具有相對穩定和單一的含義,與其他語境下的"舉行祭祀""執政當權""征伐起兵"等語意不同,應分而視之。

(二)"用事"成爲固定組合與命服命器成爲册命的主要賜物具有同步性。隨着册命制

---

[1] 朱鳳瀚提出廷禮册命銘文的慣例是如有職務册命,必應記載於其中。(《衛簋與伯𤔲諸器》,《南開大學學報》2008年第6期)筆者贊同此觀點,認爲僅包含賜物和"用事"的銘文册命時本身没有職事任命,並非銘文省略了職事任命的内容。在没有職事任命的情況下賞賜受命者命服命器可能是爲提高其身份等級。

度的發展,册命賜物逐漸以命服命器爲主。説明各項賜物具體用途之語也就從有針對性的“用裸”“用狩”等發展爲含有泛指意義的“用事”。

（三）册命銘文中“用事”中的“事”爲不及物動詞,有“服事、治事”意,“用事”之意爲册命者要求受命者憑藉和使用所賜服——物來履行其職事。該詞是册命命辭的實際内容,非作器者對命辭的壓縮或簡寫。

（四）“用事”本身並無勉勵之意。當其與表示勉勵的“敬夙夕勿廢朕命”等詞語結合形成“用夙夜事”“敬夙夜用事”等變體時,才獲得勉勵意義。

（五）册命銘文中的“用事”主要位於賜物之後。在賜服——物後言“用事”表示册命賜物部分的結束。賜物大多是册命中王命的最後一部分,“用事”亦往往成爲命辭結尾的標志。隨着册命銘文格式的規範化,該詞的使用頻率越來越高。“用事”一詞在册命銘文中的形成過程和使用脈絡反映了册命銘文格式化的過程。

青銅器及相關考古學研究

商代中期青銅容器鑄造
技術傳播蠡測[*]

何毓靈[**]

以二里崗文化爲代表的早商與以殷墟文化爲代表的晚商之間的考古學文化一直是商代考古學文化研究的難點,有學者把這一階段的考古學文化重新定義爲"中商文化"。[1] 雖然把考古學文化與具體的歷史階段相對應還存在着巨大的學術爭議,但作爲探討考古學文化演變的歷史背景,特別是持續時間較長的歷史階段,考古與歷史相結合,更有利於對考古學文化內涵的討論,同時也會有力促進歷史研究。鑒於此,筆者贊同商代中期考古學文化概念,並認爲,隨着以小雙橋遺址、洹北商城爲代表的具有都邑性質的遺址的發掘與研究,這一階段的考古學文化特徵將會更加明朗。

作爲政治性或禮制性消費的產物,[2]青銅禮器的生產與消費始終是三代考古學研究的關鍵。毫無疑問,鄭州商城青銅鑄造技術是在二里頭遺址鑄銅技術的基礎上發展起來的,雖然仍有許多技術缺陷,但是其鑄造技術、裝飾紋樣、器物種類、產品數量與質量都有了極大的提升。相當於商代中期的青銅器早爲學術界所熟知,但因這一階段的考古學文化發現與研究相對滯後,很多研究者把這一階段的青銅器歸入二里崗文化階段,或者是從二里崗到殷墟文化的"過渡期"。[3] 近些年來,這一狀況有所轉變,特別是洹北商城發現以來的 20 年間,越來越多的學者把商代中期考古學文化作爲單獨的一個階段來討論,其中也涉及青銅禮器。

* 本文是國家社科基金重大項目《安陽洹北商城鑄銅、製骨、製陶作坊考古發掘整理與研究》(項目號 21&ZD239)的階段性成果。本文之所以專門討論青銅容器鑄造技術的傳播,是因爲自二里頭遺址以來,以泥範法爲主體的青銅容器鑄造技術始終是當時的"科技前沿",與一般的青銅工具、兵器不同,青銅容器鑄造技術更爲複雜,其生產組織與管理對應的是統治階層。追踪青銅容器鑄造技術的傳播,更能反映王權政治更迭、青銅文明演化等問題。

** 南京大學歷史學院考古文物系,中國社會科學院考古所。

[1] 唐際根:《中商文化研究》,《考古學報》1999 年第 4 期。"中商"一詞的內涵在不同的考古學研究階段、不同的研究者語境中,具有不同的含義。1950 年代到 1990 年代,很多學者用其指代以鄭州商城爲代表的考古學文化,1990 年代後半期以來,這種認識逐漸消彌,"中商文化"多用於指代以鄭州商城爲代表的二里崗文化與以殷墟爲代表的殷墟文化之間的考古學文化。

[2] 許宏:《青銅的政治性消費》,《中國社會科學報》2013 年 1 月 4 日第 A05 版;何毓靈:《論殷墟手工業布局及其源流》,《考古》2019 年第 6 期。

[3] 陳芳妹:《小屯五座墓的青銅容器——從二里崗到典型殷墟風格的轉變》,《考古與歷史文化——慶祝高去尋先生八十大壽論文集》,(臺北)正中書局,1997 年。

隨着阜南台家寺、[1] 洹北商城、[2] 黄陂郭元咀[3] 等青銅容器鑄造作坊的發現與發掘，商代中期青銅鑄造技術特徵愈發凸顯。

筆者在研學過程中發現，商代中期青銅容器鑄造技術有其獨特性，這種獨特性不僅僅體現在技術本身，其鑄造技術的傳播可能與當時的王權政治有極大的關聯，正是在"九世之亂"大背景下，青銅容器鑄造技術開始失去了"一家獨大"的局面，呈現出區域性傳播的狀態，這對此後的晚商時期東亞地區的青銅文明格局造成了極大的影響。本文結合各區域青銅禮器的發現、青銅鑄造作坊的發掘等，對商代中期青銅容器鑄造技術的擴散與傳播進行簡要的討論，並嘗試就其對晚商時期青銅文明格局造成的影響進行探討。

一、商代早期青銅容器鑄造中心的形成

（一）鄭州商城

截止目前，二里頭遺址最早使用泥範法鑄造青銅容器，多數研究者認爲其與夏王朝都城相對應。"從鑄銅技術和青銅器風格看，鄭州商城顯現出源自二里頭遺址的極强的連續性"，[4] "包括工匠在内的二里頭都邑的人口可能都被遷移至鄭州地區"。[5]

以三個窖藏坑銅器[6] 爲代表，充分表明鄭州商城青銅容器鑄造技術在二里頭文化的基礎上又有了很大的提高。以南關外與紫荆山北兩個鑄銅作坊[7] 爲中心，奠定了鄭州商城青銅容器鑄造基礎。

南關外鑄銅作坊位於鄭州商城南城墙中部以南約 700 米處，面積約 2.5 萬平方米。報告認爲，始建於二里崗下層二期，至二里崗上層一期仍在使用。與鑄銅相關的遺存分爲南、北兩個"鑄銅場地"。南區有白灰面地坪殘片、銅銹地面殘片、鑄銅土台、壕溝及堆放鑄銅遺物的文化層和灰坑等；北區有壕溝、鑄銹面、儲沙坑、煉銅爐殘底和灰坑等。兩區共出土了大量的鑄銅遺物，有銅礦石、坩堝殘塊、陶範、煉渣、礪石和殘銅器等。陶範（模）有 120 多塊，能辨

[1] 武漢大學歷史學院考古系、安徽省文物考古研究所：《安徽阜南縣台家寺遺址發掘簡報》，《考古》2018 年第 6 期。

[2] 中國社會科學院考古研究所安陽工作隊：《河南安陽市洹北商城鑄銅作坊遺址 2015~2019 年發掘簡報》，《考古》2020 年第 10 期；何毓靈：《洹北商城作坊區内發現鑄銅工匠墓》，《中國文物報》2019 年 6 月 21 日第 5 版。

[3] 胡剛、程小鋒、姚凌：《湖北黄陂魯臺山郭元咀遺址發現商代晚期鑄銅作坊遺存》，《中國文物報》2020 年 10 月 9 日第 8 版；湖北省文物考古研究所、北京大學考古文博學院、武漢市黄陂區文物管理所：《武漢市黄陂區魯臺山郭元咀遺址商代遺存發掘簡報》，《考古》2021 年第 7 期。

[4] 朱鳳瀚：《古代中國青銅器》，南開大學出版社，1995 年。

[5] 許宏、劉莉：《關於二里頭遺址的省思》，《文物》2008 年第 1 期。

[6] 河南省文物考古研究所、鄭州市文物考古研究所：《鄭州商代銅器窖藏》，科學出版社，1999 年。

[7] 河南省文物考古研究所編著：《鄭州商城：一九五三———一九八五年考古發掘報告》，文物出版社，2001 年。

識出器形的近 70 塊,有工具類的钁外范、钁範芯、斧外範、斧芯范、刀范、鑿範等;武器類的有
鏃、戈範;容器類有鬲、斝、爵和一些花紋範等。

紫荆山北鑄銅作坊位於鄭州商城北城墻中部以北約 200 米處,具體面積和範圍不甚清晰。
報告認爲其使用時代爲二里崗上層一期。與鑄銅生産相關的遺迹有房基、銅銹面場地、灰坑等。
遺物有銅礦石、鉛礦石(或鉛塊)、坩堝、木炭、煉渣、銅銹面、緑銹土及 100 餘塊陶範(模)。能看
出器形者約 70 餘塊,以刀範最多,钁範次之。從花紋范和殘範芯分析,應鑄造有青銅容器。

近些年先後有學者對上述兩個鑄銅作坊及相關問題進行研究,提出了很好的思路與
見解。[1]

(二) 盤龍城商城

建國之初的商王朝,以鄭州商城爲中心,攻城掠地,開疆拓土,在原有二里頭文化區域性
中心聚落的基礎上,構築"軍事重鎮"以鎮守四方,[2]保障資源供應。正是在這種大背景下,
以二里崗期爲代表的早商文化迅猛擴張,且具有高度一致性,盤龍城商城也應運而生。

這些城址既有軍事功能,又有資源目的。與其他城址不同的是,盤龍城商城至今發掘出
土大量的青銅器,大有比肩鄭州商城之勢,更是遠超其他城址。不僅數量多,冶金考古研究
還表明,許多新的鑄造技術率先在盤龍城銅器上體現,這讓很多研究者認爲,盤龍城商城是
鄭州商城之外又一個青銅容器鑄造中心。

近些年來,盤龍城鑄銅作坊取得了重大進展。2013 年在盤龍城城址西南部被稱爲小嘴
的東部灘地采集到 6 件石範殘塊,並在附近發現灰坑,這是首次發現青銅鑄造類遺存。[3]
以此爲綫索,2015—2017 年進行了考古發掘,[4]發現了結構複雜、規模龐大的大型灰溝,雖
然其與鑄銅生産的關係尚不明確,但灰溝内除了出土大量日用陶器碎片外,還出土了與青銅
器鑄造活動相關的遺物,主要包括陶範,坩堝,銅冶金渣、爐壁及青銅器殘塊、孔雀石、礦石、
木炭塊等。其中陶範、内壁附有渣層的坩堝、熔銅合金渣等遺物在盤龍城遺址均屬首次發
現。年代爲二里崗上層一期及稍晚階段,確證了盤龍城遺址存在青銅器鑄造活動。特别是
容器陶範的發現,説明當時不僅鑄造工具、兵器等形制簡單的銅器,更能用泥範技術鑄造形
制複雜的青銅容器。

研究者認爲,盤龍城通過長江幹流交通"構成了東西向的文化交流帶,在長江沿綫分布

[1] 常懷穎:《鄭州商城鑄銅遺址研究三題》,中國社會科學院考古研究所夏商周研究室編著:《三代考古
(五)》,科學出版社,2013 年;蘇榮譽:《鄭州商城鑄銅遺址與出土青銅器研究》,北京大學出土文獻研
究所編:《青銅器與金文》第 5 輯,上海古籍出版社,2020 年。

[2] 何毓靈、胡洪瓊:《試論早商城址的性質及相互關係》,《殷都學刊》2002 年第 4 期。

[3] 韓用祥:《盤龍城遺址首次發現鑄造遺物及遺迹》,《江漢考古》2016 年第 2 期。

[4] 武漢大學歷史學院、湖北省文物考古研究所、盤龍城遺址博物院:《武漢市盤龍城遺址小嘴 2015—2017
年發掘簡報》,《考古》2019 年第 6 期。

着荊南寺、銅鼓山、意生寺、薛家崗等以中原文化面貌爲主體的遺址,這些遺址基本與盤龍城的興廢同步,可見盤龍城中心的區域在長江中游地區向外的張力"。[1]

由青銅容器可以看出,鄭州商城與盤龍城商城容器鑄造技術是相輔相成的,無論是技術,還是器物種類、造型、紋飾都有高度的一致性。其背後反映的是在統一王權管理下的組織生産。以二者爲代表,構成了商代早期南北兩個青銅容器鑄造中心。

二、商代中期長江流域青銅容器及鑄造作坊

盤龍城商城之後的長江流域考古學面貌如何? 有很多學者進行了深入探討。如果用中商時期的編年體系去重新審視長江上、中、下游的考古學文化,就會發現商文化的主體特徵急劇下降、地方考古學文化特徵在顯著增强。[2] 青銅容器鑄造核心技術在盤龍城商城崩潰之後會如何呢? 消亡、擴散、還是轉型? 近些年來長江流域與鑄銅相關的遺存的發現爲解答此類問題提供了綫索。

(一)郭元咀鑄銅作坊

郭元咀遺址位於武漢市黄陂區灄水東岸的魯臺山北麓的台邊之上,與盤龍城商城僅距20公里。自20世紀70年代起曾進行調查與發掘,發現以魯臺山"長子狗"爲代表的西周早期墓地及東周墓葬,[3]並有商代早、中期的青銅爵、瓿出土。[4] 2019年始,對郭元咀遺址進行了系統發掘,發現人工臺地被人工灰溝刻意與外界區隔,臺地之上有大量的遺存,如建築、冶鑄坑、陶範坑、燒土遺迹、爐基、粗砂坑等與冶銅和鑄銅有關的遺迹。178件坩堝壁殘塊、陶範、銅塊等鑄銅遺物中,有114塊陶範碎塊。陶範以夾細砂紅陶爲主,少量夾細砂灰陶與夾砂黑陶。均爲容器碎範,大部分無法辨識器形,絕大部分爲素面範塊,可辨紋飾僅有弦紋。另發現一件鼓風管(嘴),腰部凸起成棱狀,粗端可見黑色的炙烤痕,長6.5釐米。此種腰部帶凸棱的鼓風管在洹北商城、吴城亦有發現。發掘者據地層關係及大量成組的陶器判斷認爲,郭元咀鑄銅作坊年代"至少涵蓋洹北期至殷墟一期"。[5]

據此可以認爲,盤龍城商城之後,郭元咀鑄銅作坊繼續從事青銅容器鑄造生産,但其生産的規模、消費群體等問題還有待研究。

---

[1] 張昌平、孫卓:《盤龍城聚落布局研究》,《考古學報》2017年第4期。

[2] 孫卓:《南土經略的轉折——商時期中原文化勢力從南方的消退》,科學出版社,2020年。

[3] 黄陂縣文化館、孝感地區博物館、湖北省博物館:《湖北黄陂魯臺山兩周遺址及墓葬》,《江漢考古》1982年第2期。

[4] 黄鋰、況紅梅:《近年黄陂出土的幾件商周青銅器》,1998年第4期。

[5] 胡剛、程小鋒、姚淩:《湖北黄陂魯臺山郭元咀遺址發現商代晚期鑄銅作坊遺存》,《中國文物報》2020年10月9日第8版;湖北省文物考古研究所、北京大學考古文博學院、武漢市黄陂區文物管理所:《武漢市黄陂區魯臺山郭元咀遺址商代遺存發掘簡報》,《考古》2021年第7期。

（二）吳城鑄銅遺存及新幹大洋洲青銅器群

1. 贛鄱地區青銅文化

沿長江而下抵達長江以南的贛北地區，從鄱陽湖北岸地區發現的九江龍王嶺、馬回嶺等遺存可知，相當於二里崗下層偏晚階段，商文化勢力便到達這裏，並與早商文化盤龍城類型關係密切。而隨着盤龍城衰亡，具有地域特色的石灰山文化開始興起。[1]

沿贛江逆流南下到贛江中游，以吳城城址爲代表的“吳城文化”是贛西地區最重要的青銅文化。發掘報告[2]把吳城文化分爲三期六段，一期早段相當於二里崗上層一期，一期晚段相當於二里崗上層二期；二期早段爲殷墟一期，二期中段爲殷墟二期早段，二期晚段爲殷墟二期晚段；三期早段爲殷墟文化三期，三期晚段爲殷墟文化四期早段（或許稍偏早）。

吳城城址平面爲圓角方形，城墻周長 2 960 米，寬 15—28 米，四周有門。城墻始建於吳城文化一期晚段，二期早段時進行了加寬、加高重建，並於城外挖城壕。二期晚段城址基本廢弃，成爲一般聚落，吳城文化三期仍持續了一段時間。

經文化因素定量分析後，報告認爲，吳城一期早段文化來源應是中原商文化的一支，並經創新與變異，構成了吳城文化獨具特色的文化內涵和面貌。一期晚段開始出現青銅器，而二期早段最大的變化則是盤龍城商文化勢力的進一步擴展，“盤龍城衰落後，其中可能有一支人群沿着長江順流而下，而進入贛江流域的吳城地區，進而融合在吳城文化中”。吳城城址的修建與擴建恰好與兩次商文化因素增加的時間相吻合。

城內主要由居住區、祭祀區、制陶區、冶鑄區組成。與本文主題相關的所謂冶鑄區僅發現 7 個包含青銅冶鑄遺物的灰坑，如石範、陶鑄件、大量的炭渣和紅燒土塊等。石範多是工具範，不見容器範。吳城城址內是否鑄造青銅容器尚不可知。不過被稱爲 B 型陶鑄件者，實際就是三代鑄銅作坊中最常見的陶鼓風嘴。多數陶鼓風嘴外部都有齒輪形凸棱。

1989 年，在贛江東部，距吳城約 20 公里處發現了大洋洲墓，[3]出土青銅器是吳城文化青銅文明輝煌的標志，[4]其重要性不言而喻。然而圍繞着青銅器鑄造與墓葬埋藏年代的爭論，自其發現以來就未平息。關於分歧如此之大的原因，彭適凡曾進行了深入分析，[5]指出

---

[1]　豆海鋒：《長江中游商時期考古學文化演進及與中原地區的聯繫》，《考古》2014 年第 2 期。

[2]　江西省文物考古研究所、樟樹市博物館編著：《吳城：1973—2002 年考古發掘報告》，科學出版社，2005 年。

[3]　江西省文物考古研究所等編著：《新幹商代大墓》，文物出版社，1997 年。

[4]　吳城城址與牛城城址分隔於贛江西、東兩側，二者相距約 20 公里。而牛城城址與大洋洲墓相距約 1 公里。關於三者的關係，學者尚有不同的意見。吳城與牛城究竟是同時並存、還是一廢一興的關係，目前尚難定論，相信隨着對牛城城址更詳細地調查與發掘，此問題終將解決。不論二者是何關係，但都屬吳城文化。

[5]　彭適凡：《開展對中國南方古代青銅器研究的若干思考》，《南方文物》2010 年第 1 期。

與南方地區出土青銅器自身的複雜情況、研究者深受中國古代文明起源問題上中原中心論的影響，以及研究方法上不盡相同等多種情況有關。不無道理！不過諸如李學勤、[1]孫華、[2]貝格立、[3]羅泰[4]等對大洋洲青銅器年代的判定較爲一致，集中於"過渡期"或殷墟早期。在商代中期編年體系內，筆者認爲大洋洲青銅器年代主體屬商代中期，上限不超過二里崗上層期，下限不超過以武丁早期爲代表的殷墟一期晚段。

2. 贛鄱地區青銅文化與盤龍城的關係

鄒衡稱大洋洲墓陶器的重要性不亞於銅器，[5]因爲陶器不像銅器那樣珍貴、耐用、持久而更具有時代性。但很多研究者對其重視不够。孫華曾專門對大洋洲陶器進行討論，陶鬲最多，吳城文化之前本地没有陶鬲，這無疑是受到中原商文化的巨大影響。[6] 雖然大洋洲墓陶器地方特徵濃厚，但仍有少量陶器具有十分明確的商代早中期的風格。

斂口罍是二里崗文化標志性陶器，産生於二里崗期上層，持續到商代中期洹北商城階段，但到殷墟就已絶迹。盤龍城有兩類斂口罍，一類爲典型商文化風格，繩紋，細頸，比例均匀，盤龍城楊家嘴 M10：2，與鄭州商城 C1H2 乙：35 及洹北商城 H8：5 如出一轍；另一類斂口罍基本爲素面，口部較寬，頭重脚輕之感，如盤龍城楊家嘴 H1：5，而此類斂口罍與大洋洲 XDM：558 十分相近，應爲同類（圖一，1—5）。盤龍城商城作爲文化傳播的樞紐，可見一斑。

大洋洲陶簋 XDM：560，折沿、深直腹、矮圈足，此類陶簋常見於商代早期到中期的鄭州商城、洹北商城，是典型商文化陶器，也見於盤龍城商城，但絶不見於殷墟時期（圖一，6—8）。

大洋洲墓報告指出，一些青銅重器被有意損毁，武器中的刀和工具基本都被折斷；玉戈幾乎全被折斷叠置在一起，其他諸如璧、琮、玦、柄形器等，也不同程度地遭到損毁。這是典型的碎器葬行爲。碎器葬起源較早，[7]商代較爲流行。[8] 盤龍城商城內，碎器葬習俗也十分盛行。[9] 大洋洲墓實行碎器葬俗，應與商文化圈內，特別是盤龍城商城內流行此葬俗有關。

---

[1] 李學勤：《新幹大洋洲商墓的若干問題》，《文物》1990 年第 10 期。

[2] 孫華：《新幹大洋洲大墓年代簡論》，《南方文物》1992 年第 2 期；《關於新幹大洋洲大墓的幾個問題》，《文物》1993 年第 7 期。

[3] 貝格立：《南方青銅器紋飾與新幹大洋洲墓的時代》，馬承源主編：《吳越地區青銅器研究論文集》，（香港）兩木出版社，1997 年。

[4] 羅泰：《論江西新幹大洋洲出土的青銅樂器》，《江西文物》1991 年第 3 期。

[5] 鄒衡：《有關新幹出土青銅器的幾個問題》，《中國文物報》1990 年 12 月 6 日第三版。

[6] 孫華：《關於新幹大洋洲大墓的幾個問題》，《文物》1993 年第 7 期。

[7] 黄衛東：《史前碎物葬》，《中原文物》2003 年第 2 期。

[8] 中國社會科學院考古研究所安陽工作隊：《河南安陽殷墟花園莊東地 60 號墓》，《考古》2006 年第 1 期；郜向平：《商墓中的毁器習俗與明器化現象》，《考古與文物》2010 年第 1 期；要二峰：《商代墓葬中的"毁兵"現象——西周"毁兵"葬俗探源》，《考古學集刊》第 21 集，文物出版社，2018 年。

[9] 李雪婷：《盤龍城遺址碎器葬俗研究》，《江漢考古》2017 年第 3 期。

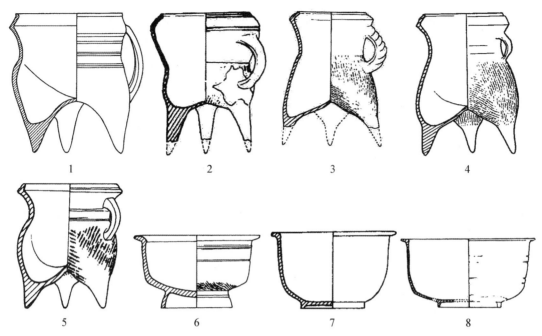

圖一　大洋洲、盤龍城、鄭州商城、洹北商城陶器圖

1—5. 陶罩（大洋洲 XDM：558、盤龍城楊家嘴 H1：5、M10：2、鄭州商城C1H2乙：35、洹北商城 H8：5）
6—8. 陶簋（洹北商城 H8：2、大洋洲 XDM：560、盤龍城李家嘴 H18：2）

目前尚不知曉大洋洲青銅容器的具體鑄造作坊位於吴城、牛城，還是他處。但可以肯定的是這些容器鑄於本地。大洋洲青銅容器鑄造技術有其來源，而不會是空穴來風。環顧四鄰，最可能來源於盤龍城商城。

與鄭州商城不同，盤龍城青銅器鑄造時大量使用銅芯撑。[1] 此種技術爲大洋洲鑄銅工匠所沿用，“大量使用了銅芯撑，這是這個器群（筆者按：大洋洲青銅器群）在鑄造工藝上的一大特色”，“目前的資料説明銅芯撑的使用南方可能早於北方，有理由認爲銅芯撑可能起源於中國南方某些地域，而後這種工藝才傳播到了中原地區，成爲中原青銅器鑄造中的一個關鍵工藝”。[2] 劉煜通過對商周時期，特別是殷墟時期銅芯撑的系統研究，同樣支持商代早中期北方區域少、而南方區域多用銅芯撑的觀點。[3]

盤龍城曾出土三件深腹銅簋，其中兩件鑄有雙耳，分別是楊家灣 M11：13 和李家嘴 M1：5（圖二，2—3）。此時，銅簋在中原商王朝内尚不流行，鄭州商城和偃師商城發現有此

［1］　胡家喜、李桃元、李秀輝、李京華：《盤龍城遺址青銅器鑄造工藝探討》，湖北省文物考古研究所編著：《盤龍城：一九六三年——一九九四年考古發掘報告》，文物出版社，2001 年。

［2］　蘇榮譽、華覺明、彭適凡、詹開遜、劉林、賈瑩：《新幹商代大墓青銅器鑄造工藝研究》，江西省文物考古研究所、江西省博物館、新幹縣博物館：《新幹商代大墓》，文物出版社，1997 年。

［3］　劉煜：《殷墟出土青銅器鑄造工藝研究》，廣東人民出版社，2018 年。

類仿銅陶簋，如鄭州商城 C5T61①：75[1]（圖二,5）和偃師商城 1988YSⅣT6M1：3[2]（圖二,4）。盤龍城銅簋的制範工藝分兩種，一種如楊家灣 M11：13，三外範加腹芯和圈足芯，體與耳一次渾鑄而成；另一種如李家嘴 M1：5，簋體與耳鑄接，[3]由三外範和腹芯、圈足芯組成，耳範由三外範，一耳內芯組成。

　　大洋洲 XDM：43（圖二,1）銅盤顯然是在假腹豆與簋的基礎進行的創新。扉棱與雙耳均先鑄成形，然後與盤體榫頭鑄接。雙耳泥範對開分型，一塊內側範和一塊外側範（自帶耳部泥芯）組成鑄型。耳正面紋飾係模作，耳兩側紋飾係範作（在範上刻出）。

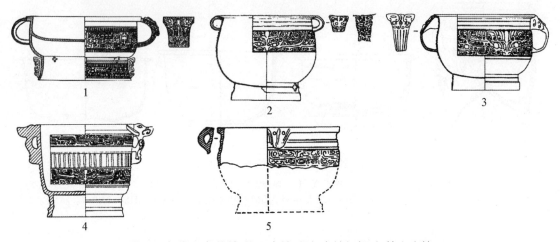

圖二　大洋洲、盤龍城、鄭州商城、偃師商城銅盤、銅簋與陶簋
1. 大洋洲 XDM：43 銅盤　2. 盤龍城 PYWM11：13 銅簋　3. 盤龍城 PLZM1：5 銅簋
4. 偃師商城 1988YSⅣT6M1：3 仿銅陶簋　5. 鄭州商城 C5T61(1)：75 仿銅陶簋

　　由此可以看出大洋洲 XDM：43 銅盤雙耳采用了與盤龍城李家嘴 M1：5 銅簋雙耳一樣的鑄造技術。二者技術上應有內在的聯繫。

　　此外，仔細比較會發現，大洋洲墓的兵器如銅鉞、戈、劍、鏃等在盤龍城商城中均可發現同類器或文化元素，在此不一一贅述。

　　3. 勾戟扉棱是贛鄱地區青銅器的典型特徵

　　大洋洲青銅器鑄造技術與中原地區商文化有着高度一致性，其直接來源應是盤龍城。

---

［1］河南省文物考古研究所編著：《鄭州商城：一九五三——一九八五年考古發掘報告》，文物出版社，2001 年，第 368 頁，圖二二三：16。

［2］中國社會科學院考古研究所編著：《偃師商城》第一卷上冊，科學出版社，2013 年，第 376 頁，圖二〇三：4。

［3］研究者未指出另一件銅簋就是李家嘴 M1：5 銅簋，根據盤龍城至今只有兩件雙耳簋推測，當是指該件銅簋。見胡家喜、李桃元、李秀輝、李京華：《盤龍城遺址青銅器鑄造工藝探討》，湖北省文物考古研究所編著：《盤龍城：一九六三年——一九九四年考古發掘報告》，文物出版社，2001 年，第 582 頁。

但同時,大洋洲青銅器也表現出獨特的地域性,這種地域性充分説明大洋洲青銅器所代表的青銅文明已開始極力挣脱諸如商王朝對盤龍城那樣的控制力和管轄權,開啓了南方地區獨特的青銅文化。我們甚至可以説,大洋洲青銅文明的主人正是爲了擺脱商王朝或商文化的束縛,才一味地求新、求變,以突顯個性。報告編寫者注意到大洋洲青銅容器中,缺乏像中原地區觚、爵、斝這樣最常見的青銅酒禮器,認爲這反映出禮制變化。貝格立、羅泰均從樂器的角度深入分析了大洋洲銅鎛和鐃對南方青銅文明的影響。這樣的見解無疑是正確的。

我們同樣不難發現分鑄勾戟扉棱是大洋洲青銅容器另一大特色。追尋這一裝飾風格的起源、發展與演變,可以清楚地看到大洋洲青銅容器對當時及以後南方青銅器的影響,同時也可以了解其與北方地區青銅文明的不同。

青銅器扉棱裝飾起源於何時何地,原因何在? 尚不明確。筆者翻檢相關資料後發現,以鄭州商城、盤龍城商城出土青銅容器爲例,商代早期幾乎没有扉棱,這不僅僅是因爲文化觀念,更主要是受制於鑄銅技術。扉棱一般都位於兩塊泥范之間合範處,在鑄造技術尚不穩定的情況下,裝飾扉棱只會增加技術難度,造成更高的次品率。值得注意的是,盤龍城曾出土扁足圓鼎,扁足一側已有大洋洲銅容器勾戟扉棱的雛形,但其鑄造技術則完全不同。

大洋洲墓 48 件青銅禮器中,26 件裝飾有發掘報告所稱的"勾戟扉棱",占 54%。研究者認爲這種勾戟扉棱絶大多數是用鑄接法成形的,"特別是腹部的扉棱是分鑄成形後再鑄接於鼎的,這在商周青銅中是極其罕見的"。[1]

這種勾戟扉棱因其與"燕尾紋"被大量使用,又極具地域特點,自然引起了學者的關注。貝格立就曾指出,其是南方青銅器的地域特徵,而與殷墟青銅器上長條形、不透空的扉棱形成鮮明的對比。[2] 林巳奈夫也注意到這種特殊扉棱,但得出大相徑庭的結論,他認爲其年代"上限應該在中原地區西周中期前半段","大洋洲青銅器所見的中原地區商代後期早期階段的器型和紋飾的存在是由於該製作傳統自商代後期早期階段到西周中期這一漫長的時期内在當地得到維繫繼承的結果"。[3] 而馬承源則認爲,大洋洲青銅器分鑄棱脊,是刻意仿古器,暗示大洋洲器物埋藏的年代可能爲春秋時期。[4]

衆多學者已否定了大洋洲墓年代爲西周或更晚的可能性,筆者也進一步説明其主體年代爲商代中期。如此,大洋洲青銅器上大量裝飾的勾戟扉棱則是大洋洲青銅器在盤龍城銅

[1] 蘇榮譽等:《新幹商代大墓青銅器鑄造工藝研究》,江西省文物考古研究所等編著:《新幹商代大墓》,文物出版社,1997 年。

[2] Robert W. Bagley, 1987, Shang Ritual Bronzes ih the Arthur M. Sackler Collections, Cambridge: Harvard University Press, pp.544－546.

[3] 林巳奈夫著,徐朝龍譯:《新幹大洋洲出土青銅器的年代芻議》,《南方文物》1994 年第 1 期。

[4] 馬承源:《吴越文化青銅器的研究——兼論大洋洲出土的青銅器》,馬承源主編:《吴越地區青銅器研究論文集》,(香港)兩木出版社,1997 年。

器的基礎上的創新。這種創新的背後動力我們尚不得而知,但前文提到,這極有可能是大洋洲青銅文明掙脱商文明羈絆的表現。從技術角度來説,分鑄勾戟扉棱,再與青銅容器主體鑄接,只會增加鑄造難度,而從裝飾效果來看,有時倒顯得有點多餘,談不上增加了很强藝術效果。如果我們把西周早期突然盛況空前的青銅器鏤空扉棱與之對比的話就可以發現,製作者或者説主政者在意的並不是裝飾效果,而是與前期的不同,從而彰顯政權變革帶來的深刻影響。張昌平注意到,大洋洲人將"獸面紋作爲一種裝飾的構件而不是像商文化中心區域那樣將獸面紋作爲主題,使這件鼎(XDM:12 虎耳方鼎)的紋飾在視覺上的怪異感取代了獸面紋原有的威嚴",XDM:10 小方鼎"每面紋飾都由上下兩個獸面紋叠加,這種布局同樣不見於商文化中心區域。因此這些紋飾除了在結構上保留有獸面紋的部件之外,其他方面已經不能同日而語了"。[1] 筆者認爲,這種運用獸面紋裝飾的心理與勾戟扉棱是相通的。

那麼大洋洲人反復運用的勾戟扉棱產生了何種影響呢? 除了大洋洲銅器外,還有哪些同期青銅器裝飾此種扉棱? 對以後青銅器是否造成了影響?

爲了便於與其他區域進行比較,這裏選取大洋洲墓的 1 件蹄足圓鼎和四足銅甗加以説明。

蹄足鼎是在早商錐足和截錐足圓鼎的基礎上發展而來的。鄭州商城、盤龍城、以及山西平陸縣前莊遺址[2]出土過形體高大的截錐足圓鼎,一般爲平沿、槽形耳、[3]深腹、圜底、空足與腹相通、耳足四點配列。到大洋洲階段,截錐足一般演變爲形如獸蹄狀的柱足,槽形耳開始減少,耳足四點配列向五點配列過渡,這也是中商時期此類三足銅器的共同特徵。

XDM:1,斜折沿,方唇,口微斂,槽形耳内有兩道拱形凸棱狀加强筋。深鼓腹,圜底。中空柱足,與腹腔通,内呈漏斗狀。腹與足飾獸面紋,但足部獸麵綫條寬窄不一,勾戟扉棱突起。出土時上腹部有砸擊所致的 12 釐米×5 釐米長近橢圓形破洞一個。通高 70.2、口徑 44.1 釐米,重 36 千克(圖三,左)。

最早的銅甗出土於盤龍城李家嘴 M2,薄平沿,無耳,三空錐足。大洋洲 XDM:38 四足甗是目前唯一一件四足者,形體也最高大。甑、鬲連體。甑盤口,呈臺階狀,圓唇,寬沿,方形立耳植於盤口上,雙耳外側環飾雙重燕尾紋,耳上各立一幼鹿,一雄一雌。深斜腹,高分襠,四足中空。口沿外側飾斜角式目紋。甑腹上部飾四組上下界以連珠紋的獸面紋,以細棱作鼻,獸面紋之間,以勾戟狀凸扉棱爲界。袋足飾浮雕式牛角獸面紋,作鼻子的勾戟扉棱與甑體所飾扉棱在同一垂綫上。通高 105、口徑 61.2 釐米,重 78.5 千克(圖三,右)。

---

[1] 張昌平:《新幹大洋洲青銅容器的年代上限問題》,《南方文物》2007 年第 4 期。

[2] 衛斯:《平陸縣前莊商代遺址出土文物》,《文物季刊》1992 年第 1 期。

[3] 是指鼎、鬲、甗等立耳外側爲槽形,這是商代前期大型有耳銅容器的典型特徵,主要是受制於鑄造技術,尚不能在耳内設置盲芯的緣故。

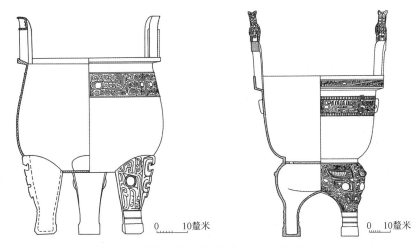

圖三　大洋洲墓獸足銅鼎(左)、四足銅甗(右)

在與大洋洲墓僅距 1 公里的中稜水庫附近,1976 年挖出過一批青銅器,五件銅鼎被認爲是"列鼎",時代爲西周前期或早期。[1] 對此,李朝遠提出異議,並進行了詳細的論證。[2] 他從青銅器埋藏性質、5 件青銅鼎尺寸、4 號鼎非鼎而是甗、[3]形制等方面認爲此非列鼎;並對 5 件器物的特徵詳細考察,認爲其年代並非西周早期,而與中原地區商代早中期銅器十分相似。三件銅鼎之上的勾戟扉棱,與西周時期實棱不同。上述論證充分,得到學者們的認可,[4]唐際根等明確指出其年代爲"中商二期"。[5] 其中 1 號鼎最大,寬沿外折,槽形耳。腹較深,平底,足中空與底部相通。頸部與足部均飾饕餮紋及勾戟扉棱。但與大洋洲銅器相比,銅鼎的勾戟扉棱均顯得輕薄、粗糙、易脫落。該鼎口徑 48.5、通高 77 釐米(圖四,左)。另有小型銅鼎 4 件(一説 3 件)、銅爵足 3 只、銅鱓 1 件。其中一件完整的小型銅鼎,腹較淺,圜底,下腹微鼓,腹部偏下飾一周獸面紋,其上下各有二道弦紋,足呈三棱狀中空與底部相通。口徑 11、通高 17 釐米。唐際根等認爲[6]與洹北商城

[1] 江西博物館、清江縣博物館:《新幹縣發現西周墓葬出土一批珍貴青銅器》,《江西歷史文物》1978 年第 3 期;彭適凡、李玉林:《江西新幹縣的西周墓葬》,《文物》1983 年第 6 期;彭適凡:《贛鄱地區西周時期古文化的探討》,《文物》1990 年第 9 期。

[2] 李朝遠:《青銅器上所見西周文化在南方影響的遞衰》,《中原文物》1997 年第 2 期;《江西新幹中稜青銅器的再認識》,高崇文、[日]安田喜憲主編:《長江流域青銅文化研究》,科學出版社,2002 年。

[3] 2018 年 8 月,筆者曾於江西省文物考古研究所(現江西省文物考古研究院)觀察了此件銅器,確定其爲銅甗,而非銅鼎。

[4] 施勁松:《長江流域青銅器研究》,文物出版社,2003 年,第 93 頁;燕生東:《江蘇地區的商文化》,《東南文化》2011 年第 6 期。

[5] 唐際根、荊志淳:《商時期贛江流域的青銅文化格局》,中國社會科學院考古研究所夏商周研究室編著:《三代考古(三)》,科學出版社,2011 年。

[6] 唐際根、荊志淳:《商時期贛江流域的青銅文化格局》,中國社會科學院考古研究所夏商周研究室編著:《三代考古(三)》,科學出版社,2011 年。

80ASJM3：2、[1]99HBCM10：1[2]銅鼎很相似。這也確證此批銅器的年代爲商代中期。

1957 年,在江西省東鄉縣城北 4 公里出土一件銅鼎,深腹,圜底,足中空與底部相通。頸與足部飾細陽綫饕餮紋及勾戟扉棱。通高 59、深 30、口徑 42 釐米,重 28.5 千克。[3]

圖四　江西中稜水庫一號銅鼎、連雲港大村銅鼎、甗(自左向右)

4. 勾戟扉棱裝飾的傳播

除贛都地區外,在東南沿海、漢水流域、關中地區,甚至是黃河流域也零星發現裝飾勾戟扉棱的青銅器,器類以鼎、甗爲主,以及瓿、尊、鬲等。

1960 年,江蘇省新海連市(現連雲港市)大村發現 4 件鼎、3 件甗。[4] 其中最大鼎,折沿立耳、深腹、圜底,柱足中空。頸部飾細綫獸面紋,足飾饕餮紋及勾雲形實扉棱,通高 55、口徑 48 釐米(圖四,中);中型鼎亦空柱足,頸飾細陽綫獸面紋,足飾饕餮紋。頸與足外側上下對應飾勾戟扉棱,較粗糙。通高 40.2、口徑 29.2 釐米。三件銅甗形體碩大,與大洋洲四足甗一樣,均爲盤口,空足,通高分別爲 49、52.3、53.5 釐米(圖四,右)。有學者認爲其年代應早於殷墟小屯 YM188 與武官 M1 出土的銅甗。[5]

1973 年,江蘇省江寧縣徵集到一件三羊罍,[6]斜折沿,短直頸,折肩,深腹,圜底,圈足微外撇。頸部飾兩道凸弦紋,肩、腹及圈足滿飾饕餮紋。肩上部裝飾三隻高浮雕羊首。自肩、

[1] 中國社會科學院考古研究所安陽工作隊:《安陽殷墟三家莊東的發掘》,《考古》1983 年第 2 期。

[2] 中國社會科學院考古研究所安陽工作隊:《1998—1999 年安陽洹北商城花園莊東地發掘報告》,《考古學集刊》第 15 集,文物出版社,2004 年。

[3] 薛堯:《江西出土的幾件青銅器》,《考古》1963 年第 8 期。

[4] 江蘇省文物工作隊:《江蘇新海連市大村新石器時代遺址勘察記》,《考古》1961 年第 6 期;南京博物院:《江蘇省出土文物選集》,文物出版社,1963 年。

[5] 燕生東:《江蘇地區的商文化》,《東南文化》2011 年第 6 期。

[6] 林燕:《江蘇地區的商周青銅器研究》,《榮寶齋》2009 年第 3 期。

腹到圈足上下對應飾三段勾戟扉棱。高 28.7、口徑 24 釐米。該件銅罍與北京平谷劉家河墓所出三羊罍較爲相近,[1]該罍腹部亦飾有勾戟扉棱。通高 26.8、口徑 19.9 釐米。

由長江往上流,在湖北境内也有零星發現。在棗陽王城鎮官營村曾出土一件銅鼎,[2]折沿,尖唇,微束頸,下腹略鼓,圜底,蹄足半空。頸部、足部飾饕餮紋及勾戟扉棱。通高 65、口徑 46 釐米。湖南省博物館收藏一件銅鼎,[3]斜折沿,束頸,深腹,蹄足。頸、足部飾饕餮紋及鏤空扉棱。通高 57.2、口徑 34.7 釐米。

從下文的梳理中可以發現,這種勾戟扉棱影響還沿漢水到達漢中,甚至深入到關中地區。在華北地區,對鄭州商城人民公園期、洹北商城、殷墟等也産生了影響。

三、商代中期漢中、關中地區青銅容器

（一）漢中地區青銅器群

由武漢沿漢水往西北到達陝西漢中地區,城固、洋縣自 20 世紀 50 年代以來出土大量青銅器,達 710 件。衆多學者就其分期、斷代及性質進行了廣泛而持久的討論,學者普遍認爲,"即有中原地區典型器,又有獨具特色的地方類型,同時展現出與周邊地區充分的交流"。[4]其中屬商代中期者爲數不少,特别城固龍頭村出土的青銅禮器,年代爲商代中期,貝格立就認爲 1981CHLTT：2 銅罍,與阜南朱寨龍虎尊、大洋洲 XDM：44 銅罍的紋飾技法是典型的二里崗末到殷墟期初。[5]

龍頭村觚、爵、鼎、罍、尊、盉、簋等均表現出典型中商青銅器特徵。2004CHLTT：2 銅鼎折沿,槽形外耳,束頸,鼓腹,圜底,蹄形空足。頸、足飾細陽綫饕餮紋。口徑 32.5、通高 43.5釐米（圖五,左）。此鼎雖未飾勾戟扉棱,但與大洋洲 XDM：1、2 圓鼎形制極爲相似。同出的銅鬲寬平斜沿,槽狀外耳,垂腹分襠,空錐足,飾凸弦紋和"人"字形紋。通高 57、口徑 37 釐米（圖五,中）。此鬲形制與盤龍城、鄭州商城同類銅鬲完全一致。這也充分説明與之同出的銅鼎時代要早。

洋縣縣城北環路東段銅鼎 2002YCHBHT：1 雖殘損,但其形制與前述銅鼎一致,頸、足飾勾戟扉棱。殘高 33.8 釐米（圖五,右）。另外,城固龍頭 1980CHLTT：62 銅簋與盤龍城銅簋基本一致,采用獨特的簋耳後鑄式分鑄法鑄接技術。曹瑋認爲,龍頭村青銅容器是對盤龍城

[1] 北京市文物管理處:《北京市平谷縣發現商代墓葬》,《文物》1977 年第 11 期。

[2] 徐正國:《湖北棗陽市博物館收藏的幾件青銅器》,《文物》1994 年第 4 期。

[3] 熊建華:《湖南商周青銅器研究》,岳麓書社,2013 年,第 56—57 頁。

[4] 趙叢蒼主編:《城洋青銅器》,科學出版社,2006 年。

[5] 貝格立:《南方青銅器紋飾與新幹大洋洲墓的時代》,馬承源主編:《吳越地區青銅器研究論文集》,（香港）兩木出版社,1997 年。

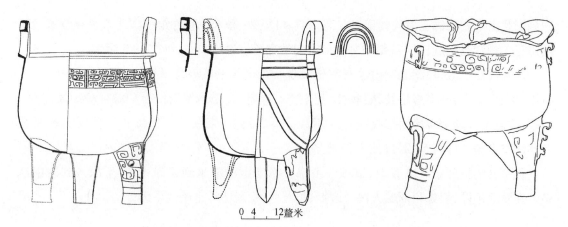

0   4   12釐米

圖五   城固龍頭村銅鼎(左)、鬲(中)與洋縣縣城銅鼎(右)

銅器的"承襲與發展",[1]不無道理。

城固湑水 1975 年出土了 3 件銅鼎與 3 件銅鬲,以及一批彎形器。多數鼎和鬲足呈錐狀,中空或半空,雙耳與三足已呈五點配列,據此判斷其年代爲商代中期。經檢測其中的一件銅鼎(1975CHWXaT：1)和兩件銅鬲(1975CHWXbT：3、1975CHWXbT：4)爲紅銅製品,這與龍頭村銅容器爲銅錫鉛合金區別顯著,且這批銅器多爲素面。陳坤龍等人認爲,這批銅器並非本地製造,而與關中地區同類器有關聯。[2]

不過,城洋青銅器中,獨具特色的彎形器僅見於漢中地區,檢測表明,也是紅銅製品。這表明漢中地區此時已可以鑄造青銅器。到了殷墟一期本地開始仿銅青銅禮器,仍以紅銅爲主,而殷墟二至四期,"本地仿製品以及本地式銅器的銅、錫、鉛的平均值分別爲 83%、9.5%、5%,……此時已經表現出較爲成熟的合金技術"。[3]

上述情況表明,商代中期,漢中地區先民掌握了一定的冶鑄技術,開始能夠冶鑄以彎形器爲代表的銅器,到殷墟時期技術更進一步,可以鑄造青銅禮器。而並非由關中地區傳入。只是截止目前尚未發現與冶鑄相關的遺迹、遺物。商代中期漢中地區青銅禮器應該來自長江流域,典型的勾戟扉棱銅鼎已傳播至此。盤龍城之後,漢中地區同樣有可能像贛鄱地區一樣傳入了青銅冶鑄技術,在使用典型商代中期青銅禮器的同時,也在不斷仿製、生產具有本土風格的青銅器。

(二) 關中地區商代中期青銅容器

關中地區自二里崗文化階段類型開始就不斷有青銅容器出土,一直持續到殷墟時期,當然也包括商代中期。集中出土的有銅川縣三裏洞及禮泉縣朱馬嘴。1962 年、1965 年,銅川縣

[1] 曹瑋：《漢中出土的商代青銅器》,《漢中出土商代青銅器卷 1》,巴蜀書社,2006 年。

[2] 陳坤龍、梅建軍、趙叢蒼：《論陝西漢中出土的商代紅銅容器》,《中國國家博物館館刊》2012 年第 4 期。

[3] 黎海超：《資源與社會：以商周時期銅器流通爲中心》,中國社會科學出版社,2020 年,第 101—102 頁。

三裏洞分別出土兩件銅鼎。饕餮紋蹄足鼎,斜折沿外侈,深腹,圜底,方直耳,耳外側呈寬凹槽,槽內突起一棱,此種形制與大洋洲 XDM：1 圓鼎銅耳如出一轍。足中空與腹相通。頸飾一周三組饕餮紋,足飾陽綫饕餮紋。頸、足分飾上下對應的勾戟扉棱。通高 60、口徑 41 釐米(圖六,左)。另一件爲錐足銅鼎,斂口,深腹,圜底,空足,上飾聯珠紋界定的三組夔紋。高19、口徑 15 釐米。此類型銅鼎多見於二里崗期。

　　1972 年、1977 年禮泉縣北牌公社涇河南岸的朱馬嘴大隊兩次出土青銅器。1972 年饕餮紋蹄足鼎,[1]寬平沿上卷,兩槽形耳微外傾,柱足中空與腹相通。頸與足部飾粗綫饕餮紋,足上扉棱未出勾戟。通高 61、口徑 44.5 釐米。器形較薄,僅 17.4 千克。1977 年出土了 7 件銅器,2 件陶鬲,及不少夯築的紅燒土墻塊。銅器胎壁薄,器形簡單,器表以單層陽綫饕餮紋和弦紋爲主,沒有地紋。1977 年饕餮紋蹄足鼎[2]與 1972 年蹄足鼎形制一致,槽形耳,中空蹄足,頸與足飾勾戟扉棱。形體更大,通高 77、口徑 60 釐米,重 65 千克(圖六,中)。[3] 與上述蹄足鼎同出的還有一件形體巨大的盤口甗,雙立耳鑄於口沿內。直腹、袋足。頸部飾三組單陽綫饕餮紋,足飾獸面紋,眉、目、唇隆起,神態奇特。上腹與足上飾勾戟扉棱。通高 69.5、口徑 43 釐米,重 24.7 千克(圖六,右)。

圖六　銅川三裏洞銅鼎(左)、禮泉朱馬嘴銅鼎(中)與甗(右)

　　關中地區多次出土青銅重器,特別是特徵鮮明的勾戟扉棱盤口銅甗表明,商代中期關中地區與長江流域有着千絲萬縷的聯繫。

---

[1] 陝西省考古研究所等編著：《陝西出土商周青銅器(一)》,文物出版社,1979 年,圖五七。

[2] 陝西省考古研究所等編著：《陝西出土商周青銅器(一)》,文物出版社,1979 年,圖五八。

[3] 具體尺寸與《文物資料叢刊》第 3 輯公布不相同,該文稱此鼎通高 88、口徑 51 釐米,重 64 千克。見秋維道、孫東位：《陝西禮泉縣發現兩批商代銅器》,《文物資料叢刊》第 3 輯,1980 年。

四、商代中期江淮地區青銅容器及鑄造作坊

江淮地區聯繫着長江與黃河流域,是二者間重要交通孔道。河湖密布的自然環境,使得船運成爲最便捷的運輸方式。但因河水泛濫,皖西、豫東古代遺址多位於自然臺地之上。

(一)阜南台家寺青銅容器鑄造技術

1957 年,位於淮河中游的安徽阜南縣朱寨鎮潤河河道内出土了以龍虎尊爲代表的一批青銅器,[1]一時引起轟動。這批青銅器共有龍虎尊 1、饕餮紋尊 1、斝 2、瓠 2、爵 2。另據調查,此前該區域還出土有鬲、方鼎等,多已流失,部分銅鬲[2]存於上海博物館和安徽省博物館。該組銅器中,未見蹄足圓鼎和甗。

龍虎尊是中商時期的藝術珍品,體現了當時青銅鑄造技術和裝飾風格,爲中外研究者津津樂道。通高 50.5、口徑 45 釐米,重 20 千克(圖七,左)。尊上已不飾本文所關注的勾戟扉棱,而是實心扉棱。長頸鬲是其特色,均敞口、長頸、袋足、錐足中空。頸與袋足飾饕餮紋,實心扉棱(圖七,中、右)。銅爵與斝之柱與柱帽較其他區域相同規格的同類器要大。

圖七　阜南龍虎尊(左)、鬲(中、右)

2014—2016 年台家寺遺址[3]的發掘揭示了上述青銅器的來源之謎。台家寺遺址屬皖西、豫東等地黃泛區典型的台墩型遺址,其西南部因潤河改道被沖毀,這也應是龍虎尊等青銅器出土於潤河河道的原因。與郭元咀遺址一樣,台家寺遺址也有人工環壕及台基。長方

[1]　葛介屏:《安徽阜南發現殷商時代的青銅器》,《文物》1959 年第 1 期。

[2]　安徽省博物館編著:《安徽省博物館藏青銅器》,上海人民美術出版社,1985 年;中國青銅器全集編輯委員會:《中國青銅器全集·夏商 1》,文物出版社,1996 年。

[3]　武漢大學歷史學院考古系、安徽省文物考古研究所:《安徽阜南縣台家寺遺址發掘簡報》,《考古》2018 年第 6 期。

形排房建築 F12 位於台基之上,結構清晰,墙體有基槽,通長 22.1、寬 3.2 米。F16 爲台基東部的工棚類建築,H241、H234 是 F16 的核心功能區,推測與鑄銅活動有關。台墩南部的 28 個灰坑出土了 1 137 塊陶範,以範爲主,模與芯較少,且容器範較多。陶範均爲粉砂質,質地疏鬆,一般爲灰褐色或紅色,型腔面爲青灰色,厚多在 3.5—5.5 釐米,分型面不見榫卯結構,器型有斝、鼎、瓠、爵等,另有圓圈紋、獸面紋等陶範,少見諸如洹北商城所見的紋飾嵌範。

與台家寺直綫距離約 10 公里的迎水寺遺址同樣是位於潤河岸邊的台墩形遺址。發掘表明洹北商城時期的遺存十分豐富,且發現有陶範、坩堝殘片、煉渣等鑄銅遺物,且有豐富的含銅類物質的燒結面,推測可能與鑄銅活動有關。陶範器型有鍬、鏟、鑿等,未發現青銅容器範。[1]

位於淮河中游的鳳陽縣古堆橋遺址是又一處發現鑄銅遺物的遺址,H118 出土可能與鑄銅相關的遺物如銅渣、銅工具、熔爐殘壁、陶範、礪石等;H159 出土大量可能與鑄銅相關的遺物如熔爐殘壁、陶範、煉渣、人工切割的小塊木炭、磨石、礪石、銅質和骨質小件工具等。陶範均較碎小。砂質,火候不高,爲雙合範,型腔皆有一層青灰色的使用痕迹。目前可辨認出的所鑄器形均爲工具類。[2] 時代相當於洹北商城至殷墟一期。

(二)柘城孟莊冶鑄遺存

孟莊遺址位於豫東商丘地區的柘城,北部緊臨蔣河,與渦河支流惠濟河相距約 2.4 公里。遺址同樣爲台墩地形,發現生産青銅器的作坊。該作坊基址呈長方形,房内堆滿灰土,夾雜大量鑄范和陶片。在其東南不遠處的灰坑内發現了很多鑄銅草泥陶範和坩堝殘片,個別坩堝殘片上有銅渣。孟莊遺址除發現不少銅鍬、銅刀等小形銅器外,還發現有銅爵足,另外還有銅斝和銅爵等容器的内模。H30:25 被認爲是銅斝内模(芯?),"草泥土做成。手制。圓柱狀,上端粗下端細底附三個乳足。頂徑 15.6、底徑 12、高 14 釐米"。H30:21 是三件爵内模(芯?)之一,"草泥土做成。手制。長條橢圓柱狀。殘高 12.6、徑 6.1—7.1 釐米"。[3] 十分遺憾的是,報告中未發表這幾件内模(芯?)的綫圖或圖片。據陶器判斷,孟莊遺址年代與小雙橋橋遺址相當,屬商代中期,較洹北商城略早。

五、商代中期黄河流域青銅容器及作坊

黄河流域始終是商王朝的核心區。隨着鄭州商城及其周邊具有軍事重鎮性質的小型城

[1] 蔡波濤、何曉琳、朱静:《安徽阜南迎水寺遺址發現龍山到西周遺存——係夏商之際遺存在淮河流域北部地區的首次發現》,《中國文物報》2019 年 11 月 29 日第 008 版。

[2] 武漢大學歷史學院考古系、安徽省文物考古研究所:《安徽鳳陽縣古堆橋遺址發掘簡報》,《考古》2018 年第 4 期。

[3] 中國社會科學院考古研究所河南一隊、商丘地區文物管理委員會:《河南柘城孟莊商代遺址》,《考古學報》1982 年第 1 期。

址的漸次廢弃,商王朝進入動蕩不安的時代——商代中期。文獻記載的“前八後五”的都城遷徙,後五次主要集中在這一階段。但因每個都城持續時間均較短,文化堆積不够豐富,因而在考古學上確認商代中期的都城存在困難與争議,如小雙橋遺址之敖都説、槁城台西之邢都説、曲阜奄都説等。不過這時的遺址數量不少,也出土了數量可觀的青銅器,如殷墟小屯、藁城台西、平谷劉家河、靈寶東橋、濟南大辛莊等遺址。這表明,無論都城在何處,青銅容器的鑄造仍在持續,洹北商城的發現與發掘,以及近幾年洹北商城鑄銅作坊的發掘,爲研究黄河流域商代中期青銅容器鑄造技術及其傳播提供了十分珍貴的資料。

（一）洹北商城青銅鑄造作坊及其技術

20 年考古發掘與研究表明,洹北商城爲商代中期都城,雖然其性質尚有争議,但其年代明確,郭城、宫城、宫殿區、貴族與平民居住區井然有序,布局規整。三代都城中必有青銅容器鑄造作坊,二里頭、鄭州商城、殷墟、周原等皆如此。洹北商城青銅容器鑄造作坊於 2015 年發現,位於宫城北墻以北 570 米處,與製骨、製陶作坊集中布局,構成當時的手工業作坊區。

與鑄銅生產相關的遺迹主要有料礓石平臺、中小型夯土房基、範土坑、水井、熔鑄場所、廢弃物堆積坑、祭祀坑、窄墻與水溝等。作坊區内還發現一百餘座同時期墓葬,從墓葬分布、隨葬品等綜合判斷,許多應是生前從事鑄銅生產的工匠之墓。這種作坊與墓地雜處一地的所謂“居葬合一”形態是三代時期的主流模式,爲研究商代青銅器生產組織、管理、運營,工匠階層的等級、地位,生產技術的傳承與創新等諸多問題奠定了堅實的基礎。

與鑄銅生產相關的遺物主要有熔銅與鑄銅兩類。熔銅遺物主要有熔爐殘塊、陶管、銅渣、炭塊等。鑄銅遺物主要有陶範、芯、模等,數量較多。通過與鄭州商城、殷墟鑄銅作坊的遺物相對比,洹北商城鑄銅遺物特徵會更爲突顯,也更能體現出鑄造技術不斷摸索、提高的歷程。

與殷墟相比,洹北商城陶範、芯、模等數量少、個體小、疏鬆,這與殷墟同類器質地堅硬反差明顯。這應與鄭州商城、洹北商城陶範、芯、模等烘焙溫度很低,甚至未經烘焙有關。另一個值得關注的現象是,鄭州商城、洹北商城陶範,特別是鑄造容器的陶范普遍厚於殷墟陶範。

如果分别用鄭州商城（盤龍城商城）、洹北商城、殷墟代表商代早、中、晚期三個階段青銅鑄造技術,作爲承上啓下的洹北商城,其最爲突出的應是青銅紋飾製作的“嵌範”技術。洹北商城目前發現的花紋範數量較多,但均爲小塊、方形、較薄、背面弧平、多有瓦棱形紋,兩側有分型面。這樣的結構,主要是與其他紋飾單元對接,共同牢固地鑲嵌於主體範型腔上掏挖出的紋飾帶内。需要指出的是,目前發現的洹北商城花紋容器範多呈條帶狀。但從出土的商代中期青銅器來看,許多大型青銅器,比如卣、罍、尊、瓿等已通體飾花紋。如何製作此類器物花紋,目前尚不了解,有待於今後的新發現與研究工作。

洹北商城這種嵌範技術到殷墟時期仍有沿用。在小屯宫殿區、大司空村、孝民屯、苗圃北地等鑄銅作坊,均發現有“中間厚,邊緣較薄,側面榫卯,背面光滑,僅有一個垂直或水平方向的凸起作爲凸榫”,其被稱爲Ⅰ式範。[1]　Ⅰ式範“大多數範背面有凸榫,顯示在此類範外面還應有與其套合的部分”。[2]　内田純子等把此類範稱爲“獨立紋飾範”,[3]以爵、觚範爲主,在“獨立紋飾範背麵糊上泥土而做成全體外範”,而“帶狀紐或圓形紐這兩種凸狀物,可能是作爲拿取獨立紋飾範的把手”。目前看來,獨立紋飾範有一定道理,但其組合安裝辦法及背後凸榫的作用的推斷是不正確的。筆者認爲,所謂的Ⅰ式範,或者獨立紋飾範,與洹北商城的嵌范技術是相通的,二者有承繼關係。但顯而易見,這種嵌範技術到殷墟時期已消失殆盡,被更爲先進的榫卯組合式塊範技術所取代,從而推動中國青銅文明在殷墟時期走向頂峰。

（二）小雙橋遺址青銅冶鑄點

小雙橋遺址位於鄭州商城西北部,規模宏大,時代單純,主要爲二里崗上層二期或白家莊期。關於其性質,有敖都、離宮別館、輔都等之說,其中以敖都說影響最大。1995 年,在Ⅳ區祭祀場内,發現“一批與青銅器冶煉或鑄造相關的遺迹……數量共計約 40 個”,“坑中出土有大量的銅礦石——孔雀石、銅顆粒、煉渣、炭屑、燒土顆粒等”,“在 H6 和 H57 中,均發現有橘紅色的爐壁殘塊……爐壁上常黏連有冶銅時銅汁液黏附在爐壁内側而形成的銅汁殘液層,有的竟達四層之多”,“在商代遺址的祭祀區内一次出土 5 千克以上孔雀石的情況並不多見,由此我們認爲,這一區域可能不是該遺址的冶銅作坊所在,這些青銅冶鑄遺存很可能與某種祭祀儀式有關”。[4]　另在 H56 附近發現一塊外範殘塊,可惜未見相關說明。

從發掘報告的記述可知,小雙橋遺址目前還難以判定有鑄銅作坊,更難確定其有青銅容器的作坊,這有待於今後的考古發掘工作。

六、商代中期青銅容器鑄造技術的傳播

從前文簡要論述可知,鄭州商城、盤龍城商城是商代早期青銅容器鑄造中心,目前尚未發現其他早期的青銅容器鑄造作坊,這充分説明,在繼承二里頭遺址青銅容器鑄造技術,並不斷創新、提升過程中,統治階層嚴格掌控着技術。這與筆者一再提及的青銅產品的禮制性消費密切相關。爲了保證以禮制爲基礎的王朝政體有效運轉,就必須對“器以藏禮”“器以載道”青銅禮器的生產嚴加管理,這樣的文明特徵不僅僅是商王朝,不同的歷史階段均如此。

但到了商代中期,以鄭州商城、盤龍城商城爲中心的格局被打破。從地域分布來看,長

[1]　李永迪: Anyang Foundry: Archaeological Remains, Casting Technology and Production Organization. A thesis for Ph. D to Harvard University, 2003.
[2]　劉煜:《殷墟出土青銅禮器鑄造工藝研究》,廣東人民出版社,2018 年,第 82 頁。
[3]　内田純子、岳占偉:《獨立紋飾範的研究》,中國社會科學院考古研究所夏商周研究室編著:《三代考古（七）》,科學出版社,2017 年。
[4]　河南省文物考古研究所編著:《鄭州小雙橋——1990～2000 年考古發掘報告》上册,科學出版社,2012 年,第 123 頁。

江流域、江淮地區、黄河流域都已發現青銅容器鑄造作坊。這種狀况表明，商代中期，青銅容器鑄造技術在快速傳播。造成這種局面的原因是什麽？筆者認爲與中商時期的政治局勢密切相關。

商代早期，商王朝采用"步步爲營"的築城方式維護自身的統治地位，特別是在原二里頭文化的中心區域的豫西、晋南地區，已發現多個具有"軍事重鎮"性質的城址。但這些城址與鄭州商城一樣，到白家莊期之時基本同時廢弃。《史記·殷本紀》記載："自中丁以來，廢嫡而更立諸弟子，弟子或争相代立，比九世亂，于是諸侯莫朝。"雖然尚無確鑿的證據説明這種動蕩的局面造成此階段王都頻繁遷徙，但該階段確實發現了具有王都特徵的大型遺址，如小雙橋、洹北商城。而且已知的這些遺址持續的時間均較短，與相應的文獻記載相吻合。

這種動蕩不安的局面最容易造成青銅容器鑄造技術的擴散與流失。筆者認爲，隨着盤龍城商城的廢弃，青銅容器鑄造技術在長江流域開始擴散，長江下游的吴城遺址和漢水流域的漢中地區開始成爲新的青銅文明區域中心，並形成自身的特色。貝格立早就提出，勾戟（或勾牙）扉棱裝飾是南方青銅器的重要特徵。不僅中商時期，到了晚商時期，在湘江流域、漢水流域、成都平原等南方青銅文明中，勾戟扉棱裝飾的尊、罍、卣等十分普遍。[1] 這均與商代中期青銅容器鑄造技術在長江流域的擴散有着極大的關係。

以阜南台家寺爲代表江淮地區青銅容器鑄造技術也十分發達，龍虎尊是其典型代表。與長江流域及黄河流域相比，江淮地區青銅容器也有自身的風格，實心扉棱較爲普遍，長頸銅斝不見於黄河流域。三星堆一號祭祀坑出土的龍虎尊與台家寺龍虎尊相同的紋飾表現手法表明，江淮地區與長江流域的鑄銅技術相互影響。

雖然黄河流域仍然偶見以勾戟扉棱爲特徵的青銅器，如 1954 年鄭州人民公園遺址出土的折肩尊[2]（圖八，左）、1974 年河南靈寶縣文底公社東橋村出土的折肩尊[3]（圖八，中）等飾有鏤空的勾戟扉棱，但扉棱厚實。而 1964 年洹北商城三家莊窖藏坑出土的蹄形足鼎[4]（圖八，右）的勾戟扉棱與長江流域的就十分相近。但以洹北商城爲代表的黄河流域青銅容器開始形成自身的特色。

目前，黄河流域出土商代中期青銅容器主要集中在洹北商城（包括小屯宫殿區 M232、M333 等）、藁城台西、平谷劉家河墓、濟南大辛莊等，另在山西境内也可零星見到典型的商代

[1] 張昌平：《論殷墟時期南方的尊與罍》，中國社會科學院考古研究所編著：《考古學集刊》第 15 集，文物出版社，2004 年。

[2] 《河南出土商周青銅器》編寫組：《河南出土商周青銅器（一）》圖七六，文物出版社，1981 年。圖片采自《中國青銅器全集 4》。

[3] 河南省博物館、靈寶縣文化館：《河南靈寶出土一批商代青銅器》，《考古》1979 年第 1 期。

[4] 孟憲武：《安陽三家莊發現商代窖藏青銅器》，《考古》1985 年第 12 期。照片由安陽博物館提供，特此感謝！

圖八　黄河流域勾戟扉棱銅器

中期青銅容器。

　　從器類上來説，黄河流域商代中期青銅容器仍以酒器爲主，特别是青銅罍的數量較多，青銅罍、瓿更是其特色。青銅瓿與長江流域的盤口瓿區别明顯，更未發現長江流域雙耳簋以及江淮地區及長江流域均有的高頸銅鬲。這些不同，應不是時代的差異造成的，而是同一時期不同的鑄造技術、文化理念等因素造成的。

七、商代晚期青銅容器鑄造技術格局

（一）黄河流域鑄造技術的整合

　　商代晚期，以殷墟爲代表的考古發掘材料最爲豐富。歷經九十餘年的發掘，殷墟遺址内已發現多個"工業區"，[1]青銅容器鑄造作坊是工業區的核心產業，小屯宫殿區、苗圃北地、孝民屯、薛家莊南地、任家莊南地、大司空，以及近年新發現的規模巨大的安陽縣辛店等，鑄銅生產持續了整個晚商時期，甚至到西周初年，初步估算，僅出土的陶範就有二十萬塊，單件司母戊方鼎重量達 875 千克，1976 年發掘的婦好墓青銅器總重量達 1.625 噸，2015 年發掘的劉家莊北地鉛錠貯藏坑内鉛錠總重量達 3.4 噸。[2]　簡單的數據羅列就可以充分説明商代晚期青銅容器鑄造的數量與規模。

　　無論從器物種類，還是鑄造技術分析，青銅容器鑄造技術發軔於二里頭文化，到以婦好墓爲代表的殷墟文化二期之時，歷經數百年的不斷探索，至此達到了青銅時代的頂峰。此後雖然還有變化，但均未能突破殷墟文化二期之時的範疇。那麽，殷墟青銅文明高峰的基石是什麽，與當時的王朝政治有何關係，又產生了怎樣的影響呢？

---

[1]　何毓靈：《論殷墟手工業布局及其源流》，《考古》2019 年第 6 期。

[2]　中國社會科學院考古研究所安陽工作隊：《河南安陽市殷墟劉家莊北地鉛錠貯藏坑發掘簡報》，《考古》2018 年第 10 期。

　　研究表明,殷墟文化一期晚段至二期早段相當於武丁王時期。歷史文獻中多次提及的"武丁中興"的局面也爲考古發掘所證實。如果我們把武丁中興看作是武丁改革的結果,那麼武丁改革的措施可以歸結爲祭祀、戰争、墓葬制度、手工業生産等幾個方面。限於篇幅,本文僅簡單説明,待專文進行詳細論述。

　　16 萬餘片甲骨,屬武丁時期的最多,專門從事占卜活動的貞人也以武丁王時期最多,相應的武丁王時期祭祀活動最爲頻繁,其規模也十分宏大。筆者認爲,這與武丁王面臨的最爲緊迫的問題密切相關。歷經九世之亂,人心涣散,王族很大程度上失去了號召力與凝聚力。祭祀最主要的功能就是借助對共同先祖的崇拜,並以祖先之名發出召唤,唤醒王室或貴族的共同心聲,重樹王室權威、增强王室向心力,從而有利於統治。"國之大事,在祀與戎",不同時期,祭祀都是國家的頭等大事,都具有相似的功能。武丁時期刻意加强了祭祀活動,爲殷商盛世奠定了基礎。

　　武丁時期的對外征伐也十分頻繁,特別是與西北方的征戰最爲激烈;[1]殷墟文化二期殷墟遺址内出現大量諸如馬車、北方草原青銅器、陶器等外來文化因素,[2]也充分證明戰争是武丁王維護政權最有效的辦法。

　　晚商時期墓葬制度也發生了重大變革,以王陵及族墓地爲代表墓葬制度在其之前均不明顯。殷墟王陵是目前可以確定的最早的專門的王室墓地,不僅僅是國王被統一規劃安葬在一起,兩千餘座祭祀坑表明,這裏還是最重要的祭祀中心。我們可以把其看作是祭祀制度改革的重要組成部分。同樣,以家族爲單位的"居葬合一"模式也得以强化,族墓地因應了自上而下改革的需求。截至目前殷墟已發掘了 2 萬餘座墓葬,這不僅僅是殷墟發掘時間長、發掘面積大的原因,與墓葬制度改革也有着密切關聯。同樣面積範圍内,殷墟時期的墓葬數量遠多於二里頭遺址和鄭州商城、偃師商城、盤龍城商城等。

　　與商代中期相比,除了殷墟之外,商代晚期之時,黄河流域、長江流域、江淮地區幾乎没有被確認能够鑄造青銅容器的作坊。即便有陝西老牛坡、河北補要村等這樣的報道,但與殷墟相比均不可同日而語。蘇榮譽多次指出,有些殷墟青銅器鑄造技術和風格明顯來自南方,他明確指出,這是因爲有一批南方的鑄銅工匠來到了殷墟,從事青銅鑄造活動。[3]筆者認爲,之所以會形成"殷墟一家獨大"的局面,與武丁對青銅鑄造强力管控有關。作爲王朝政治的物化形式,青銅器是禮樂制度的核心,掌控青銅容器生産,並防止技術外流是武丁王爲代表的晚商王朝的必然選擇。不僅如此,在商代中期技術基礎之上進行了重大的創新,從技術到風格均不可同時而語,並形成了以觚爵爲代表的酒禮器組合形式,並得以嚴格執行。近些

---

[1]　朱鳳瀚:《由殷墟出土北方式青銅器看商人與北方族群的聯繫》,《考古學報》2013 年第 1 期。
[2]　何毓靈:《殷墟"外來文化因素"研究》,《中原文物》2020 年第 2 期。
[3]　蘇榮譽、董韋:《蓋鈕鑄鉚式分鑄的商代青銅器研究》,《中原文物》2018 年第 1 期。

年發掘與研究表明,商末周初,孝民屯、辛店鑄銅作坊仍在從事鑄銅活動,這與商王朝對鑄銅技術的管控有極大關係。爲了解決建國之後青銅器需求的急劇增加,讓舊朝的鑄銅作坊爲我所用、繼續生產是最明智的選擇。[1]　周公二次東征之後,以鑄銅工匠爲代表的手工業家族被分封、遷徙則充分説明,這些掌握尖端生產技術的工匠是維繫周王朝統治的關鍵。

總之,出於統治的需要,晚商時期,以武丁王爲代表的統治階層采取了多項措施維繫政權有效運行,對青銅容器鑄造技術的管控就是其一,這種舉措到西周早、中期依舊實施。[2]西周晚期之後,隨着周王室勢力衰微,各地諸侯群雄並起,青銅容器鑄造技術開始流失,並逐步形成了各諸侯國的青銅風格。

(二) 長江流域鑄造技術的分化

晚商時期的長江流域,雖然有一些是典型中原青銅器,但也有大量與中原風格迥異的青銅器。[3]　這表明長江流域的青銅文明仍在快速發展,自身的特徵進一步強化。張昌平認爲三星堆青銅容器應由長江中游地區輸入,而神樹、面具等則可能由本地生產;[4]而以湘江流域爲中心,特別湖南寧鄉銅器群爲代表,極具特色的尊、罍、大鐃、鼓、虎食人卣等充分説明長江流域有能力鑄造此類銅器。追根溯源,這應與商代中期青銅鑄造技術擴散,長江流域開始形成自身技術風格密切相關。

長江流域商代中期開始青銅鑄造技術開始與黃河流域逐漸分化,並形成自身特色,這對長江流域青銅文明産生了重要的影響。

八、餘　論

近些年來新材料的不斷增加,讓我們能够據此對商代中期的青銅容器鑄造技術、傳播路綫等問題進行初步的研究,結合歷史文獻對其原因進行初步的分析。但顯而易見,尚有很多關鍵性問題難以解决,目前得出的結論尚有很大的推測成分,還需要做大量的工作。

首先,對商代中期考古學文化進行更爲細緻的梳理與分析。唐際根曾在《中商文化研究》一文中系統論述了中商文化的特徵,[5]但近二十年來,許多新發現、新材料層出不窮,中商文化面貌得到極大豐富。需要在統一的編年體系框架下,以相對統一的標準對目前已知的商代中期考古學文化遺存進行歸納、總結、分析與研究。特別是各遺址的文化內涵、遺址屬性、商文化不同階段遺存的辨識等最爲關鍵。

---

[1]　何毓靈:《殷墟周人滅殷遺存研究》,《三代考古(六)》,科學出版社,2015 年。

[2]　袁艷玲:《周代青銅禮器的生產與流動》,《考古》2009 年第 10 期。

[3]　向桃初:《寧鄉銅器群與新幹銅器群比較研究》,《江漢考古》2009 年第 1 期。

[4]　張昌平:《自産與輸入——從紋飾風格看三星堆銅器群的不同産地》,《南方文物》2006 年第 3 期。

[5]　唐際根:《中商文化研究》,《考古學報》1999 年第 4 期。

　　其次,就青銅鑄造技術傳播來説,需要更加深入、系統的冶金考古。商代早、中、晚時期,是青銅鑄造技術不斷探索、不斷揚弃的過程。每一階段都有自身的技術特徵,也是下一階段的提升的基石。目前,對以殷墟爲代表的商代晚期冶金考古研究相對充分,但對商代早、中期冶金考古還十分薄弱與不足,這是一個長期的系統工程,需要不同的分支學科共同努力。

　　最後,中國考古學雖有一定的歷史傾向,但豐富的歷史文獻也是中國考古學的優勢所在。商代因甲骨文的發現而把中國信史推進了近千年。在長達五百年的歷史演變中,商王朝不同階段的政治形勢、治理模式、美學觀念等必將對青銅器技術傳播、風格演變等產生極大的影響。在研究過程中,不能是簡單的比附,而要把歷史學與考古學充分地整合起來,力圖揭示技術傳播與變化的内在動力。

隨州葉家山 M111 年代再探討

高西省*

隨州葉家山西周曾國墓地的發現是近年來西周考古的重大發現之一。尤其是 M111、M28、M65 三座曾侯墓規模大,隨葬品極其豐富,前後序列性强。M28、M65 兩位曾侯墓發掘簡報已先後刊發,[1]最大的曾侯墓 M111 發掘報告也見於 2020 年《江漢考古》第 2 期,至此,三座曾侯大墓的發掘報告資料已全部公開發表,爲全面研究曾侯大墓的年代、曾侯作青銅器的年代、曾侯墓的前後序列等提供了翔實的資料。目前學界基本共識是三座大墓爲三代曾侯墓,但由於三座大墓隨葬的曾侯作器及大量無銘文青銅器風格極爲接近,幾乎難分伯仲,所以,關於三座曾侯大墓的早晚關係及排序存在着截然相反的兩種意見。一種意見是發掘者主要根據墓 M111 中出土的異形方鼎及一般認爲具有較晚特徵的銅器,認爲其年代最晚,M65 年代最早,排序爲 M65—M28—M111,並得到諸多學者的贊同,[2]2020 年正式刊發的該墓發掘報告又重申了這種觀點。[3] 另一種意見恰恰相反。張天恩先生通過對該墓地三座大墓的布局、隨葬青銅器的時代特徵,及曾侯犺作方座簋銘文的研究,認爲 M111 年代最早,而 M65 年代最晚,排序爲 M111—M28—M65。[4] 筆者認爲張天恩先生的論述是精深的,合理的,並闡述了自己的認識。[5] 現正式發掘報告較系統地報導了 M111 發掘資料及以前未見報道的資料,值得注意的是該墓 M111 隨葬近 10 件商人青銅器,而另外兩座大墓極少見到,尤其曾侯作多件龍紋帶蓋方鼎,在 M111、M28 曾侯墓及 M27 中交集隨葬,透露出新的信息和内涵,故筆者再作進一步探討。

* 洛陽師範學院河洛文化國際研究中心。

[1] 湖北省考古研究所等:《湖北隨州葉家山 M65 發掘簡報》,《江漢考古》2011 年第 3 期;湖北省考古研究所等:《湖北隨州葉家山 M28 發掘簡報》,《江漢考古》2013 年第 4 期。

[2] 黄鳳春、黄建勛:《論葉家山西周曾國墓地》,湖北省博物館、湖北省文物考古研究所、隨州市博物館編:《隨州葉家山——西周早期曾國墓地》,文物出版社,2013 年,第 262—269 頁;張昌平:《葉家山墓地相關問題研究》,湖北省博物館、湖北省文物考古研究所、隨州市博物館編:《隨州葉家山——西周早期曾國墓地》,文物出版社,2013 年,第 270—284 頁;陳麗新:《也談葉家山曾侯墓葬的排序問題》,《故宫博物院院刊》2020 年第 2 期。

[3] 湖北省文物考古研究所等:《湖北隨州葉家山 M111 發掘簡報》,《江漢考古》2020 年第 2 期。

[4] 張天恩:《試論隨州葉家山墓地曾侯墓的年代和序列》,《文物》2016 年第 10 期。

[5] 高西省:《隨州葉家山西周早期編鐘及相關問題研究》,《江漢考古》待刊。

一、M111 曾侯犿墓中的商代晚期青銅器

目前爲止,葉家山三座大墓的發掘簡報均已見於考古雜志,細究,各墓隨葬青銅器是有一定差異的。尤其表現在,M28、M65 幾乎未發現隨葬商代晚期或商周之際的青銅器,而 M111 不僅隨葬有商周之際青銅器,還隨葬了"分器"所得的商文化系統族徽日名青銅器,主要有以下幾件。

1. 鐵援銅曲內戈 1 件,爲典型的商代晚期形式。形體碩大,殘援寬達 7.92 釐米,雖鐵援已失,但殘長 21.5 釐米。(圖一,8)這件大型曲內戈與同墓出土大量形體小,均短弧或長弧的直內多穿戈風格全然不同,而且在該墓隨葬 50 余件銅戈中,只有這件曲內戈同大量玉器隨葬在棺內、墓主頭部位置,[1]尤顯珍貴。這種大型曲內戈是商文化兵器中最具特色、最具典型意義的形式。在商代早期墓葬隨葬兵器中這類戈極其常見,而商代晚期墓葬、尤其是殷墟商代晚期墓葬隨葬兵器中這類戈非常流行,但以兩種材料鑄造兵器十分罕見。殷墟目前爲止雖未發現過鐵援銅曲內戈,但安陽小屯 M331 出土的一件玉援銅曲內戈同葉家山這件曲內戈形體、製作工藝極其相似,形體同樣寬大,長達 32.9、寬 6.8 釐米。(圖一,7)[2]同樣大型的玉援銅曲內戈殷墟婦好墓出土二件,其區別僅爲玉援,曲內上鑲嵌有綠松石。其中一件長達 56.9 釐米。[3] 鐵援銅曲內戈殷墟目前雖未發現,但在北京平谷縣劉家河、[4]河北槀城台西[5]各出土過一件小型鐵刃銅直內鉞。所以,這件鐵刃曲內戈定在商代晚期毫無疑義。張天宇等先生則認爲該戈爲殷墟二期的器物,並認爲很可能與周人滅商"分器"行爲有關。[6]我們知道,鐵在這一時期是相當珍貴的金屬材料。這件鐵刃銅曲內戈是繼槀城台西、平谷劉家河之後,第三件經過考古發掘出土的、局部用鐵的兵器。可見,鐵材料相當罕見,其使用範圍自然僅僅局限在極小的區域內。從我國考古發現看,王室及其高級貴族墓隨葬品,每每都是設計獨特新穎、材料稀奇珍貴、製作考究精工,非其他墓葬所能比,是王族及其臣屬身份地位的標志。顯然,這件以兩種貴重金屬鑄作的特有兵器,很可能來自殷王室及其貴族。所以,曾侯將之同玉器隨身陪葬。

2. ▧父丁罍 1 件。爲典型的商代晚期大型酒具。高 41 釐米,重 12 455 克。該罍器型高大,短頸部飾雙突弦紋,圓豐肩飾 6 枚高突圓餅狀渦紋一周,下有一周寬凹弦紋,肩兩側爲對稱獸首銜環,腹下一側爲牛首環形鋬。頸內側鑄銘文"▧父丁"三字。(圖一,2)這種形式

[1] 張天宇、張吉、黃鳳春、陳建立:《葉家山 M111 出土的商代鐵援銅戈》,《江漢考古》2020 年第 2 期。
[2] 李永迪編:《殷墟出土器物選粹》,(臺北)中研院歷史語言研究所,2009 年,第 93 頁,圖版 75。
[3] 中國社會科學院考古研究所編著:《殷墟婦好墓》,文物出版社,1980 年。
[4] 北京市文物管理處:《北京市平谷縣發現商代墓葬》,《文物》1977 年第 11 期。
[5] 河北省文物研究所編:《藁城台西商代遺址》,文物出版社,1985 年,彩版一。
[6] 張天宇、張吉、黃鳳春、陳建立:《葉家山 M111 出土的商代鐵援銅戈》,《江漢考古》2020 年第 2 期。

	商代晚期	葉家山 M111
罍	 1. 陝西扶風  **圖** 罍	  2. **圖** 父丁罍
圓鼎	 3. 殷墟大司空 M58	 4. 獸面紋鼎
圓鼎	 5. 殷墟花園莊 M54	 6. **圖** 祖辛鼎
曲內戈	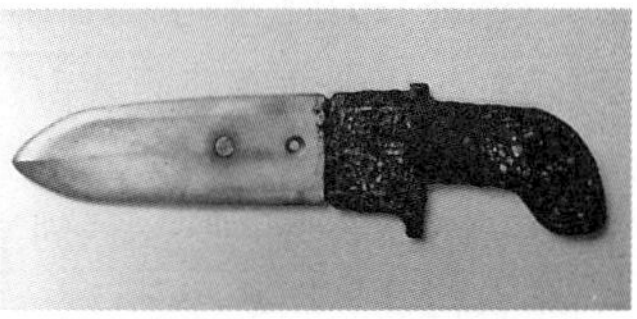 7. 殷墟小屯 M331	 8. 曲內戈

圖一　M111 隨葬商代晚期銅器與殷墟等銅器比較

的大型罍在該墓地僅一見(僅公布資料),而在安陽殷墟及各地商末周初墓葬中常有出土,且形制、紋樣結構、布局風格極其一致,一般高在 40—50 釐米左右,是典型的商代晚期之物。如 1994 年安陽劉家莊北地墓 M793 圓罍,[1] 1985 年山西靈石旌介商墓出土 ■■ 罍,[2] 1972 年陝西扶風北橋西周晚期窖藏出土 ■■ 罍,(圖一,1)[3] 1992 年冬城固縣博望鄉陳邸村出土山父己罍,[4] 2012—2014 年寶雞石鼓山商末周初 M3、M4 分別出土亞羌父乙罍、口罍,等等,[5] 它們無一例外,形體、紋樣幾乎完全相同,均有族徽或日名,被定爲商代晚期。葉家山這件罍報導認爲具有商代晚期特徵,並指出"肩部雙耳獸首下有半圓形缺口,這是在使用過程中懸環磨損的痕迹,説明這件器物經過較長的使用時間"。[6] 顯然易見,這件圓渦紋罍無疑爲典型的商代晚期器。

3. ■■祖辛圓鼎 1 件。是典型的商代晚期族徽日名青銅器。器形高大、壯偉、厚重。高 56.3、口徑 42.1 釐米,重 2 605 千克。該鼎口微斂,口沿下飾一周六組短扉棱組成的雙突目獸面紋,素面圓深鼓腹、圜底,三高足頂端較粗,飾短扉棱突目獸面,下飾三道陽弦紋。腹內壁鑄銘文"■■祖辛"。(圖一,6)這種形體、紋樣的大型圓鼎在殷墟商代晚期墓中常可見到,它們均爲圓深腹,圜底,三近蹄狀高足及口沿下、足頂獸面紋極其一致,僅有局部小差異。如 2001 年安陽殷墟花園莊東地 M54 出土的亞長圓鼎,(圖一,5)[7] 1990 年殷墟郭家莊 M160 出土的亞址圓鼎,高達 55 釐米,重 26.1 千克,[8] 1959 年殷墟後崗出土戍嗣子圓鼎。[9] 這類大型圓鼎西周早期同樣比較常見。其造型、紋樣極其一致,微小的變化就是腹部變淺,鼎體顯得寬矮,更加厚重,顯然是商代晚期這類鼎的延續。如上海博物館藏的德鼎,北京琉璃河出土堇鼎,國家博物館藏之盂鼎高則達 101.9 釐米,等等。顯然易見,葉家山這件族徽日名圓鼎無疑爲商代晚期器,很有可能來自殷墟。

4. ■父乙尊、亞紀侯矣父辛卣各一件。這兩件酒器出土時擺放在墓室北二層台東北部漆木禁西側(這組酒器還有南宮爵、獸面紋爵和曾侯觶各 1),而禁上放置的另一套酒具曾侯

---

[1] 岳洪彬主編:《殷墟新出土青銅器》,雲南人民出版社,2008 年,第 211 頁,圖版 99。

[2] 山西省考古研究所:《靈石旌介村商墓》,科學出版社,2006 年,第 51—53 頁圖版。

[3] 張天恩:《陝西金文集成》15 卷,三秦出版社,2016 年,第 238 頁。

[4] 張天恩:《陝西金文集成》15 卷,三秦出版社,2016 年,第 238 頁。

[5] 陳昭容主編:《寶雞代家灣與石鼓山出土商周青銅器》,(臺北)中研院歷史語言研究所、陝西省考古研究院出版,2015 年,第 174 頁 030 圖版;陝西省考古研究院等:《陝西寶雞石鼓山商周墓地 M4 發掘簡報》,《文物》2016 年第 1 期。

[6] 湖北省博物館、湖北省文物考古研究所、隨州市博物館編:《隨州葉家山——西周早期曾國墓地》,文物出版社,2013 年,第 136 頁。

[7] 岳洪彬主編:《殷墟新出土青銅器》,雲南人民出版社,2008 年,第 211 頁,圖版 99。

[8] 岳洪彬主編:《殷墟新出土青銅器》,雲南人民出版社,2008 年,第 211 頁,圖版 110。

[9] 中國社會科學院考古研究所編:《殷墟發掘報告》(1958—1961 年),文物出版社,1987 年,第 27 頁,圖 189。

作 1 尊、及一大一小 2 卣在東側(這組器還有爵 2、山父丁盉 1 及青瓷豆 2),兩組酒器在禁上擺放位置分界是很清楚的。該 ⿱⿳⿱ 父乙尊,及亞紀侯矣父辛卣造型具有典型的商代晚期風格,而曾侯作 1 尊、2 卣很明顯是典型的西周早期風格。亞紀侯矣父辛卣體呈扁圓形,大腹扁鼓,索狀提梁呈圓弧形,提梁兩端套環無獸頭,圈足矮小。(圖二,6)這種形體的卣在殷墟晚期非常流行,且幾乎有完全相同者。如安陽殷墟大司空東地 M7 卣,(圖二,5)[1]唯這件卣口沿下及蓋沿上飾連珠紋爲邊的菱形紋,葉家山卣則是連珠紋爲邊的卷雲紋。而兩件一大一小曾侯卣則體爲橢圓形,長頸瘦高,腹微鼓,大圈足,提梁呈扁弧形,兩端有獸頭,同寶雞竹園溝西周早期 M8 出土的兩件提梁卣極其相似。該曾侯尊形體同竹園溝 M8 大口尊完全相同,[2]是典型的西周早期無肩、無扉棱觚形尊。雖 ⿱⿳⿱ 父乙尊爲無肩、無扉棱觚形尊,但形體更加圓潤,由於長期使用,紋樣磨損已模糊不清。(圖二,10)這種形體的尊在安陽殷墟四期商墓中比較常見,僅僅紋樣有所區別而已。如 1972 年安陽殷墟孝民屯南 M93 出土的一對亞共尊。(圖二,9)[3]且 M111 ⿱⿳⿱ 父乙尊、亞紀侯矣父辛卣不僅形體、紋樣是典型的殷人式樣,均鑄有徽號及日名,無疑爲商人的作品。可見,M111 曾侯犾享用了商人 1 尊、1 卣及自作的 1 尊、一大一小 2 卣兩套組合,比商周一般使用 1 尊 1 卣的組合更高級。

5. 該墓出土的一件無銘獸面紋鼎(M111:64)與同出的二十件銅鼎相比有較大的差異,完全呈現出商代晚期圓鼎形體敦渾、厚重的特色。雙耳方正寬大,柱足粗矮,通腹飾長竪條扉棱獸面紋,三柱足上飾卷雲紋及三角雲紋。(圖一,4)這種形式的圓鼎,同西周成康時期圓鼎俊巧的風格全然不同。通腹式竪條扉棱西周早期幾乎不見,而在殷墟這種風格的銅鼎比較流行,有些近乎完全相同,如:1969 年殷墟西區 M907 墓出土的共鼎,[4]殷墟郭家莊 M1 出土圓鼎,[5]婦好墓出土的一對小圓鼎,[6]2004 年殷墟大司空村 M58 出土鼎(圖一,3)[7]等等。且該鼎簡報稱"紋樣磨損嚴重"。[8] 雖然這件圓鼎沒有銘文,但從形體、紋樣及流傳磨損痕迹看,爲曾侯收藏的商代晚期之物。除上述 6 器之外還有 ⿱⿳⿱ 父癸圓簋、山父丁盉雖然不具有典型的商晚期銅器時代特徵,但均有族徽和日名,同樣很可能屬於商文化系統。

[1] 岳洪彬主編:《殷墟新出土青銅器》,雲南人民出版社,2008 年,第 304—305 頁,圖 158 卣。

[2] 盧連成、胡智生:《寶雞弓魚國墓地》,文物出版社,1988 年,上册第 267 頁,下册圖版九四 1.2。

[3] 中國青銅器全集編輯委員會編:《中國青銅器全集(商 3)》,文物出版社,1997 年,第 103 頁,圖版一〇二。

[4] 中國社會科學院考古研究所安陽工作隊:《1969—1977 年殷墟西區墓葬發掘報告》,《考古學報》1979 年第 1 期。

[5] 中國社會科學院考古研究所編著:《安陽殷墟郭家莊商代墓葬》,中國大百科全書出版社,1998 年,圖 25-1,彩版 1-1。

[6] 中國社會科學院考古研究所編著:《殷墟婦好墓》,文物出版社,1980 年,圖版 10·2。

[7] 中國社會科學院考古研究所編:《安陽大司空——二〇〇四年發掘報告》,文物出版社,2004 年。

[8] 湖北省文物考古研究所等:《湖北隨州葉家山 M111 發掘簡報》,《江漢考古》2020 年第 2 期。

圖二　殷墟、葉家山 M111、M28 典型銅器比較

綜上所述，我們可以清楚地看出，這位曾侯擁有多件商代晚期青銅器。我們知道，周人滅商後分得的商人青銅器在商周之際墓葬中比較常見，最典型的實例是近年寶雞石鼓山商周之際墓中出土多件商人青銅器。其中 M4 出土 6 件，M3 出土 11 件不相同的商人族徽或日名銅器，王占奎先生指出，兩墓具有"一墓多族徽"的特徵，最合理的解釋是周人的戰利品。[1] 葉家山 M111 出土多件典型的商人日名青銅器，完全可能是曾侯"分器"所獲。而 M28 曾侯墓僅隨葬一件 ⋀ 父辛爵、一件舉母辛觶族徽日名銅器可確定爲商人銅器，[2] M65 也只有亞離父癸簋和束父己分襠鼎爲商代晚期之物。[3] 銅斝是商代晚期流行的典型器之一，尤其是分檔斝，殷墟晚期異常流行，西周早期墓中已很少見，西周中晚期幾乎絕迹。葉家山三座曾侯大墓中僅 M111 隨葬一件曾侯斝，（圖二，14）M28、M65 及 M2、M3 同樣未見銅斝。而曾侯斝同被公認爲該墓地最早的 M1 冄父丁斝形體、（圖二，13）大小幾乎完全相同。[4] 這件族徽日名斝爲商代晚期商人作品無疑。種種迹象暗示我們，M28、M65 曾侯生活的年代相對略晚，而 M111 曾侯犺生活年代較早。由該墓出土曾侯"犺作列考南公寶尊彝"方座簋銘文看，曾侯犺作爲南宮括的長子，爲第一代曾侯無疑，生活年代在成康時期，[5] 而曾侯犺的父親南宮括是輔佐周武王滅商的重臣，他們父子自然同滅商分器事件有直接的聯繫。

二、曾侯方鼎同現墓 M111、M28 與曾侯諫銅器同現 M28、M65

如果説 M111 隨葬多件前代銅器並不能直接表明其年代早於 M28、M65，那麼，曾侯帶蓋龍紋方鼎同現墓 M111、M28 與曾侯諫銅器同現 M28、M65 却表明它們有明顯的早晚關係。曾侯作帶蓋龍紋方鼎共 7 件，其中 M111 出土 4 件，形制、紋樣、大小幾乎完全相同，（圖二，2）顯然爲曾侯同時所作。四件中三件蓋上及腹內壁鑄銘文完全相同，爲"曾侯作寶尊彝鼎"，另一件腹壁內鑄"曾侯作寶鼎"，蓋銘則"曾侯作寶尊彝鼎"。[6] M27 出土 2 件，形制、大小、紋樣幾乎相同。[7] 其中一件腹內鑄"曾侯作寶尊彝鼎"，蓋上則爲"曾侯作寶鼎"同 M111：80

[1] 陝西省考古研究院等：《陝西寶雞石鼓山商周墓地 M4 發掘簡報》，《文物》2016 年第 1 期；丁岩、王占奎：《石鼓山商周墓地 M4 再識》，《文物》2016 年第 1 期。

[2] 湖北省考古研究所等：《湖北隨州葉家山 M28 發掘簡報》，《江漢考古》2013 年第 4 期。

[3] 湖北省考古研究所等：《湖北隨州葉家山 M65 發掘簡報》，《江漢考古》2011 年第 3 期。

[4] 湖北省博物館、湖北省文物考古研究所、隨州市博物館編：《隨州葉家山——西周早期曾國墓地》，文物出版社，2013 年，第 158 頁圖版。

[5] 張天恩：《試論隨州葉家山墓地曾侯墓的年代和序列》，《文物》2016 年第 10 期；高西省：《隨州葉家山西周早期編鐘及相關問題研究》，《江漢考古》待刊。

[6] 湖北省文物考古研究所等：《湖北隨州葉家山 M111 發掘簡報》，《江漢考古》2020 年第 2 期。

[7] 隨州博物館等：《禮樂漢東——湖北隨州出土周代青銅器精華》，文物出版社，2012 年。

的一件蓋、器銘文正好相反,簡報已指出兩墓曾侯帶蓋龍紋方鼎蓋已互相調換,無疑是正確的。[1] 尤其值得注意的是,曾侯帶蓋龍紋方鼎同樣在 M28 出土 1 件,(圖二,3)形制、大小、紋樣及銘文書體與 M111、M27 曾侯帶蓋龍紋方鼎幾乎完全相同,(圖二,2、3)只是器腹内壁及蓋上鑄銘文爲"曾侯作寶鼎",同 M111：80 完全相同。很明確,M111、M27、M28 出土的 7 件曾侯帶蓋龍紋方鼎大小、形制、紋樣幾乎完全相同,僅銘文中"尊彝"兩字的有無有別。實際上這 7 件曾侯方鼎分爲兩組,其中 5 件銘文完全相同,均爲"曾侯作尊彝鼎",雙立耳外側飾雙陰綫。另外 2 件(M111、M28),銘文完全相同爲"曾侯作寶鼎",雙立耳外側似爲不規整的陰綫。當是曾侯同時鑄作的方鼎。而曾侯帶蓋龍紋方鼎在 M65 並未發現。很顯然 M111、M28、M27 三座墓主有直接的關係,年代自然極其接近。

曾侯諫所作銅器據統計共 25 件,包括曾侯諫自作器 16 件、曾侯諫作媿器 9 件,共兩組。(表一)這些銅器分别是在多個墓中發現,M65 只有曾侯諫自作形制不相同的銅方鼎、圓鼎、圓簋各 1 件;M2 出土曾侯諫自作分檔圓鼎 2、圓鼎 1,曾侯諫作媿圓簋 2 件;M3 出土曾侯諫自作圓鼎 1 件。3 座墓共計 9 件。而僅 M28 就出土曾侯諫作銅器達到 16 件之多,其中曾侯諫自作 9 件,曾侯諫作媿器 7 件,(表一)包括了食器、酒器、水器的完整組合。其他 3 座墓只是零星發現,僅爲食器鼎和簋。(表一)M65 也只有曾侯諫方鼎、圓鼎及圓簋各 1 件。如果按目前學界普遍的認識,M28、M65 兩墓墓主是父子關係,那只可能是 M65 這 3 件零星的銅器,是從 M28 墓主那裏所獲,而並非 M28 墓主從 M65 墓主那裏獲得曾侯諫自作及作媿器,且組合比較完整的 16 件禮器。因此,只可能 M28 爲曾侯諫墓。相反,如果 M65 是父親曾侯諫墓,那麽 M28 隨葬的 16 件曾侯諫作器均應從父親那裏獲得,而 M28 共隨葬青銅禮器 27 件,再加上 3 件不成組、不同器類、不同銘文的鼎、甗、鬲曾侯作器,也就是説 M28 多半以上禮器不是自己作的。作爲一代曾侯,其使用的青銅禮器絶大多數是從父親那裏獲得,自己幾乎没有自作青銅器,而該墓的規模大於 M65 且有墓道,顯然是不可能的;況且,曾侯諫作給夫人的 9 件銅禮器,被認爲是夫人墓的 M2 僅隨葬 2 件,M28 兒子墓却隨葬多達 7 件?(表一)再則,西周時期象徵主人身份的銅鼎,曾侯諫自作 12 件(完全相同的圓鼎 5 件、分檔圓鼎 4 件,方鼎 3 件),M65 僅隨葬圓鼎、方鼎各 1 件,而 M28 隨葬成組的圓鼎、分檔圓鼎、方鼎各 2 件,M2 隨葬 3 件、M3 隨葬 1 件。難道象徵身份地位的自名且成組的銅鼎絶大多數不是本人用?而主要是兒子(M28)、夫人(M2)享用嗎?(圓鼎 1、分檔圓鼎 2)所以,只可能是 M28 早於 M65,M65 三件曾侯諫銅禮器是從 M28 墓主曾侯諫那裏所獲。前已指出,曾侯帶蓋龍紋方鼎在 M111、M28、M27 均有發現,且 M28 僅 1 件,與 M65 無涉。而曾侯諫作銅器在 M28、M65、M2、M3 均有隨葬,同 M111 無涉。可見,M111 與 M65 墓主是隔代的、没有直

---

[1] 湖北省文物考古研究所等:《湖北隨州葉家山 M111 發掘簡報》,《江漢考古》2020 年第 2 期。

接交集的,三座大墓墓主關係的焦點是曾侯諫墓 M28,(表二)自然具有承上 M111 啟下 M65 的地位。

表一　曾侯諫作銅器分布表

	M65	M2	M28	M3
曾侯諫自作器	方鼎 1 圓鼎 1 圓簋 1	圓鼎 1 分檔圓鼎 2	方鼎 2 圓鼎 2 分檔圓鼎 2 圓簋 1 盉 1 盤 1	圓鼎 1
曾侯諫作媿器	無	圓簋 2	圓簋 2 尊 1 卣 2 壺 1 甗 1	無

表二　三座大墓曾侯銅器交集關係表

	"曾侯作寶尊彝鼎"方鼎	"曾侯用彝"銅器	曾侯諫作銅器
M111	共 4 件。 形制、紋樣、大小幾乎完全相同。銘文有曾侯作寶尊彝鼎 3 件,曾侯作寶鼎 1 件。	共 6 件。 尊 1、卣 2、觶 1、罕 1、盤 1。	無
M28	1 件。爲"曾侯作寶鼎"	1 件甗。	共 15 件。 曾侯諫自作 9 件。爲方鼎 2、圓鼎 2、分襠圓鼎 2、圓簋 1、盉 1、盤 1;曾侯諫作媿器 7 件。爲圓簋 2、尊 1、卣 2、壺 1、甗 1。
M65	無	1 件盉。	共 3 件。 爲曾侯諫自作方鼎、圓鼎、圓簋各 1 件。無曾侯諫作媿器。

　　而且 M111 隨葬沒有私名曾侯作器達 13 件之多(其中曾侯帶蓋龍紋方鼎 4 件),還有 2 件曾侯犺自作圓簋,1 件曾侯犺作列考南公方座簋。而曾侯犺銅器僅在 M111 隨葬,別的墓葬未見,墓主爲曾侯犺無疑。曾侯諫銅器雖在多座墓中發現但該墓未見,然 M28 曾侯諫墓除隨葬 1 件曾侯作帶蓋龍紋方鼎外,還有曾侯鬲及曾侯甗各 1 件。如果 M28 早於 M111 是父子關係,那麼,M111 曾侯帶蓋龍紋方鼎 4 件,加上 M27 的 2 件,均應該是從 M28 曾侯那裏所得,就是説這位曾侯自作的 7 件龍紋帶蓋方鼎,本人僅享用 1 件,顯然是難以成立的。所以,M28 曾侯諫墓的這件曾侯帶蓋龍紋方鼎只可能從 M111 曾侯那裏所獲,不可能是相反情況。

"曾侯用彝"銅器銘文完全相同者 8 件,在數量上僅次於曾侯諫自作器,而 M111 隨葬尊 1、卣 2、觶 1、斝 1、盤 1 共 6 件,M28、M65 僅各隨葬甗 1、盉 1。[1]（表二）而且 M111"曾侯用彝" 的酒器、水器同該墓"曾侯作寶尊彝"方鼎和簋很可能是二次搭配的組合。M28、M65 各 1 件 的"曾侯用彝"甗、盉不能排除從 M111 曾侯那裏所獲,但不會相反。

　　從曾侯作銅器的形體看,雖然曾侯圓簋同曾侯諫圓簋幾乎看不出早晚差異,但 M28 曾侯 諫作方鼎(圖二,4)同 M111 曾侯作帶蓋龍紋方鼎(圖二,2)相比明顯要晚些。曾侯作帶蓋龍 紋方鼎具有非常鮮明的商代晚期同類方鼎敦渾、厚重的風格。這種風格的方鼎殷墟晚期比 較流行,典型器如殷墟郭家莊 M160、苗圃北地 M41 方鼎,(圖二,1)而曾侯諫作方鼎形體俊 巧,四柱足細高,是典型的西周早期風格,(圖二,4)其紋樣特點有走向昭王銅器簡素的趨勢。 M111 曾侯作父乙大方鼎,顯然是曾人對周人方鼎改進後的新形式,也是該墓地最具特色的、 幾乎是唯一的特例,具有典型的商代晚期銅器敦厚的遺風,應該是有銘曾侯所作最早的銅 器。M28 隨葬的 1 件曾侯諫作媿尊,(圖二,12)及一大一小 2 件曾侯諫作媿卣,形體較 M111 曾侯自作 1 尊,(圖二,11)及一大一小 2 卣明顯具有稍晚的特徵。尊體明顯瘦高,形體、紋樣 棱角分明。兩件曾侯諫作媿卣頸部拉長,圈足更加寬大,形體已近圓形。尤其 M111 曾侯自 作 1 尊、一大一小 2 卣,前文已指出同寶雞竹園溝 M8 尊、卣形體、紋樣幾乎完全一致。該墓 被定在西周成王晚年、康王初年,[2]同筆者推測 M111 曾侯犺墓的年代是一致的。[3]

　　如前所述可明顯看出,M111 未見曾侯諫銅器,而 M28 曾侯諫墓却隨葬了 M111 曾侯帶 蓋龍紋方鼎,且曾侯諫銅器還零星散見於 M65 及 M2、M3 中。這種前後交集關係是很清楚 的,即由於 M111 相對較早,M28 曾侯諫隨葬了從 M111 曾侯犺那裏所獲的曾侯帶蓋方鼎, M65 曾侯隨葬了從曾侯諫那裏獲得的曾侯諫自作 3 件銅器。相反,如果認爲三座大墓的排 序是 M65、M28、M111,M65 是曾侯諫墓,那麼,只能是 M28 曾侯諫作完整的食器、酒器、水器 組合(包括作給夫人銅器)是從 M65 曾侯諫墓(僅三件不同的曾侯諫鼎簋)墓主那裏獲得的, 而 M111 出土的 4 件曾侯龍紋帶蓋方鼎是從 M28(僅隨葬 1 件曾侯龍紋帶蓋方鼎)墓主那裏 獲得,難道曾侯自作的、象徵身份地位的禮器主要是兒子和夫人使用? 很顯然是難以成立 的。如此看來,M65 墓主曾侯確實幾乎未見自作的青銅禮器,實際上同該墓在三座大墓中規 模較小(但 M65 在墓葬區中軸線上,是北區最大的墓),且沒有墓道的情況是一致的。前已 認爲曾侯犺生活在成康時期,曾侯犺墓 M111 年代在成王晚期到康王早期(詳見後述),自然 M28 在康王晚期到昭王早期,M65 在昭王晚期或稍晚。而昭王南征的歷史事件就發生在這

---

[1]　M65 簡報報導盉銘文爲"侯用彝"三字,現已確認"曾"字上半部被盉鋬壓住了,實銘爲"曾侯用彝"(陳 麗新:《也談葉家山曾侯墓葬的排序問題》,《故宮博物院院刊》2020 年第 2 期)。

[2]　盧連成、胡智生:《寶雞強國墓地》,文物出版,1988 年,上册第 267 頁,下册圖版九四 1.2。

[3]　高西省:《隨州葉家山西周早期編鐘及相關問題研究》,《江漢考古》待刊稿。

一時期,據典籍記載,昭王晚年多次親率重兵南下討伐南國,最後一次大敗,昭王葬身漢水。新發現的隨州棗樹林春秋曾侯求編鐘銘文曰:"昭王南行,豫命于曾,咸成我誥,左右有周,賜之用鉞,用政(征)南方。"[1]這些歷史事實表明,南國及其部族發展到這一時段已經强大,並威脅到西周王朝的統治,首當其衝的當然是曾國。南征的失敗,作爲征伐南國前沿陣地的曾國及王室自然受到直接威脅和衝擊,自然在此難於立足,其後統治中心很可能已經發生轉移。葉家山墓地未發現西周中期曾侯墓,就是最好的説明。在如此重大歷史事件發生前後,曾侯自作銅器極少、多沿用前輩曾侯青銅器、墓葬規模小是完全可以理解的。

三、M111 所謂幾件較晚銅器的年代

再讓我們分析一下 M111 曾侯犺墓隨葬青銅器中被認爲較晚的幾件。實際上 M111 之所以被定爲最晚,與該墓出土的一件垂腹圓角方鼎有明顯的關係。這種風格的方鼎多被認爲是西周穆王時期流行的形式,然該方鼎頗具自身特色,完全是一件異類形式,其與典型的穆王時期圓角垂腹方鼎有較大的區別。通高28.7,口長18,口寬11.5釐米,鼎形整體接近方體。鼎呈近方形斂口,四角微圓轉,腹壁斜直,鼎底幾乎是平的。(圖三,3)而典型的西周穆王時期圓角方鼎如寶雞茹家莊 M1 伯矩方鼎,其形體是典型的長方體,(圖三,4)通高14.5,口長14.8,口寬10.5釐米。長方形口微斂,方腹四角圓轉,下腹微微傾垂,圈底,同扶風出土戜方鼎風格完全相同。其實,附耳帶蓋圓角方鼎在西周早期成康時期不乏其例。[2] 如北京琉璃河燕國墓地出的圉方鼎、山東滕州莊裏西村出土的滕侯方鼎及寶雞竹園溝13號墓附耳帶蓋圓角方鼎等。如果要在伯矩方鼎和這幾件方鼎中作比較,葉家山方鼎更接近圉方鼎形體方正的特點,應該爲成康時期這類方鼎的變異型,早於伯矩方鼎。實際上這件特別的方鼎在該墓地及商周青銅器中並未見過。筆者認爲,以這件異類銅器作爲支點推定墓葬的下限年代是不妥的。[3] 一個典型的實例就是,山西翼城大河口墓 M1017 出土大批青銅器中,墓主霸伯自作的銅器,除典型的鼎、簋、盤、盆、豆外,還有一件異類霸伯方簋,[4]這件簋呈長方體,淺方腹斜直,高方圈足,雙附耳,口沿下飾兩周陽弦紋。(圖四,1)如單獨就方簋本身看,按常規定爲春秋戰國時期是不會有問題的。然,霸伯同時鑄作的其他銅器均爲典型的西周中期之物,且該墓隨葬有唯一的一件典型的西周中期偏早聯襠鬲,(圖四,2)很明顯,該墓在西周中期偏早無疑。如果我們以這件異類方簋定該墓的年代顯然是會出錯的。

[1] 湖北省文物考古研究所等:《湖北隨州市棗樹林春秋曾侯貴族墓地》,《考古》2020 年第 7 期。
[2] 高西省:《西周方鼎研究》,《西周青銅器研究》,陝西人民出版社,2005 年。
[3] 高西省:《隨州葉家山西周早期編鐘及相關問題研究》,《江漢考古》待刊稿。
[4] 山西省考古研究所大河口墓地聯合考古隊:《山西翼城大河口西周墓地 1017 號墓發掘》,《考古學報》2018 年第 1 期,圖版拾陸 1、圖版拾柒 12。

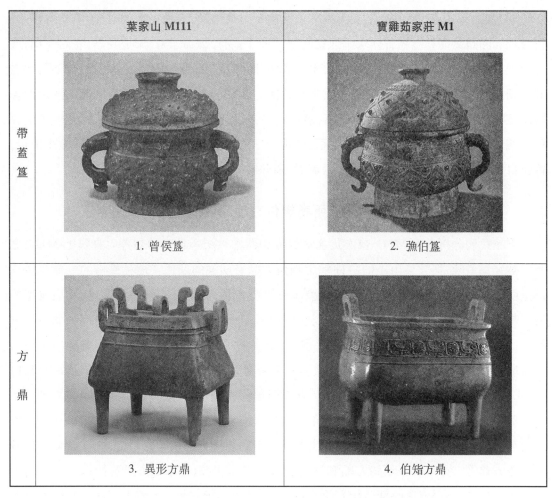

	葉家山 M111	寶雞茹家莊 M1
帶蓋簋	1. 曾侯簋	2. 強伯簋
方鼎	3. 異形方鼎	4. 伯矩方鼎

圖三　葉家山 M111、寶雞茹家莊 M1 銅方鼎、銅圓簋比較

1. 異形霸伯方簋	2. 陶鬲

圖四　大河口 M1017 西周墓出土異形方簋與陶鬲

　　另外一件爲曾侯帶蓋圓簋。(圖三,1)這件簋簡報認爲同寶雞茹家莊 M1 強伯簋相同,(圖三,2)並同大河口 M1 伯作彝方座簋比較認爲,簋器身及腹部紋樣非常接近。其實,這兩件簋雖然腹部均裝飾斜方格乳釘紋,但差異還是很大的。西周時期銅鼎、銅簋腹部裝飾簡樸的斜方格乳釘紋(僅一組完整斜方格),在各地西周銅器中常常可見到。如寶雞茹家莊 M1 強伯簋、強伯帶蓋圓鼎、伯簋;[1]山西晉侯墓地這類簋比較多見,在 M6080、M6081、M6210、M6214、M6131 五座墓中發現 7 件這類紋樣的圓簋,其中 M6131 帶蓋圓簋同茹家莊 M1 強伯簋極似,它們均被認爲"皆爲西周早期常見之物"。[2] 這類極似的帶蓋簋關中東部出土一件,被認爲是西周中期前段。[3] 大河口 M1 出土 2 件伯作彝方座簋[4]及陝西白水出土伯作彝方座簋,大小、紋樣、銘文幾乎完全相同(很可能是同組同人之器),白水方座簋被定在西周中期前段。[5] 它們的腹部所飾斜方格乳釘紋同前完全相同,其共同特點是紋樣顯的粗疏、簡樸,完整的斜方格僅一組,且滿飾腹部,每斜排只有 3 枚乳釘,所以,斜方格紋樣尤顯過於寬大,粗放。通腹乳釘紋裝飾在商末周初的柱足圓鼎、盆形簋中比較流行,但這一時期腹部完整的斜方格幾乎均爲三組,每斜排飾乳丁 5 枚,偶見兩組飾 4 乳釘形式,幾乎未見一組 3 枚乳釘的形式,布局設計尤顯合理,鑄作精細。這種斜方格乳釘的結構布局同葉家山 M111 曾侯乳釘紋帶蓋簋完全一致。而茹家莊強伯 M1 是典型的西周中期穆王前後的墓葬。大河口 M1 伯作彝方座簋同成康時期方座簋相比形體明顯變矮,方座及圓簋均顯得扁平,同穆王前後的孟簋、詠簋、芮伯簋接近。這種寬大粗放的斜方格乳釘紋顯然是商末周初這類紋樣的延變。就該簋"曾侯作寶尊彝"字體來看,同 M28"曾侯諫作寶彝"字體方正、飽滿的風格差異較大,而同該墓曾侯帶蓋龍紋方鼎字體、大小變化不規整接近,尤其同該墓"曾侯作父乙寶尊彝"字體極爲接近。(圖五)就形體而言,曾侯簋爲短頸,腹較深,顯得較高,而強伯簋幾乎無頸部,腹部較淺,形體也顯低矮。所以,曾侯乳釘紋帶蓋簋明顯要早於強伯帶蓋乳釘紋簋爲成康時期方鼎的典型形式。

　　值得注意的是一件竪棱紋高圈足簋(M111:51),報告通過與茹家莊 M2 伯作南宮簋比較認爲其年代在昭王時期。[6] 其實,這是一件西周成康時期典型的圓簋。其口沿及圈足上均飾非常纖細列旗雲雷紋組成的獸面,是商末周初典型的紋樣。典型器如康侯簋、伯懋父簋等。在寶雞強國墓地該型圓簋比較常見,如竹園溝西周早期 M8、M4。而茹家莊 M2 隨葬的

[1]　盧連成、胡智生:《寶雞強國墓地》下冊,文物出版社,1988 年,圖版一五七·1,圖版一五九·1、3。
[2]　北京大學考古學系商周組等:《天馬——曲村(1980—1989)》第二冊,科學出版社,2000 年,第 334 頁。
[3]　張天恩:《陝西金文集成》15 卷,三秦出版社,2016 年,第 171 頁,圖版 1739。
[4]　山西省考古研究所大河口墓地聯合考古隊:《山西省翼城縣大河口西周墓地》,《考古》2011 年第 7 期,圖版五·2。
[5]　張天恩:《陝西金文集成》15 卷,三秦出版社,2016 年,第 153 頁,圖版 1728。
[6]　湖北省文物考古研究所等:《湖北隨州葉家山 M111 發掘簡報》,《江漢考古》2020 年第 2 期。

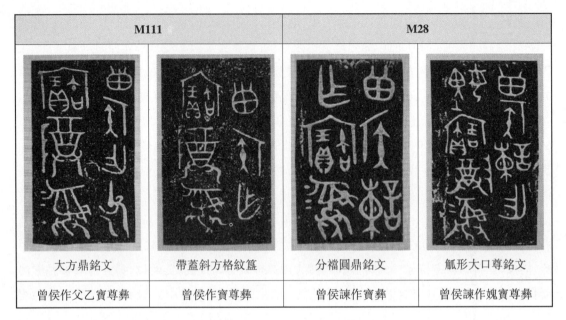

M111		M28	
大方鼎銘文	帶蓋斜方格紋簋	分襠圓鼎銘文	瓠形大口尊銘文
曾侯作父乙寶尊彝	曾侯作寶尊彝	曾侯諫作寶尊彝	曾侯諫作媿寶尊彝

圖五　曾侯、曾侯諫銘文比較

伯作南宫簋及另一件豎棱紋簋,在該墓中同大量典型的西周中期銅器風格有明顯的區別,應該是西周早期的遺物。

據上所述,可明顯看出,認爲該 M111 所謂比較晚的幾件銅器並没有確切的根據,相反,這些銅器的形體、紋樣特徵表明,它們同該墓大量成康時期典型銅器風格接近或相同,該墓出土的曾侯作父乙方鼎、曾侯作方鼎、曾侯斝、曾侯尊、曾侯卣、曾侯盤、曾侯壺,及曾侯犺作南公方座簋、曾侯犺簋等共 16 件銅器,均具有典型的商末周初同類銅器特徵,尤其是曾侯犺作南公方座簋,銘曰"犺作剌(烈)考南公寶尊彝"。很明確,是曾侯犺爲其亡父南公鑄造的祭器。而隨州文峰塔 M1 春秋晚期曾侯與鐘、扶風出土的西周晚期南宫乎鐘及國家博物館藏西周早期大盂鼎,均明確記載南公是自己的祖或先祖。李學勤先生指出這些銘文中的南公是指西周武成時期的重臣南宫括,並認爲大盂鼎"器主盂稱南公爲祖,他在康王晚期的二十三年内受封,也可以旁證遺命南公當在成王較早的時期。至於 M111∶67 簋銘云:'犺作烈祖考南公寶尊彝',其器主比盂長一輩,可估計爲康王時人。"[1]筆者也曾指出:"……南宫乎、曾侯與、盂均記述南宫括是自己的祖或先祖,只有曾侯犺追記南宫括是自己的亡父,毫無疑問,曾侯犺所處的年代最早。"[2]我們知道,M111 爲曾侯犺墓幾乎没有異議,曾侯犺作爲文武時期重臣南宫括的兒子怎能晚到昭王晚期? 那豈不是曾侯犺的父親變成了 M28 曾侯了? 顯然是錯誤的。而且,大盂鼎學界公認鑄作於周康王二十三年,而盂是南宫括的孫輩,同犺是不

[1] 李學勤:《曾侯與編鐘銘文前半釋讀》,《江漢考古》2014 年第 4 期。

[2] 高西省:《隨州葉家山西周早期編鐘及相關問題研究》,《江漢考古》待刊稿。

同輩分的兩代人。那麼,曾侯犺所處的年代要早於盂所處的年代,在周康王早期或成王晚期,曾侯犺生活的年代不會晚於康王晚期,曾侯犺墓 M111 年代不會晚於康王晚期。關於此點筆者已有論述,[1]這裏不多贅言。

四、結　語

通過以上對 M111 墓隨葬的多件商代晚期青銅器、被認爲較晚的幾件西周青銅器梳理,對無私名曾侯銅器、曾侯諫作銅器交集隨葬的解析,可以明確看出該墓地三座大墓的前後順序是比較清楚的。M111 曾侯犺墓最早,其次是 M28 曾侯諫墓、M65 曾侯墓,三座大墓爲曾侯子孫三代無疑。當然,有一點疑惑的是,M28 曾侯諫作給夫人的銅器並沒有在被認爲是夫人 M27 墓隨葬,而是在曾侯諫墓及 M65 曾侯夫人 M2 墓中隨葬。前文已述,昭王晚期 M65 曾侯墓較 M111、M28 不僅規模小,沒有墓道,且幾乎不見自作青銅器,加上 M65 曾侯及 M2 夫人隨葬青銅器的"異常",顯然與昭王南征有關。歷史事實是清楚的,由於昭王晚年多次親征南國,最後一次喪六師於漢,周人對南國的有效控制很大程度上失敗了,從而直接導致周王朝南方前沿陣地的曾國出現"亂象",前已指出,這樣的重大事件後很可能已經導致曾國的政治中心發生了轉移。所以,如果按多數學者認爲的 M111 是昭王晚期的曾侯墓,顯然同昭王晚期發生在這裏的重大歷史事件完全相悖,而其作爲成康時期地位崇高的第一代曾侯,其墓葬規模宏大、墓位顯赫、隨葬青銅器衆多是完全相符的。從三座大墓出土曾侯作青銅器的交集、數量、組合、形體紋樣變化,及銘文記載的比較研究中可以明確看出,大墓的前後次序應該是沒有問題的。尤其值得我們注意的是,該墓地曾侯青銅器隨葬使用異常複雜,葉家山墓地未見昭王以後的西周中期曾侯墓,且西周中期曾國遺存到目前還未發現,值得細細玩味。曾國作爲漢陽諸姬,作爲周王朝統治南國的前哨,自然會同這些南國部族交集,這種社會背景和社會關係,很可能才是其面貌複雜多變的主要原因。尤其是昭王南征前後與西周中期曾侯的情況怎樣? 有望在正式考古報告出版及新的發現後再作進一步探討。

---

[1]　高西省:《隨州葉家山西周早期編鐘及相關問題研究》,《江漢考古》待刊稿。

延懷盆地東周銅器群的播化與
行唐銅器群的形成

張渭蓮[*]

　　延慶——懷來斷陷盆地，簡稱延懷盆地，嵌塞於太行山與燕山交接處，東西長約 100 公里，南北寬約 20 公里，桑乾河、洋河與媯水三河匯流於此聚成永定河，盆地因此扼兩山、懷三水、控四方而成爲交通之咽喉，地理位置十分重要。該盆地西北通達黄土高原和蒙古高原，東南連接華北平原至海濱，同時又是縱貫燕山南北的重要通道。史前以來，北方系文化與中原系文化之間此消彼長的頻繁互動，在延懷盆地及燕山南北一帶留下了深刻的印迹。三代以來，尤其是進入東周以後，隨着與游牧文化密切相關的北方系青銅文化日益繁盛，陰山——燕山一綫逐漸成爲北方青銅文化的一條中軸帶，而延懷盆地則是這條軸綫上的重要節點之一，擔負着溝通與聯接四方文化的重任。特殊的自然地理及歷史文化背景的綜合作用下，延懷盆地東周時期的考古學文化呈現出複雜而獨特的色彩，尤其是在青銅器群方面更有着鮮明的地方個性，因此在東周青銅文化結構體系中占據着一個特殊的位置，不妨可稱之爲延懷盆地銅器群。延懷盆地銅器群形成之後，影響波及附近尤其是南部鄰近地帶，其結果就是在太行山兩翼的唐河——滹沱河流域，催生形成了行唐銅器群。這兩支銅器群的形成與流布軌迹，反映了東周青銅文化在燕山到太行山一帶的獨特發展歷程，不僅顯示着這一地域紛繁的東周考古學文化背景，更隱含着其背後複雜的歷史背景或許與人群的遷徙流動有關。本文即對延懷盆地銅器群的編年體系、内涵結構及演進軌迹進行分析，在此基礎上探索行唐銅器群的形成之路。

一、序 列 與 年 代

　　自 20 世紀 50 年代以來，在延懷盆地的許多地點不斷發現東周時期的青銅器，很多學者對此進行過研究。[1] 該區域出土青銅器的地點主要有懷來北辛堡、[2] 甘子

　　* 河北師範大學教授。

[1] 朱鳳瀚：《中國青銅器綜論》，上海古籍出版社，2009 年，第 2118—2156 頁；滕銘予、張亮：《東周時期冀北山地玉皇廟文化的中原文化因素》，《考古學報》2014 年第 4 期；洪猛：《玉皇廟文化初步研究》，博士學位論文，吉林大學 2014 年。

[2] 敖承隆、李曉東：《河北省懷來縣北辛堡出土的燕國銅器》，《文物》1964 年第 7 期；河北省文化局文物工作隊：《河北懷來北辛堡戰國墓》，《考古》1966 年第 5 期。

堡、[1]涿鹿倒拉嘴、[2]延慶玉皇廟、[3]葫蘆溝與西梁垙、[4]龜山[5]等。與其他器物相比，罍、盤、匜、敦、鉶、豆、鼎等青銅容器和直刃短劍、環首削刀、戈以及虎牌飾等該地區常見的幾種器物的斷代意義比較明顯，因此下面對其形制演變進行分析。

罍：可分 A、B 型，A 型侈口長頸，廣肩，肩部均有顧首龍形雙耳，可分四式，由 I 式到 V 式，體由高變矮，底部由凹圜底變爲大平底。B 型短頸，溜肩，肩部有環耳、獸耳各一對。（圖一，1—5）

匜：可分 A、B 型。A 型爲敞口流，可分二式。I 式四蹄足較高且直立，流部較短，II 式蹄足變矮並外撇。B 型爲封口流，蹄足簡化，環耳帶尾鋬，流上或有獸面。因圖片不清楚，暫不分式。（圖一，6—9）

盤：可分三式。I 式直耳，II 式曲耳，III 式雙耳平折外翻，盤腹壁直，足由圈足變爲三足。（圖一，10—12）

鉶：可分四式。I 式斂口，腹部較深，圈足矮小。II 式斂口，腹部變淺，圈足變高。III 式口部近直，高圈足。IV 式敞口，下腹斜收，圈足粗大。（圖一，13—16）

敦：可分 A、B、C 型。A 型平底，爲捉手蓋，B 型平底，爲環鈕蓋，C 型有蹄足。

A 型：可分二式。腹部由深變淺，口沿由短沿外折變爲長沿外卷。

B 型：可分二式。腹部由深變淺，口沿由短沿外折變爲長沿外卷，底部由大平底變爲明顯內收。

C 型：爲三足敦。發現數量較少，可分爲二型。I 型束頸鼓腹圜底，三蹄足矮小，蓋上有環鈕。II 型短沿外卷，鼓腹平底，下有三較高蹄足，蓋中間爲環鈕，周圍有三小蹄足鈕。（圖二，1—6）

鉶：可分二型。A 型單耳，分爲二式。口沿由短沿微侈變爲長沿外折，口徑由小於腹徑變爲二者大致相等，腹部由深變淺。B 型爲雙耳，可分二型。Ba 分爲四式。腹部由深變淺，口沿由短沿外折變爲長沿外折。Bb 數量較少，不分式。（圖二，7—12）

豆：發現數量較少，可分爲二型。A 型矮圈足，可分二式，圈足由矮變高，腹部由淺變深。B 型圈足較高。（圖三，1—3）

---

［1］賀勇、劉建中：《河北懷來甘子堡發現的春秋墓群》，《文物春秋》1993 年第 2 期。

［2］陳信：《河北涿鹿縣發現春秋晚期墓葬》，《文物春秋》1999 年第 6 期。涿鹿縣文物保護管理所：《河北省涿鹿縣發現春秋晚期墓葬》，《華夏考古》1998 年第 4 期。

［3］北京市文物研究所：《軍都山墓地——玉皇廟》，文物出版社，2007 年。

［4］北京市文物研究所：《軍都山墓地——葫蘆溝與西梁垙》，文物出版社，2010 年。

［5］北京市文物研究所：《龍慶峽別墅工程中發現的春秋時期墓葬》，《北京文物與考古》（四），第 32—45 頁。

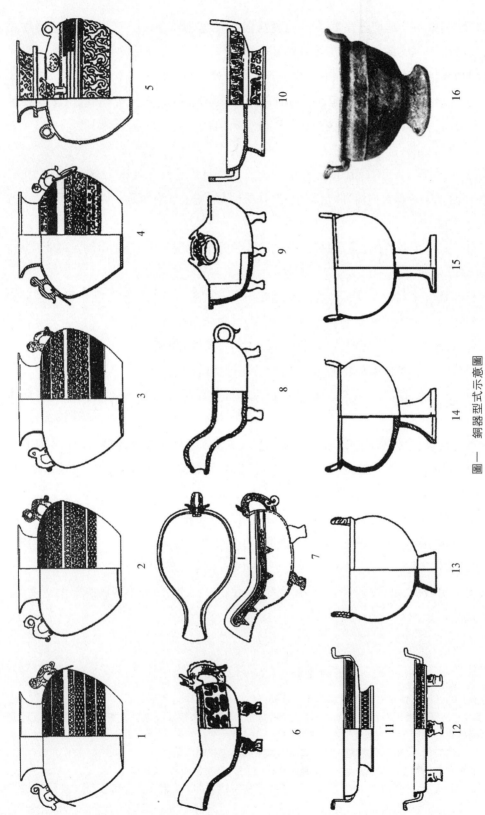

圖一　銅器型式示意圖

1. A I M2：5　2. A II M18：3　3. A III M250：2　4. A IV 1980 M2：9　5. B 型 M1：2　6. A I M1：6　7. A II M2：8
8—9. B 型 M2：4、M6：12　10. I M1：5　11. II M2：7　12. III M16：1　13. I M18：1　14. II M8：1　15. III M250：1
16. IV M1：86(1—3、7、11、13、15 玉皇廟，16. 北辛堡，餘均甘子堡)

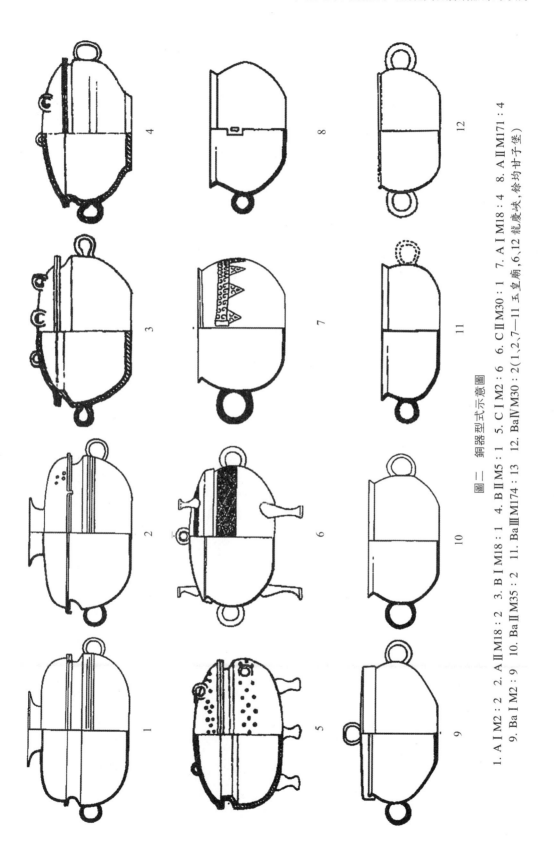

圖二　銅器型式示意圖

1. A I M2：2　2. A II M18：2　3. B I M18：1　4. B II M5：1　5. C I M2：6　6. C II M30：1　7. A I M18：4　8. A II M171：4　9. Ba I M2：9　10. Ba II M35：2　11. Ba III M174：13　12. Ba IV M30：2（1,2,7—11 玉皇廟，6,12 龍慶峽，餘均甲子堡）

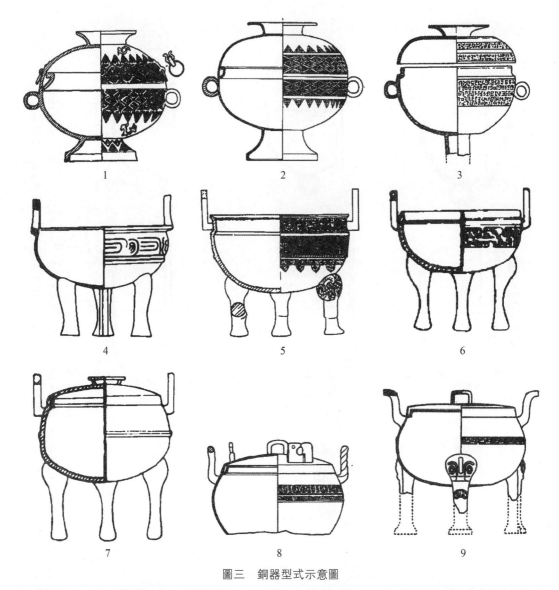

圖三　銅器型式示意圖

1. AⅠM1：4　2. AⅡM1：4　3. B1996M　4. A M2：1　5. Ba M1：1　6. Bb1 M2：3　7. Bb2ⅠM2：8
8. Bb2ⅡM1：3　9. Bb2ⅢM1：85(2、8 西梁坬，3. 倒拉嘴，4. 玉皇廟，9. 北辛堡，餘均甘子堡)

　　鼎：發現數量不多，依其耳部區別可分爲 A、B 二型。A 型爲立耳鼎，淺腹，尖圜底，下有三較高蹄足。B 型爲附耳鼎，可分爲兩個亞型。可分爲二式。Ba 折沿，束頸，腹較深，下有三蹄足。Bb 型子母口，可分爲兩個亞型，其中 Bb1 型淺腹，圜底，蹄足較高。Bb2 型斂口，深腹，此型數量較多，可分爲三式。由Ⅰ到Ⅲ式，腹部逐件變淺，附耳由直耳逐漸外撇。（圖三，4—9）

　　直刃劍：[1] A 型：劍首、柄和格鏤空，由Ⅰ式至Ⅲ式，劍格變爲一字形。B 型：圓平劍

---

[1] 劍、戈、刀和虎牌飾主要選取自有青銅容器共出的單位。

首,劍身起脊。劍首類菌狀,無格。Ⅰ式劍柄一側有一穿。Ⅱ式無。(圖四,10—14)

　　環首削刀:由Ⅰ式至Ⅲ式,環由小變大,刀身明顯變寬,刀柄與刀身分界處由鈍角變爲直角。(圖四,1—3)

　　戈:長胡,三角鋒,可分三式,由Ⅰ式至Ⅲ式,内援由平直變得上翹。(圖四,7—9)

　　虎牌飾:可分兩式。Ⅰ式形態拙樸,造型簡單。Ⅱ式背部和尾部有平行綫裝飾,裝飾複雜化,頭部比例變大。(圖四,4—6)

　　由此可將含有青銅容器的墓葬分爲6組。第1組:Ⅰ式罍,Ⅰ式鍑,AⅠ、Ⅱ式敦,AⅠ、BaⅠ式鍸,A型鼎,Ⅰ式虎牌飾、AⅠ、BⅠ式劍、Ⅰ式戈、Ⅰ式削刀;第2組:Ⅱ式罍,Ⅱ、Ⅲ式鍑,BaⅡ式、Bb型鍸,Ba型鼎,AⅠ式豆,Ⅰ式虎牌飾、AⅡ式劍;第3組:Ⅲ式罍,B型匜,Ⅲ式盤,BⅠ、Ⅱ、CⅠ式敦,AⅡ式、BaⅡ式鍸,Bb1、Bb2Ⅰ式鼎,B型豆,Ⅱ式戈,Ⅲ式刀;第4組:B型匜,CⅡ式敦,BaⅢ、Ⅳ式鍸,Ⅲ式刀;第5組:Bb2Ⅱ式鼎,AⅡ式豆;第6組:Ⅳ式鍑,Bb2Ⅲ式鼎,BⅡ式劍,Ⅲ式戈,Ⅳ式刀。其中第1組和第2組比較接近,第3組和第4組比較接近,如此,可將6小組合併爲3個大組,分別代表着三個時期。以此爲標準,可對該區域這一時期的所有單位進行分期。[1]

　　第一期早段:玉皇廟 M2、M18、甘子堡 M15;第一期晚段:甘子堡 M1、M8、玉皇廟 M250。

　　第二期早段:甘子堡 M2、M5、M16、M18、1957M、玉皇廟 M35、M171、西梁垙 M25、倒拉嘴 M;第二期晚段:甘子堡 M6、玉皇廟 M156、M174、龍慶峽 M30。

　　第三期早段:西梁垙 YXM1;第三期晚段:北辛堡 M1。

　　各期年代可以通過對比的方式得出。屬於第一期早段的玉皇廟 M2 出土的幾件青銅容器,形制與中原和山東地區所見者較爲接近。如立耳鼎與 1978 薛國 M1:1 相似,[2]均口微斂、尖圜底、三蹄足較高,但後者雙耳外撇。此鼎亦與洛陽西工區 M8832:1 相似,[3]唯後者口沿外敞,顯示出較晚的特徵。敞口四足匜與洛陽中州路 M2415 所出近似,[4]但足略矮。圈足盤形似海陽嘴子前 1978M1,[5]均卷沿淺腹,亦似聞喜上郭 1976 M7:9,[6]只是後者

[1]　由於青銅器具有珍貴而耐用的特性,因此利用出土青銅器斷定墓葬年代時,需要考慮其延續時間長且來源不確定等因素,以年代最晚的青銅器作爲判斷標準。

[2]　山東省濟寧市文物管理局:《薛國故城勘查和墓葬發掘報告》,《考古學報》1991 年第 4 期。

[3]　洛陽市文物工作隊:《河南洛陽市西工區 M8832 號東周墓》,《考古》2011 年第 9 期。

[4]　中國科學院考古研究所:《洛陽中州路》(西工段),科學出版社,1959 年,圖版肆伍:6。

[5]　海陽縣博物館:《山東海陽嘴子前村春秋墓出土銅器》,《文物》1985 年第 3 期。

[6]　山西省考古研究所:《1976 年聞喜縣上郭村周代墓葬清理記》,《三晉考古》第一輯,山西人民出版社,1994 年,第 123—138 頁。

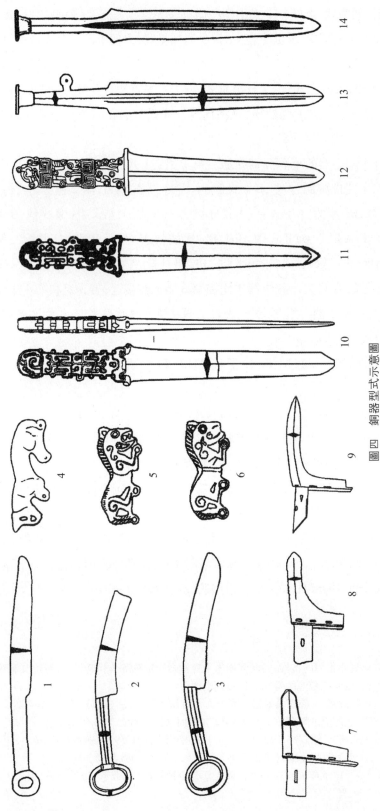

圖四　銅器型式示意圖

1. Ⅰ M35：3　2. Ⅱ M156：3　3. Ⅲ M174：3　4. Ⅰ M8：24　5—6. Ⅱ M156：7—1, 7—2　7. Ⅰ M250：6　8. Ⅱ 1996M　9. Ⅲ M1：56　10. A Ⅰ M18：8　11. A Ⅱ M8：5　12. A Ⅲ M24：1　13. B Ⅰ M18.3　14. B Ⅱ M18.3（4,11,13 甘子堡, 8. 倒拉嘴, 9,14 北辛堡, 12. 蒴蘆溝, 餘均玉皇廟）

盤下爲三蹄足。侈口廣肩疊似洛陽西工區 M8832：7,[1]但後者頸略短。上舉洛陽中州路 M2415、聞喜上郭 1976M7 等墓葬年代爲春秋中期早段,洛陽西工區 M8832 和海陽嘴子前 1978M1 屬春秋中期中段,因此,玉皇廟 M2 的年代可歸入春秋中期中段。

　　屬於第一期晚段的甘子堡 M1 出土的盤似洛陽中州路 M2415,均爲直耳,圈足較高。同墓所出的匜,敞口獸足,獸形環耳,形近洛陽中州路 M2415。M1 的折沿鼎與屬於春秋中期晚段的洛陽 M3427：18 較爲接近。[2] 因此該期的年代大致在春秋中期末葉。

　　第二期早段的甘子堡 M2 所見提梁壺,似臨朐楊善公孫窯壺,[3]後者年代爲春秋晚期早段。而該期晚段的龍慶峽 M30 出土的三足敦,形近臨淄程村 1987M0003：11,[4]均窄沿平底,但前者三足較高,腹略淺,蓋亦低平,蓋上有蹄足鈕。因而此期年代約相當於春秋晚期。

　　第三期早段的銅器數量較少,唯 YXM1：4 蓋豆與屬於春秋晚期晚段的臨淄程村 M1072：47 形制接近,[5]均腹部較深,圈足短粗,唯前者下腹内收,且蓋上捉手略爲矮小,似爲較晚的特徵。同墓出土的鼎斂口鼓腹,腹部較深,但與北辛堡 M1 的鼎相比,附耳較直,因此該期年代大致相當於戰國早期早段。

　　北辛堡 M1 爲第三期晚段的墓葬,該墓出土的提鏈壺,小口垂腹,形制極似長子牛家坡 M7：8。[6] 同墓所見 Bb2 型 Ⅲ 式子母口深腹鼎,與唐山賈各莊 M28：42[7] 和順義龍灣屯墓[8]所見同類器極爲相似,均爲斂口鼓腹圜底,下有三較高蹄足,唯前者蓋上無獸鈕,且腹底略平,似爲較晚的特徵,但又較燕下都 M31：1[9] 腹部較深而圓鼓。同墓上舉長子牛家坡 M7、唐山賈各莊 M28：42 和順義龍灣屯墓均爲戰國早期標志性墓葬,考慮到北辛堡 M1 的子母口鼎雖似較賈各莊 M28 和龍灣屯墓同類器形制略晚,但又早於以燕下都 M31 爲代表的戰國中期墓葬,故而可將第三期晚段的年代暫定爲戰國早期晚段。

　　綜上所述,延懷盆地東周時期青銅器可以分爲三期,其中第一、二期大致相當於春秋中、晚期,第三期約相當於戰國早期。需要加以説明的是,與陶器等易碎且形制變化對時代較爲敏感的器物相比,青銅器原本並不易得而使用時間相對較長,且延懷盆地墓葬所見並非悉數爲本地鑄造,而是存在多種來源,因此以上對於各個墓葬的分期與年代判定基本遵循了最晚

［1］　洛陽市第二文物工作隊:《洛陽市紗廠路東周墓(JM32)發掘簡報》,《文物》2002 年第 11 期。

［2］　洛陽市文物工作隊:《洛陽西工區春秋墓發掘簡報》,《文物》2010 年第 8 期。

［3］　齊文濤:《概述近年來山東出土的商周青銅器》,《文物》1972 年第 5 期。

［4］　中國社會科學院考古研究所等:《臨淄程村墓地》,中國大百科全書出版社,2003 年,第 86 頁。

［5］　中國社會科學院考古研究所等:《臨淄程村墓地》,中國大百科全書出版社,2003 年,第 90 頁。

［6］　山西省考古研究所:《山西長子縣東周墓》,《考古學報》1984 年第 4 期。

［7］　安志敏:《河北省唐山市賈各莊發掘報告》,《考古學報》第 6 册,1953 年。

［8］　程長新:《北京市順義縣龍灣屯出土一組戰國青銅器》,《考古》1985 年第 8 期。

［9］　河北省文化局文物工作隊:《1964—1965 年燕下都墓葬發掘報告》,《考古》1965 年第 11 期。

原則,即同一單位的器物年代以時代最晚的器物決定,故而以上的分期只是一個較爲粗略的結論,待以後資料充實後再做更爲精確的分析。

二、内涵與結構

延懷盆地東周時期的青銅器群構成因素比較複雜,依其來源與特徵,可將其分做如下幾組:

A 組:中原式銅器。如玉皇廟 M2：1 立耳淺腹蹄足鼎、甘子堡 M1：1 附耳折沿深腹蹄足鼎、甘子堡 M2：8 子母口深腹附耳鼎與中原地區東周以來流行的同類器物别無二致,玉皇廟 M2、甘子堡 M1 的獸耳鏊蹄足匜和圈足盤也是中原地區東周以來流行的樣式。此外,束頸扉棱連襠鬲、淺腹立耳甗、敞口鼓腹罍、鋪首銜環鼓腹壺、獸耳三足錪、平底敦、帶雙環耳的圈足蓋豆等均是如此。三角鋒長胡或中胡帶穿戈、環首削刀、圓環形馬銜、車軎等兵器和車馬器亦屬中原風格。

B 組:北方式銅器。玉皇廟 M18、M250 和甘子堡 M8 等出土的圈足雙耳鍑與歐亞大陸草原地帶習見的同類器基本相同,形式多樣的直刃匕首式短劍(包括菌首劍、獸首劍、環首、平首等)亦是北方系文化的代表之物。此外,獸首刀、動物牌飾、聯珠形飾、泡飾、鳥狀環形帶扣、錐管具、螺旋形頭飾以及外環呈梯形的馬銜、馬鑣等造型與東周時期流行於長城内外北方地帶的考古學文化極爲類似,可視作北方草原文化因素。

C 組:東方式銅器。懷來甘子堡 M2 出土的乳丁紋蹄足敦,與淄博淄川磁村 M03[1] 所見基本相同;同墓所見的子母口淺腹蹄足鼎,與淄川磁村 M01：1 類似,惟前者蓋已缺失;該墓出土的提梁壺,亦與臨朐楊善公孫窰壺形制接近。此外,甘子堡 M1 和 M2 出土的平底有蓋錪和單耳無蓋錪,亦屬山東地區東周墓葬中習見的器物。

D 組:燕式器。本組數量不多,如北辛堡 M1 出土的子母口深腹鼎,與燕國核心區所見同類器物相似。

以上各組中,以 B 組數量最爲巨大,約占整個青銅器群的 90% 左右,其他各組數量較少。

以上的分組只是根據器物的形制、紋飾所做的簡單劃分,有些器物雖被劃入某一特定小組,但若細究便會發現,這些器物其實不止包含一種文化因素,如劃入中原組者,有些是來自中原,有些却是本地模仿之作,同理,歸入北方組者,有些來自長城地帶甚至更遠的歐亞草原,有些却是吸收了北方文化因素之後融入了本地特色鑄造而成。

總體而言,本區青銅器文化内涵構成較爲複雜。既有大量北方草原文化因素,又有來自中原核心區、齊魯文化區和燕文化的因素,其中尤以具有北方草原文化因素的各類兵器、工

[1] 李劍、張龍海:《臨淄出土的幾件青銅器》,《考古》1985 年第 4 期。

具、車馬器和裝飾品最具特色。所有這些使得本區青銅器具有不同於其他區域的獨特特徵。

首先，從時間上來看，主要集中在春秋中期至戰國早期，其長度未能涵蓋整個東周時期。具體而言，早晚兩段青銅器較少，春秋中期晚段至春秋晚期即中期爲繁榮期。春秋晚期晚段以後逐漸衰落。

其次，各種小件器物如易於鑄造的裝飾品、兵器、工具、車馬器等數量巨大，種類繁多。其中裝飾用品包括扣飾、牌飾、佩飾，兵器和工具類包括直刃短劍、戈、鏃、削刀、錛、鑿、錐、針、錐管具等，車馬器包括軎、轄、銜、鑣、節約、銅泡、銅環、杆首飾、鈴等。據《軍都山墓地——玉皇廟》一書統計，玉皇廟隨葬青銅器共 17 790 件，其中裝飾品 16 734 件，占全部青銅器總數的 94%，兵器 395 件，占 2.2%；工具 423 件，占 2.38%；車馬器 213 件，1.2%。相較而言，青銅禮器數量極少，僅有 22 件，占青銅器總數的 0.12%[1]。

第三，青銅容器年代和風格不一，組合亦不成系列，缺乏完整的組合，此亦爲該區域銅器群的一大特點。青銅容器中食器有鼎、鬲、敦、豆、簋等，但敦數量較多，豆、簋、鼎的數量少，偶見鬲、甗。酒器有罍、壺、缶等，其中罍數量較多，壺和缶較少。飲酒器主要有鍴，在青銅容器中占很大比重。挹注器有斗、勺。水器有盤和匜、鑒，後者較爲少見。未見樂器。這些禮器中的絕大部分應該是來自中原和山東地區，係通過姻親或者戰爭的方式而獲得。

第四，擁有一批獨有的器物，如各類直刃短劍、服飾和佩飾，反映出可能存在自己的鑄造業。從鑄造技術看，絕大多數器物爲渾鑄，很少使用分鑄法。體型較大者一模一範，不同於中原一模多範。鑄工較爲粗糙，鑄後不事修整。但兵器如劍的鑄造較爲精細。[2] 從青銅器的成分看，含鉛量較高，對合金成分的控制和製作技術不夠穩定，同類器物中錫含量波動較大，鉛的分布不均匀者較多。

三、來源與流布

該區域的青銅器成分複雜，含有極爲深厚的北方系文化特色。究其來源，當與北方人群的流動有關，同時本地傳統亦不可忽視。

不少學者就東周時期長城沿綫地區的考古學文化作過探索，認爲這一時期在寧夏南部、甘肅東部、内蒙古河套平原、鄂爾多斯高原、岱海盆地以及陝北、晉北、冀北地區存在着呈東北—西南走向的文化帶，林澐將之命名爲北方長城地帶游牧文化帶。[3] 這一文化帶給予了

［1］北京市文物研究所：《軍都山墓地——玉皇廟》（二），文物出版社，2007 年，第 899 頁。

［2］北京市文物研究所：《軍都山墓地——葫蘆溝與西梁垙》，文物出版社，2010 年，第 562 頁。

［3］林澐：《夏至戰國中國北方長城地帶游牧文化帶的形成過程》，《燕京學報》新 14 期，2003 年。近年來還有一些學者對北方地區文化帶進行過研究（楊建華：《中國北方東周時期兩種文化遺存辨析——兼論戎狄與胡的關係》，《考古學報》2009 年第 2 期；單月英：《東周秦代中國北方地區考古學文化格局——兼論戎、狄、胡與華夏之間的互動》，《考古學報》2015 年第 3 期）。

延慶—懷來盆地的考古學文化以强烈的影響。具體表現在該區域所見的青銅器，不僅從種類上絕大多數都能在長城沿綫地區見到，而且形制亦基本相同，反映出彼此之間存在着極爲密切的聯繫。

除了長城沿綫地區游牧人群的流動帶來的北方基因，延慶西撥子類遺存和在鄰近地區繁盛的夏家店上層文化亦爲該區域東周時期的青銅文化提供了不少營養。

1975 年在延慶西撥子曾發現過一批西周晚期的窖藏青銅器。[1] 所出的工具兵器和裝飾品中，既有銎内斧、銅泡等北方系青銅文化因素，亦有削刀、錛、鑿等中原人群常見之物。銅容器中沿下飾一周重環紋帶的鼎，無論形制還是紋飾都與中原地區所見極爲相似，但沿上有雙耳的深腹鍑，此前却並未見於中原地區。

春秋中期以前存在於該地域及鄰近地區的考古學文化遺存，最繁盛的莫過於夏家店上層文化。與西撥子相比，夏家店上層文化所含的某些文化因素與延懷盆地更爲接近。[2] 如聯珠飾、小銅泡、螺旋形頭飾以及環首削刀、直刃短劍、齒柄刀、虎形牌飾等器物形制相似，尤其是短劍柄部流行排列整齊的動物紋，有可能是花格劍的前身，而劍首裝飾有立獸的風格，亦爲延懷盆地吸收。外環爲馬蹬形的馬銜，更爲延懷盆地的人群所沿用並加以改進。這些因素有些是夏家店上層人群所創造，也有相當大的部分是來自更遠的歐亞草原。

因此，追溯延懷盆地青銅器群的來源，似乎存在兩個方向。其主要的文化因素來源於北方草原文化，只不過由於北方人群的多次南下，北方基因的傳輸亦是經過多次才得以完成。以鍑爲例，西撥子所見的鍑，從形制上雖與延懷盆地所出大致類似，但二者的耳部完全不同。夏家店上層文化的青銅器雖與延懷盆地最爲類似，但二者亦有相當大的區別，不僅後者花樣繁多的直刃短劍，多數未見於前者，而且在裝飾品、工具等方面二者亦存在不小的差距。而延懷盆地青銅文化的另一個來源——中原，雖自晚商開始便有人群或文化因素的北上，然勢力始終單薄，地理環境的局限固然是一大主因，但經濟類型、宗教信仰、社會組織的不同，恐怕是二者關係疏遠最主要的原因。

延懷盆地銅器群自春秋中期形成，進入戰國中期在該區域已難尋其踪迹。關於這群青銅器的去向，依現有材料僅能做一些簡單的推測。由延懷盆地往東北方向，可以進入冀北山地、内蒙古東部以及遼西地區。在河北承德、内蒙赤峰、遼寧凌源等地發現的延懷盆地獨有的文化因素，[3] 應該是源自後者。除此之外，太行山東西麓的唐河、滹沱河流域亦是一個值得關注的地域。

---

[1] 北京市文物管理處：《北京市延慶縣西撥子村窖藏銅器》，《考古》1979 年第 3 期。

[2] 參見洪猛《玉皇廟文化初步研究》，吉林大學博士學位論文，第 111 頁。

[3] 邵國田：《敖漢旗鐵匠溝戰國墓地調查簡報》，《内蒙古文物與考古》1992 年第 1、2 期。遼寧省文物考古研究所等：《遼寧凌源縣五道河子戰國墓發掘簡報》，《文物》1989 年第 2 期。

四、行唐銅器群的形成

多年以來,在太行山東麓沿綫及其附近發現了多處含有東周時期青銅器的遺存,典型遺址有行唐李家莊、[1]西石邱、[2]故郡,[3]唐縣北城子,[4]曲陽釣魚臺、[5]大趙邱,[6]滿城采石廠,[7]順平壇山,[8]新樂中同村,[9]平山訪駕莊、北七汲、穆家莊[10]等。這些遺址均分布在太行山東麓的山前地帶,以唐河至滹沱河之間最爲密集,太行山西麓的滹沱河上游亦有個别遺址存在,如代縣沙窪、[11]原平劉莊,[12]定襄中霍村[13]等。這些地點出土的青銅器具有較多的共性,其分布以行唐周圍最爲集中,可以稱之爲行唐銅器群(圖五)。

就文化的構成成分而言,行唐銅器群的器物可分爲以下幾組:

A組:主要有蓋帶三環紐或圈足捉手的附耳蹄足蓋鼎、蓋帶三環紐的鬲鼎、敞口束頸蹄足甗、帶圈足捉手的深盤豆、小口束頸罍、鼓腹大平底帶耳鈉、蹄足帶蓋敦等,與同時期中原地區所見者基本相同。

B組:包括帶鋬短頸瓠壺、小口短頸鈚、帶有高蹄足的扁鼓腹甗、蓋帶三環紐的蓋豆等,此組器物少見或不見於其他地區,屬於本地區特有的文化因素。

C組:包括雙耳圈足鍑、帶蓋橢方鍑、虎牌飾、花格劍、雙環呈8字形和外環呈梯形的馬銜、獸首形馬鑣、帶柄鏡、泡飾、尖首刀、以及斧、錛、鑿等工具以及車馬器等,屬於北方系文化因素。

---

[1] 鄭紹宗:《行唐縣李家莊發現戰國銅器》,《文物》1963年第4期。
[2] 王巧蓮:《行唐縣西石邱出土的戰國青銅器》,《文物春秋》1995年第3期。
[3] 河北省文物研究所、中國社會科學院考古研究所等:《河北行唐縣故郡東周遺址》,《考古》2018年第7期。
[4] 鄭紹宗:《唐縣南伏城及北城子出土周代青銅器》,《文物春秋》1991年第1期。
[5] 胡金華、冀艷坤:《河北唐縣釣魚臺積石墓出土文物整理簡報》,《中原文物》2007年第6期。
[6] 王麗敏:《河北曲陽縣出土戰國銅器》,《文物》2000年第11期。
[7] 河北省博物館:《滿城唐縣發現戰國時期青銅器》,《光明日報》1972年7月16日。
[8] 保定市文物管理所:《河北順平縣壇山戰國墓》,《文物春秋》2002年第4期。
[9] 河北省文物研究所:《河北新樂中同村發現戰國墓》,《文物》1985年第6期。
[10] 河北省文物研究所:《戰國中山國靈壽城——1975—1993年考古發掘報告》,文物出版社,2005年;河北省文物研究所:《河北平山三汲古城調查與墓葬發掘》,《考古學集刊》第5集,中國社會科學出版社,1987年。
[11] 賈志强:《無終、樓煩考》,《山西省考古學會論文集》(一),山西人民出版社,1992年,第123—132頁。
[12] 山西忻州地區文物管理處:《原平縣劉莊塔崗梁東周墓》,《文物》1986年第11期;忻州地區文物管理處、原平市博物館:《山西原平劉莊塔崗梁東周墓第二次清理簡報》,《文物季刊》1998年第1期。
[13] 李有成:《定襄縣中霍村東周墓發掘報告》,《文物》1997年第5期;郭艮堂等:《定襄縣中霍村出土的一批青銅器》,《文物》2004年第12期。

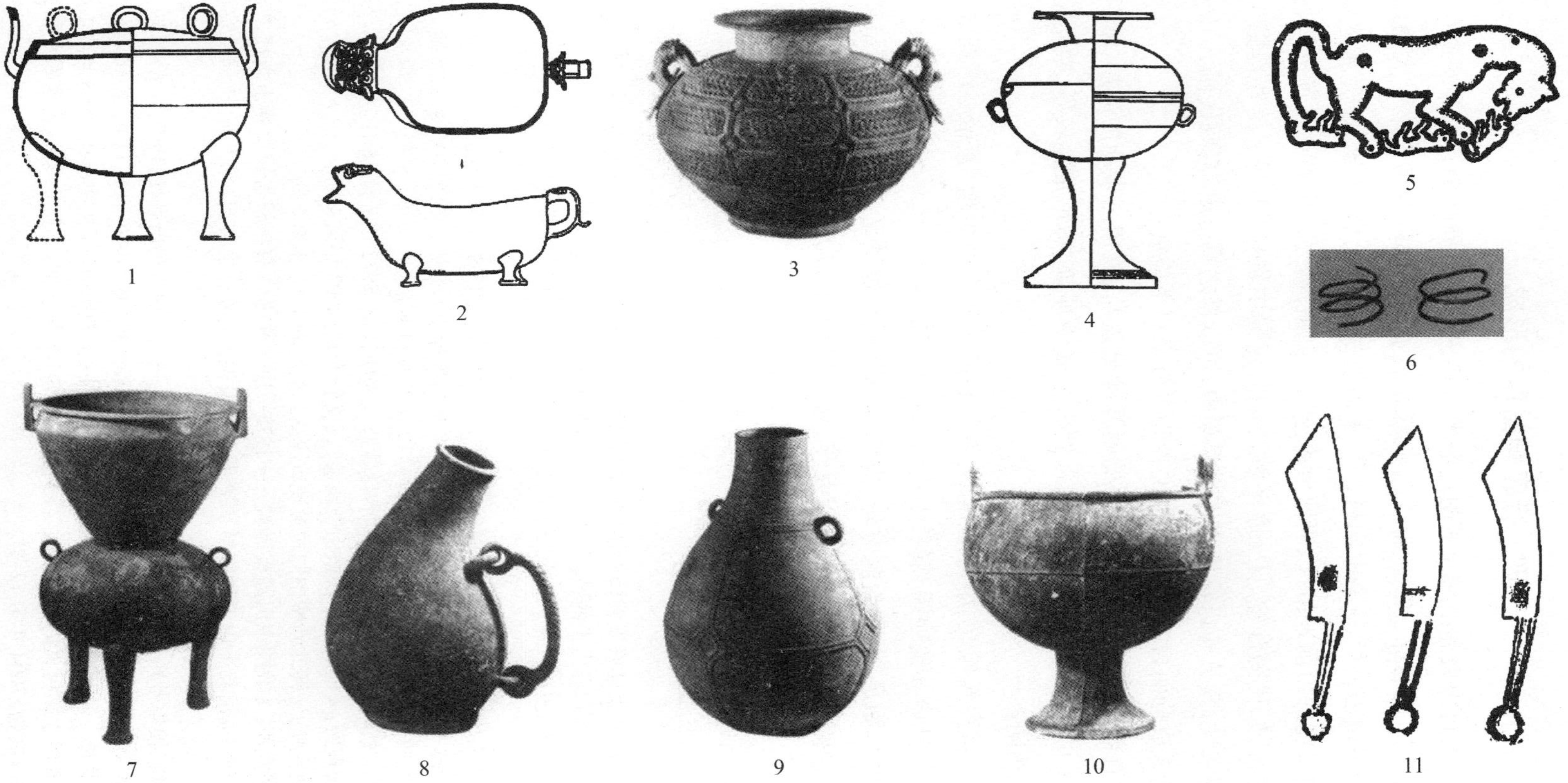

圖五　行唐銅器群典型器物

1. 鼎　2. 匜　3. 罍　4. 豆　5. 虎牌飾　6. 螺旋形頭飾　7. 甗　8. 瓠壺　9. 鈚　10. 鍑　11. 尖首刀幣(1—2、6. 唐縣釣魚臺 1966M, 3. 唐縣北城子 M2,4—5 新樂中同村 M1,7. 滿城采石廠 1971M,8—10 行唐李家莊 1962M,11. 平山北七汲 M8212：1—3)

　　D組：包括蓋帶圓形捉手的長柄蓋豆,雙附耳彎曲、蓋上有三獸紐的蹄足鼎,蓋帶三獸紐的雙耳簋以及提鏈壺等,與燕國和齊國的青銅器極爲相似。

　　上述四組中,除B組器物不見於其他地區,可能爲具有本地特徵的因素外,其餘的三組器物與延懷盆地同時期的遺存基本相同,此種狀況意味着行唐銅器群與延懷盆地銅器群之間存在着極爲密切的聯繫。除却青銅器之外,若將眼光放遠一些,便會發現兩個區域的埋葬習俗亦存在不少相似之處。如延慶玉皇廟、葫蘆溝等墓地習見的石槨墓或積石墓,在行唐李家莊、唐縣釣魚臺、新樂中同村、曲陽大趙邱等地亦常能見到。墓内殉牲是延懷盆地隨葬青銅器的人群較爲流行的做法,在行唐故郡等地亦發現有此類習俗存在,尤其令人驚奇的是,不僅這些墓葬的殉牲種類大致相同,主要爲馬、牛、羊等,而且殉牲的部位也大都爲動物頭骨和蹄足。此外,隨葬品中除青銅器之外,常常有金盤絲、綠松石串飾、瑪瑙珠、骨珠等不同質地的裝飾品相伴而出。所有這些,都顯示出這一區域的青銅文化與延懷盆地存在某種特殊的聯繫。從年代上來看,延懷盆地銅器群自春秋中期便已形成,行唐銅器群的出現略晚一些,大致自春秋晚期才開始出現,因此,就現有材料可以説行唐銅器群的出現,應當是受到了延懷盆地銅器群的影響,甚至不排除在文化傳播的同時存在着人群遷徙的可能。

　　至於遷徙的原因,可能與當地自然環境和人文環境的變化有一定的關聯。春秋時期的氣候情況可從傳世文獻和自然科學資料中找到一些綫索。由《春秋》記載看,公元前669年以前,以大水大雨和大雪爲主。公元前663年開始旱相呈現。至公元前588年後,連續大雩,説明旱災極其嚴重。因此,整個春秋時期除前期60餘年稍有洪澇災害之外,其後的大多數時間較爲乾旱。自然科學研究的結果也證實,距今2500年左右爲氣候變化較大的一個時期,大青山調角海子和頤和園昆明湖地區的孢粉濃度降低,喬木花粉濃度顯著下降,蒿、禾本科、藜、中華卷柏、麻黄等中旱生草本及小半灌木植物花粉的濃度增多,[1]岱海和居延海等内陸湖泊的湖面也進入了一個較低的時期。[2]　植被稀疏、湖面收縮,反映出這一時期的氣候總體來説較爲乾旱。從事游牧或半游牧的人群,原本就對氣候的變化比較敏感,與氣温的升降相比,乾旱對於此類人群的影響更爲顯著,因此,進入春秋晚期以來,乾旱少雨的氣候導致延懷盆地的地理環境發生了重大變化,除了少數人留居原地調整土地利用方式、由半農半牧完全轉爲游牧之外,更多的人群選擇向水氣條件較好的地方遷移,尋找更爲適宜居住的土地,便是情理之中的事情。

[1]　楊志榮:《内蒙古大青山調角海子地區全新世氣候與環境重建研究》,《生態學報》2001年第4期;黄成彦等:《頤和園昆明湖3500餘年沉積物研究》,海洋出版社,1996年,第91—117頁。

[2]　王蘇民:《内蒙古岱海湖泊環境變化與東南季風強弱的關係》,《中國科學》B輯1991年第7期;張振克等:《近2600年來内蒙古居延海湖泊沉積記録的環境變遷》,《湖泊科學》1998年第10卷第2期。

五、小　結

　　延懷盆地銅器群自春秋中期形成後,在該區域繁盛了大約兩百餘年的時間,至戰國早期之後漸次消失。這支青銅器群的內涵構成極其複雜,既有數量較多的如雙耳圈足鍑、各類直刃短劍、獸首刀、動物牌飾、聯珠形飾、泡飾、帶扣、錐管具等北方草原文化因素,又含有立耳鼎、附耳鼎、敞口匜、圈足盤、鋪首壺、深腹蓋豆等若干與中原文化相似的成分,還有部分齊、魯、燕等東方式因素,但在諸多文化因素中始終以北方系文化爲其主要成分。然而自春秋晚期開始這支銅器群漸趨衰落,與此同時,在太行山東西兩麓地區的唐河與滹沱河流域,與延懷盆地銅器群存在若干共同之處的行唐銅器群却突然出現,似乎暗示着該地區東周時期青銅文化的源頭與延懷盆地存在某種關聯。春秋晚期以來延懷盆地氣候的乾冷化亦爲此種變化提供了佐證。考古學文化的傳播與流布,往往有着較爲複雜的歷史背景,其中有可能伴隨着不同來源、不同文化的人群的遷徙與移動。或許原來居於延懷盆地的居民中的一支,越過燕山後沿太行山東麓南下,從而導致了行唐銅器群的產生。當然不排除有少部分人群沿桑乾河谷地,輾轉遷徙至滹沱河上游忻定盆地的可能。根據傳世文獻記載,春秋一代活動於今滹沱河北岸太行山山前地帶的族群——鮮虞,西鄰强晋,屢受攻擊但仍頑强存在,行唐銅器群的分布區域和存在時間大致與此重合,因此以行唐銅器群爲代表的東周文化遺存,有可能即是包含鮮虞在內的人群所創造和使用的。

青銅雁足燈的考古學觀察

張　經[*]

　　戰國、漢代流行的青銅燈具中，雁足燈是比較特殊的一種，其造型兼具豆形燈與動物形燈的特徵，既有實用性，又不乏裝飾性，在青銅燈具中可謂獨樹一幟。在以往的研究中，已有多位研究者對其形制特徵、文化内涵等作出討論，[1]但是尚缺乏對青銅雁足燈的系統研究，特別是在型式分析和發展演變等方面尚無專門討論。隨着更多考古發掘資料的公布，以及海内外傳世品的介紹，使得對青銅雁足燈的深入研究成爲可能。本文即在是已有研究的基礎上，搜集了歷來考古發掘出土及宋代以來傳世的雁足燈資料，通過類型學研究，總結其演變規律，並對其時空分布進行探討，以期推動對漢代燈具，乃至漢代青銅器研究的深入开展。

一、青銅雁足燈的型式分析

　　青銅雁足燈在戰國晚期就已經出現，但屬於這個階段的出土實物並不多，真正流行是在燈具大發展的漢代。目前能見到的考古發掘出土及傳世的青銅雁足燈有三十件左右，根據承接燈盤的燈柱樣式的不同，可以將青銅雁足燈分爲 A、B 兩型：

　　A 型，燈柱爲雁腿形，直接承舉燈盤，在目前所能見到的資料中，這種型式的雁足燈數量最多，幾乎占到 2/3。根據燈盤數量的差別，可以分爲 Aa、Ab 二亞型。Aa 型燈柱上承一個圓形燈盤，這也是常見的樣式。按照雁足燈底座部分的特徵，Aa 型可分爲三式：

　　Ⅰ式，雁足立於平板形底座上，共 13 件。（圖一）燈盤多爲環形，直壁，以雁腿爲燈柱，接於燈盤的一側，雁足多爲三趾，趾間有蹼，立於平板上，平板呈方形、梯形或前方後圓形。戰國晚期就已經鑄作、使用，主要流行於西漢時期。

　　標本一，1992 年山東臨淄商王村一號戰國墓出土，[2]現藏山東臨淄齊故城遺址博物館，通高 36 釐米，環形燈盤，雁腿較粗壯，雁足三趾在前一趾在後，立於梯形平板上，底座上有四字銘文："越陵夫人。"[3]據《簡報》，一號墓的年代應在公元前 266—前 221 年之間，爲齊王

　　* 北京聯合大學考古研究院副教授。

［1］　如葉小燕：《戰國秦漢的燈及有關問題》，《文物》1983 年第 7 期，第 78—86 頁；余偉、盛之翰：《江蘇地區出土漢代銅燈試析》，《東南文化》2014 年第 6 期，第 69—74 頁；陸鵬亮：《雁足燈的兩千年之旅》，《美成在久》2017 年第 11 期，第 56—67 頁。

［2］　臨淄市博物館：《山東臨淄商王村一號戰國墓發掘簡報》，《文物》1997 年第 6 期，第 14—26 頁。

［3］　齊國故城遺址博物館：《齊國故城遺址博物館館藏青銅器精品》，文物出版社，2015 年，第 172 頁；中國青銅器全集編輯委員會編：《中國青銅器全集·秦漢卷》，文物出版社，1998 年，第 106 器。

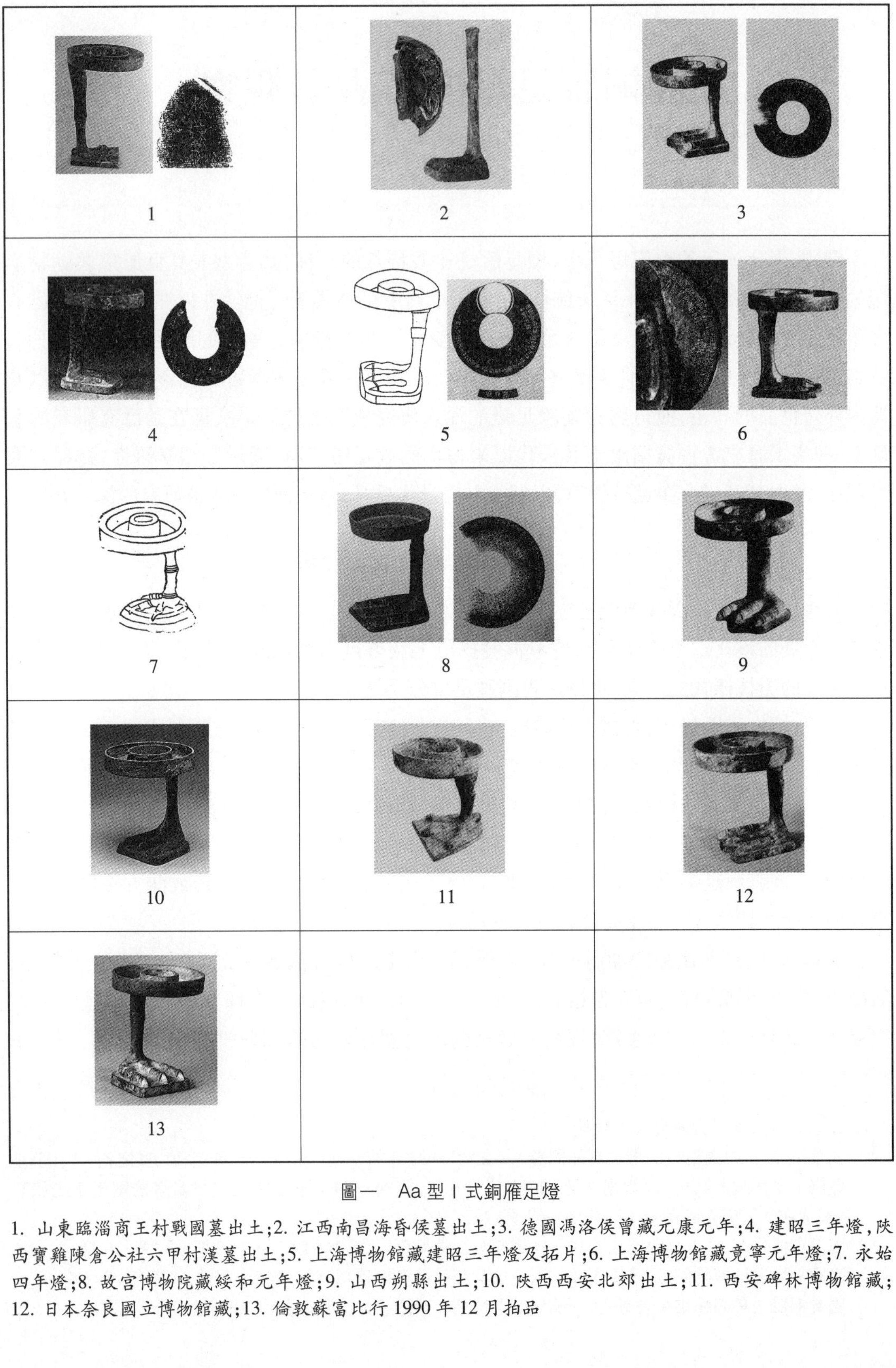

圖一　Aa 型 I 式銅雁足燈

1. 山東臨淄商王村戰國墓出土;2. 江西南昌海昏侯墓出土;3. 德國馮洛侯曾藏元康元年;4. 建昭三年燈,陝西寶雞陳倉公社六甲村漢墓出土;5. 上海博物館藏建昭三年燈及拓片;6. 上海博物館藏竟寧元年燈;7. 永始四年燈;8. 故宮博物院藏綏和元年燈;9. 山西朔縣出土;10. 陝西西安北郊出土;11. 西安碑林博物館藏;12. 日本奈良國立博物館藏;13. 倫敦蘇富比行 1990 年 12 月拍品

建執政時期。

標本二,2011—2015 年發掘的江西南昌海昏侯墓出土,[1] 通高 25.5 釐米,重 1 278 克,環形燈盤,作爲燈柱的雁腿較長,三趾雁足立於空心方形底座上。劉賀曾在元平元年(公元前 74 年)短暫爲帝,被廢後回到昌邑,直到公元前 59 年死去。海昏侯墓隨葬品數量驚人,規格較高,也與其廢帝身份有關。

標本三,元康元年燈,德國馮洛侯(von Lochow)曾藏,[2] 高 13.8 釐米。銘文:"元康元年考工工賢友繕,乍(作)府嗇夫建、護萬年、般長當時主,令長平、右丞義省。重二斤十三兩。"元康元年,漢宣帝第三個年號,爲公元前 65 年。

標本四,建昭三年燈,1970 年陝西省寶雞市陳倉公社六甲村漢墓出土,現藏陝西歷史博物館,[3] 高 14.3 釐米,重 898.3 克。盤底有 46 字銘文:"建昭三年,考工工憲造銅雁足鐙(燈),重三斤九兩,楯建嗇夫福、掾光主,右丞宮、令相省,五年十二月輸。中宮內者第一,故家。"[4] 建昭三年(公元前 36 年)是漢元帝劉奭的第 3 個年號。

標本五,建昭三年燈,形制與標本四相同,曾爲清代金石學家王昶所藏,見其《金石萃編》,也見於阮元《積古齋鐘鼎彝器款識》等,現藏於上海博物館。[5] 據記錄,通高四寸四分(約 14.67 釐米),重一斤八兩(約 900 克),盤下銘 45 字,隸書,"建昭三年,考工工輔爲內者造銅雁足鐙(燈),重三斤八兩,護建、佐博、嗇夫福、掾光主,右丞宮、令相省。中宮內者第五,故家"。另有篆書銘文 13 字,"今陽平家,畫一至三。陽朔元年賜"。趾下有"後大厨"三字。這件雁足燈被反復收錄,考釋,鑄造於建昭三年,在陽朔元年又被賞賜給陽平家,置放於後大厨。

標本六,竟寧元年燈,現藏上海博物館。[6] 銘"竟寧元年考工工護爲內者造銅雁足鐙(燈),重三斤十二兩,護武、嗇夫霸、掾廣漢主,右丞賞、守令尊、護工卒、史不禁省。中宮內者第廿五,受內者"。竟寧元年爲公元前 33 年。

標本七,永始四年燈,高 21 釐米,銘文 24 字,"蒲反首山宮銅雁足八寸鐙(燈),重六斤,永始四年二月工賈慶造"。[7] 永始四年爲公元前 13 年。

[1] 江西省文物考古研究院、中國人民大學歷史學院考古文博系:《江西南昌西漢海昏侯劉賀墓出土銅器》,《文物》2018 年第 11 期,第 4—26 頁。

[2] 艾克博士:《鐃齋吉金録》,珂羅版彩華印刷局,1943 年;也見於孫慰祖、徐谷富:《秦漢金文彙編》,上海書店出版社,1997 年。

[3] 高嶸:《淺析陝西歷史博物館館藏漢燈》,《文博》2010 年第 8 期,第 64—66 頁。

[4] 李仲操:《漢建昭雁足燈考》,《考古與文物》1988 年第 2 期,第 88 頁。

[5] 徐渭仁:《漢建昭雁足鐙考》,道光十七年十二月刊。

[6] 張卉:《六舟所拓兩件青銅器識》,《杭州文博》2009 年第 1 期,第 55—57 頁。

[7] 著録於北宋吕大臨:《考古圖》卷九,浙江人民美術出版社,2017 年。

標本八,綏和元年燈,故宮博物院藏,[1]通高 16.1 釐米,重 1 240 克。燈盤不作常見的環形而是圓盤形,較爲特殊,中間有一個燈釺,三趾雁足立於方形平板上,燈盤下刻銘文:"綏和元年,供工工譚爲内者造銅雁足鐙(燈),護相守、嗇夫博、掾並主,右丞揚、令賀省,重六斤。"綏和是漢成帝的第七個年號,即公元前 8 年。

標本九,1982—1987 年山西朔縣漢墓出土,[2]通高 13 釐米,燈盤爲中空的環形,雁腿、足形燈柱和底座比較粗壯,屬西漢晚期。

標本十,陝西西安北郊出土,[3]高 13.5 釐米,陝西考古研究所藏,西漢晚期。

標本十一,西安碑林博物館藏,[4]高 12.5 釐米,盤外壁飾錯金龍紋 6 條,爲僅見。

標本十二,日本奈良國立博物館藏,由阪本五郎 2000 年寄贈,[5]高 13.5 釐米。

圖二　Aa 型 II 式
陝西旬邑馬欄農場出土雁足燈

標本十三,倫敦蘇富比行(Sotheby's)1990 年 12 月拍品,[6]高 13.5 釐米。標本十一、十二、十三與竟寧燈形制相同,也應歸於西漢晚期製作。

II 式,雁足立於圓雕動物背上,目前只發現一件,1985 年陝西旬邑馬欄農場出土,[7]通高 14.3 釐米。(圖二)圓形燈盤被銅片分隔爲三部分,各有一燈釺,雁腿足立於頭部向前探出的鱉背之上。該燈出於墓葬中,因爲墓葬遭到破壞,具體情況不明,但從同出的鈁、繭形壺的形制看,應屬於西漢早期。

III 式,主體部分同於 I 式,惟雁足所立平板下又鉚接折沿平底淺腹圓盤,共兩件,皆環形燈盤,雁腿接於燈盤一側,雁足三趾在前,一趾在後,屬於東漢早期。(圖三)

標本一,江蘇邗江甘泉二號漢墓出土,通高 22.4 釐米,雁腿形燈柱細長,底盤口沿平折,上面鑄有一行陰刻篆體 17 字銘文:"山陽邸銅雁足長鐙,建武廿八年造,比十二。"建武是漢光武帝劉秀的第一個年號,二十八年爲公元 52 年。

標本二,1984—1985 年山東臨淄金嶺鎮一號墓出土,通高 8.9 釐米,已殘損變形,[8]雁

[1]　故宮博物院編,《故宮青銅器圖典》,紫禁城出版社,2010 年。
[2]　平朔考古隊:《山西朔縣秦漢墓發掘簡報》,《文物》1987 年第 6 期,第 1—52 頁。
[3]　轉引自陸鵬亮:《雁足燈的兩千年之旅》,《美成在久》2017 年第 11 期,第 56—67 頁。
[4]　柳秀芳:《西安碑林博物館收藏的幾件青銅器》,西安碑林博物館編:《碑林集刊(十)》,陝西人民美術出版社,2004 年,第 325—328 頁。
[5]　奈良國立博物館:《奈良國立博物館藏品圖版目錄:中國古代青銅器篇》,2005 年。
[6]　Sotheby's. *Fine Chinese Ceramics and Works of Art*, Dec. 11, 1990, London, U.K..
[7]　關雙喜:《旬邑出土鱉座雁足燈等一批文物》,《文博》1987 年第 5 期,第 90—91 頁。
[8]　山東省文物考古研究所:《山東淄博金嶺鎮一號東漢墓》,《考古學報》1999 年第 1 期,第 97—134 頁。

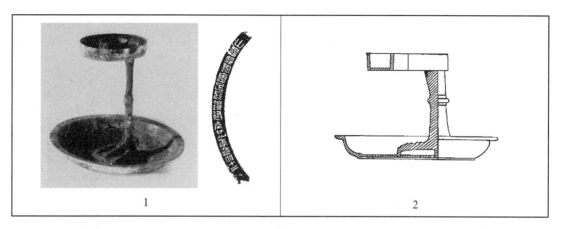

圖三　Aa 型 Ⅲ 式青銅雁足燈

1. 江蘇邗江甘泉二號漢墓出土;2. 山東臨淄金嶺鎮一號墓出土

腿形燈柱較短,底盤平折沿淺腹,矮圈足。該墓或爲東漢齊王劉石墓,建武二十七年(公元51年)就國,立二十四年薨。

　　Ab 型,燈柱上承兩個燈盤,考古發掘出土者兩件,皆出自江蘇盱眙大雲山江都王陵(M1)。(圖四)

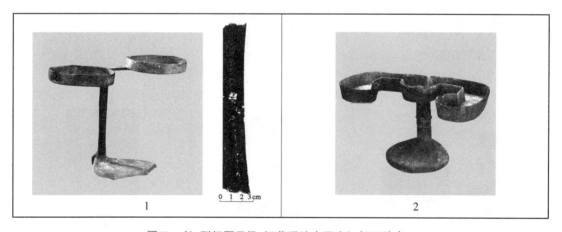

圖四　Ab 型銅雁足燈,江蘇盱眙大雲山江都王陵出土

1. 雙連盤雁足燈;2. M 形盤雁足燈

　　標本一,兩個圓形燈盤以銅柄相連,下接雁腿形燈柱,雁足四趾,三趾在前,一小趾在後,趾間有蹼,通高 22.8 釐米,燈盤上有 15 字銘文:“江都宦者容口升半升,重十斤十二兩。”

　　標本二,兩燈盤相連呈 M 形,燈柱略粗,通高 17.2 釐米,雁足狀底座,燈盤與燈柱之間可以拆卸組裝。[1]

---

[1] 南京博物館編:《長毋相忘——讀盱眙大雲山江都王陵》,譯林出版社,2013 年,第 264—269 頁。

　　大雲山漢墓 M1 墓主人應是西漢第一代江都國國王劉非,下葬年代應爲劉非死後的公元前 128 年或稍後的一段時間内。[1]

　　B 型,共 9 件,燈柱爲圓柱形,中間有箍,上部歧出三曲枝以承舉燈盤,西漢晚期就已經出現,東漢時期多見。(圖五)這種型式的雁足燈通常燈盤爲圓盤形,直壁,平沿,中間有一燈釺,燈柱較細,底端爲雁足狀,立於平板上,再插或鉚接於平底淺腹盤底盤中。

圖五　B 型青銅雁足燈

1. 柏林東亞藝術博物館藏神爵元年燈;2. 山東章丘東平陵故城出土;3. 江蘇徐州土山漢墓出土;
4. 河北邯鄲張莊橋 M1 出土;5. 河南偃師高龍鄉石牛村漢墓出土;6. 河南洛陽孟津平樂出土;7. 河南洛陽出土;
8. 安徽合肥西郊烏龜墩出土;9. 遼寧省博物館藏建昭三年燈

---

[1] 南京博物院、盱眙縣文廣新局:《江蘇盱眙縣大雲山漢墓》,《考古》2012 年第 7 期,第 53—59 頁;南京博物院、盱眙縣文廣新局:《江蘇盱眙縣大雲山西漢江都王陵一號墓》,《考古》2013 年第 10 期,第 3—68 頁;劉慶柱:《關於江蘇盱眙大雲山漢墓考古研究的幾個問題》,《東南文化》2013 年第 1 期,第 81—86 頁。

標本一，神爵元年燈，德國柏林東亞藝術博物館藏，高 23.3 釐米，燈柱上部歧出的三曲枝有龍首形裝飾，比較特殊。底盤口沿上有 22 字銘文："長安下領宮銅雁足鐙（燈），重十斤五兩，神爵元年工錡建造。"[1]神爵是西漢宣帝第四個年號，元年爲公元前 61 年。

標本二，山東章丘市東平陵故城出土，[2]通高 23.4 釐米，底盤平折沿，曲壁，平底，小圈足。雁足燈出土地可能爲兩漢濟南王的宮室所在，同出的鑒上有"延平元年"銘文，爲東漢漢殤帝劉隆年號（公元 106 年），只使用了一年，雁足燈的製作可能在這前後。

標本三，1970 年江蘇徐州土山漢墓出土，現藏南京博物院，[3]高 26.3 釐米，燈柱較細，底盤口沿上刻"樂來"二字。[4] 墓主人屬東漢中、晚期彭城王劉恭的家族。[5]

標本四，河北邯鄲張莊橋 M1 出土，現藏邯鄲市博物館，[6]高 22 釐米，重 1 900 克。[7]有研究認爲 M1 墓主可能爲東漢趙王（公元 104—164 年），該燈主要製作於趙王在位期間，屬於東漢中期。

標本五，1975 年河南偃師高龍鄉石牛溝村漢墓出土，現藏偃師商城博物館，[8]通高 24.5 釐米。屬於東漢時期。

標本六，1985 年洛陽孟津平樂出土，[9]通高 14.9 釐米，燈柱插接在底盤上，可自如轉動，屬於東漢時期。

標本七，河南洛陽出土，[10]通高 24.4 釐米，屬於東漢時期。

標本八，1954 年安徽合肥西郊烏龜墩出土，[11]通高 17.5 釐米，根據墓中出土遺物判斷，該墓屬於東漢末期。

遼寧省博物館收藏有一件建昭三年燈，[12]通高 69.4 釐米，重 19.9 千克，銘文 44 字，"建昭三年，考工輔爲內者造銅雁足，重十四斤三兩，護建、佐博、嗇夫福、掾光主，右丞宮、令相省，中宮內者第五，故家"。值得注意的是，遼博藏建昭三年燈與前所述兩件建昭三年燈在形

［１］ 梅原末治：《歐米搜儲支那古銅精華 3》，（日本）山中商會發行，1933 年。

［２］ 寧蔭棠、牛祺安：《山東章丘市東平陵故城出土漢代銅器》，《文物》1997 年第 4 期，第 77—79 頁。

［３］ 中國青銅器全集編輯委員會編：《中國青銅器全集·秦漢卷》，文物出版社，1998 年，第 107 器。

［４］ 南京博物院：《徐州土山東漢墓清理簡報》，《文博通訊》1977 年第 15 期。

［５］ 參考閻孝慈：《徐州的漢代王侯墓》，《徐州師範學院學報（哲學社會科學版）》1988 年第 1 期，第 93—97 頁。

［６］ 馬小青：《張莊橋古墓小考》，《邯鄲職業技術學院學報》，2006 年第 1 期。

［７］ 李伯謙主編：《中國出土青銅器全集·河北卷》，科學出版社，2018 年。

［８］ 郭紅濤：《河南偃師商城博物館藏青銅器》，《考古與文物》1997 年第 1 期，第 73—75 頁。

［９］ 李隨森、張玉芳：《洛陽博物館徵集到的古代文物》，《中原文物》1996 年第 4 期，第 101—106 頁。

［10］ 洛陽師範學院、洛陽市文物局編：《洛陽出土青銅器》，紫禁城出版社，2006 年，第 205 器。

［11］ 安徽省博物館籌備處清理小組：《合肥西郊烏龜墩古墓清理簡報》，《文物參考資料》1956 年第 2 期，第 46—51 頁。

［12］ 著錄於容庚：《金文編》，中華書局，1985 年。

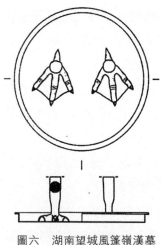

圖六　湖南望城風篷嶺漢墓
出土銅雁足燈

制上並不同,燈柱作竹節形,燈柱底端也並非雁足狀,與通常所稱豆形燈近似,但是燈柱上部歧出,又與之有異,尺寸也特別大,因爲自銘"雁足燈",故附列此型之後。工匠輔在雁昭三年爲宮中製作了兩件雁足燈,監管者相同,但是形制並不相同,表明即使同期同批人製作的同批器物,形制上也會有差別。可能正因爲二燈形制不同,所以編號都爲第五。竹節形燈柱沒有雁足的燈也偶有被稱爲"雁足燈"的情況,不知道是否屬於失誤。

此外,在秦始皇陵建築遺址考古發掘中,出土過雁足燈構件,[1]未見圖形。湖南望城風篷嶺漢墓出土一件殘器,殘高10.2釐米,底部淺腹圓盤內並列兩雁足,足上端殘,不能判斷該件器物形制是否爲雁足燈。[2]　(圖六)

表一　青銅雁足燈型式、尺寸表

型 式			出土或收藏單位	時 代	尺寸(釐米)	重量(克)
A 型	Aa 型	I 式	山東臨淄商王村一號戰國墓出土,現藏山東臨淄齊故城遺址博物館	戰國末期	通高 36	
			江西南昌海昏侯墓出土	西漢晚期	通高 25.5	1 278
			德國馮洛侯曾藏	元康元年(公元前 65 年)	高 13.8	
			陝西寶雞市陳倉公社六甲村漢墓出土出土,現藏陝西歷史博物館	建昭三年(公元前 36 年)	高 14.3	898.3
			上海博物館	建昭三年(公元前 36 年)	高 14.67	900
			上海博物館	竟寧元年(公元前 33 年)		
				永始四年(公元前 13 年)	高 21	

[1]　袁仲一:《秦始皇陵考古紀要》,《考古與文物》1988 年第 5、6 期,第 133—146 頁。

[2]　長沙市文物考古研究所、望城縣文物管理局:《湖南望城風篷嶺漢墓發掘簡報》,《文物》2007 年第 12期,第 21—42 頁。

續表

型　　式			出土或收藏單位	時　　代	尺寸（釐米）	重量（克）
A 型	Aa 型	I 式	故宮博物院藏	綏和元年（公元前 8 年）	通高 16.1	1 240
			山西朔縣出土	西漢晚期	通高 13	
			陝西西安北郊出土	西漢晚期	高 13.5	
			西安碑林博物館藏	西漢晚期	高 12.5	
			日本奈良國立博物館藏	西漢晚期	高 13.5	
			倫敦蘇富比行 1990 年 12 月拍品	西漢晚期	高 13.5	
		II 式	陝西旬邑馬欄農場出土	西漢早期	通高 14.3	
		III 式	江蘇邗江甘泉二號漢墓出土	東漢早期	通高 22.4	
			山東臨淄金嶺鎮一號墓出土	東漢早期	通高 8.9	
	Ab 型		江蘇盱眙大雲山江都王陵出土	西漢早期	通高 22.8	
			江蘇盱眙大雲山江都王陵出土	西漢早期	通高 17.2	
B 型			柏林東亞藝術博物館藏	神爵元年（公元前 61 年）	高 23.3	
			山東章丘市東平陵故城出土	東漢中期	通高 23.4	
			江蘇徐州土山漢墓出土，現藏南京博物院	東漢中晚期	高 26.3	
			河北邯鄲張莊橋 M1 出土，現藏邯鄲市博物館	東漢	高 22	1 900
			河南偃師高龍鄉石牛溝村出土，現藏河南偃師商城博物館	西漢晚期	通高 24.5	
			河南洛陽孟津平樂出土	東漢	通高 14.9	
			河南洛陽出土	東漢	通高 24.4	
			安徽合肥西郊烏龜墩墓出土	東漢末期	通高 17.5	
			遼寧省博物館藏	建昭三年（公元前 36 年）	通高 69.4	

　　據上述資料，青銅雁足燈從戰國晚期開始鑄作使用，一直到東漢末期，其形制演變的趨勢是，戰國晚期與西漢時期的雁足燈，更注重細節的刻畫，雁腿粗壯，比較具象，這既是對戰國中後期流行的動物象形風格的一種延續，也是爲了保持器物平衡。包括燈柱立在一側，環形燈盤的設計，也都兼具保持器物平衡的作用。到西漢晚期，燈柱不再接於一側，而是立於中間，上部歧出三曲枝，在視覺效果上更穩定，平板下接底盤，可以更有效地保持器物的平衡；所以這種樣式一經出現，即成爲主流，特別是在東漢時期。因爲保持器物穩定的方式不

同,作爲燈柱的雁腿變細,寫實性也不那麼突出,開始抽象化,多爲圓柱形,中部有箍形裝飾,但是仍保留了雁足的特徵。

二、青銅雁足燈的時空分布與發展演變

青銅雁足燈在戰國晚期的實物,目前僅見於山東臨淄商王村戰國墓,該墓出土的銀匜和雁足燈上都有"越陵夫人"刻銘,表明墓主人有"夫人"之稱,身份和地位較高,所出金銀製品和玉器都製作精美,也與其身份相符。墓中出土青銅燈具三件,鳥柄行燈設計很精巧。這些都表明,戰國晚期高等級貴族才能使用青銅雁足燈。而且銅雁足燈較早的實物出現於齊地,並在其後被漢人繼承、發揚,也從一個側面説明了齊器對於漢代青銅器器型有一定影響。1999 年陝西省西安北郊戰國晚期墓出土一件雁足燈陶模,爲泥質紅陶,殘高 14釐米,殘存的雁足踏在前方後圓形底板上,雁腿及足趾雕刻精細,寫實性很強。[1] 從隨葬品分析,墓主人是個具有一定身份的鑄銅工匠,族屬爲漢族,時代比商王村墓所處年代略晚,遠至秦地已經有雁足燈陶模出土,表明戰國晚期秦地的雁足燈可能是由中原傳入的,青銅雁足燈的鑄作和使用在當時可能並不罕見。

圖七　陝西西安北郊戰國晚期墓出土雁足燈陶模

西漢時期的青銅雁足燈,主要出土於江蘇盱眙、江西南昌、陝西寶雞、陝西旬邑、山西朔縣等地。戰國晚期開始出現的 Aa 型Ⅰ式,一直延續至西漢晚期,雁足具象、生動,踏在平板之上。有明確出土信息者,如江西南昌海昏侯墓出土有銅器 500 餘件,其中燈具有 25 件,除了雁足燈 1 件以外,還有雁魚燈 1 對,缸燈 5 件,豆形燈 13 件,連枝燈 2 件,行燈 2 件,以及一些燈部件。[2] 墓主人劉賀,曾爲廢帝,雖貶在偏遠之隅,仍爲一方諸侯,從其墓中隨葬大量精美物品可見一斑。山西朔縣漢墓儘管不屬於王侯墓,但該處在秦漢時是北方軍事重鎮,出土有王侯級别的雁足燈,誠如報告所指出的,"對於認識當時北方長城沿綫地帶經濟和文化發展狀況有一定意義"。[3] 建昭三年燈、竟寧元年燈和綏和元年燈都有銘文記載"中宫内者"或"爲内者造",表明本是宫中之物。永始四年燈銘"蒲反首山宫",蒲反,《漢書·地理

[1] 陝西省考古研究所:《西安北郊戰國鑄銅工匠墓發掘簡報》,《文物》2003 年第 9 期,第 4—14 頁。

[2] 江西省文物考古研究院、中國人民大學歷史學院考古文博系:《江西南昌西漢海昏侯劉賀墓出土銅器》,《文物》2018 年第 11 期,第 4—27 頁;江西省文物考古研究所、首都博物館編:《五色炫曜——南昌漢代海昏侯國考古成果》,江西人民出版社,2016 年。

[3] 平朔考古隊:《山西朔縣秦漢墓發掘簡報》,《文物》1987 年第 6 期,第 1—52 頁。

志》載屬河東郡,據考證在今永濟縣。[1] 銘"首山宫",説明是王侯所用,足見這種青銅雁足燈爲宫中及王侯級别才能使用。

　　西漢早期雁足燈的設計上有所創新,出現了兩種新樣式:一是在底座上,以動物形象取代了雁足所踏平板,即 Aa 型Ⅱ式,在設計上更富有藝術性。此種燈具目前只發現一件。但是以動物形象爲底座的設計在青銅器中並不少見,即使在燈具中,如大雲山漢墓出土的五枝形燈,也是以神獸形爲底座;一是在燈盤的設計上,出現了 Ab 型的雙燈盤雁足燈,江蘇盱眙大雲山漢墓墓主人爲第一代江都王劉非,[2]墓中出土銅燈 16 件,除雁足燈外,還有缸燈、枝形燈、鹿燈,行燈等,其中尤以鹿燈最爲精美。上述兩種新式樣都未能在更多地域流行,僅短期使用。

　　西漢晚期雁足燈在設計上出現了重要變化,燈柱不再居於一側,而是居中,上部歧出三曲枝以承舉燈盤,即 B 型,爲了保持器物穩定,在雁足所踏平板下又加一底盤。這種樣式一經出現,即成爲主流,延續使用至東漢末期。這一階段的神爵元年燈屬於長安下領宫,建昭三年燈屬於宫中之物,在使用階層上仍是帝王之物。

　　東漢時期的青銅雁足燈,主要出土於山東章丘、山東臨淄、江蘇徐州、江蘇邗江、河北邯鄲、河南洛陽、安徽合肥等地,從地域的分布上與西漢時期相比有所擴大,表明雁足燈的使用範圍更廣。從形制上主要爲兩種樣式,一是 Aa 型仍舊延續,儘管吸收了西漢晚期出現的附加底盤樣式,即 AaⅢ式,但未成爲主流,僅短期使用,集中在東漢早期。已發現的兩件皆出自諸侯王墓,江蘇邗江甘泉 M2 早期被盜擾,墓主人是光武帝劉秀第九個兒子廣陵王劉荆的墓,他在建武十五年(公元 39 年)封爲山陽公,後進爵爲山陽王,永平元年(58 年)徙封爲廣陵王,死於永平十年(公元 67 年),與墓中燈銘"山陽邸",並出土有"廣陵王璽"相符。[3] 山東臨淄金嶺鎮 M1 被嚴重盜擾,但是墓葬規模宏大,工程浩繁,出土有玉衣片,墓主人使用銀縷玉衣收斂,出土的陶器有完整的組合,表明墓主人身份地位較高,或以爲是東漢早期齊王劉石。

　　東漢時期居於主流地位的是在西漢晚期出現的 B 型雁足燈,幾件出土信息可靠的雁足燈均出自王侯墓:山東章丘市東平陵故城,可能爲兩漢濟南王的宫室所在地;河北邯鄲張莊橋 M1 被盜擾,出土有玉衣片,銅器精美,墓主人可能爲一代趙王。江蘇徐州土山漢墓 M1 出土有銀縷玉衣等,[4]可能是東漢某代彭城王王后的墓葬。屬於東漢末期的安徽合肥西郊烏

[1] 喬淑芝:《"蒲反田官"器考》,《文物》1987 年 4 期,第 67—70 頁。

[2] 南京博物院、盱眙縣文廣新局:《江蘇盱眙縣大雲山漢墓》,《考古》2012 年第 7 期,第 53—59 頁;南京博物院、盱眙縣文廣新局:《江蘇盱眙縣大雲山西漢江都王陵一號墓》,《考古》2013 年第 10 期,第 3—68 頁;劉慶柱:《關於江蘇盱眙大雲山漢墓考古研究的幾個問題》,《東南文化》2013 年第 1 期,第 81—86 頁。

[3] 南京博物院:《江蘇邗江甘泉二號漢墓》,《文物》1981 年第 11 期,第 1—14 頁。

[4] 南京博物院:《徐州土山東漢墓清理簡報》,《文博通訊》1977 年第 15 期。

龜墩漢墓也出土有一件雁足燈,墓内隨葬品大部分遭破壞,有大量陶片,墓葬規模不大,隨葬品比較粗糙,可能與所處末世有一定的關係。

綜上所述,戰國晚期出現的 Aa I 式延續使用到西漢晚期,西漢早期在青銅雁足燈的樣式上多有創新,出現了 Aa II 式和 Ab 型,可謂多姿多彩,但都没有成爲主流,Aa 型發展到東漢,演變出 III 式,也僅短期使用。反而是西漢晚期出現的 B 型成爲主流,一直延續使用到東漢末期。隨着陶瓷製造業的發展,陶燈、瓷燈的流行,青銅燈也就退出了歷史舞臺。青銅雁足燈從開始鑄造、使用,即爲宫中之物,皆出自王、諸侯一級貴族墓中,這種情況一直延續到東漢時期,始終是帝、王、侯所用之物,具有等級和身份的標識作用。[1]

表二　青銅雁足燈的演變

型式＼時代			戰國晚期	西漢早期	西漢中期	西漢晚期	新莽時期	東漢早期	東漢中期	東漢晚期
A型	Aa	I	————————————————————							
		II		———————						
		III				————————————————				
	Ab			———————						
	B 型					———————————————————————				

三、幾 點 餘 論

首先,雁足燈有自名,往往寫作"雁足鐙","鐙"與"燈"爲古今字。銘"雁足"與實際出土物表現雁腿、足部特徵相符,表明這種類型的燈具所表現的確實是與"雁"有關,而並非像有的研究者所認爲的那樣是鷹爪或其他形象。《説文》:"雁,知時鳥,大夫以爲摯,昏禮用之。"正因爲雁被賦予這種特殊的象徵意義,因此才會在燈具中出現"雁足"形象。漢燈中也常見雁魚燈,作雁回首口中銜魚的形象,往往成對使用,足見雁在漢人心目中的特殊情感,《漢書·蘇武傳》中有以雁傳書信的記載,是比較早的與雁有關的故事,後來鴻雁傳書,魚雁往來等詞語的出現與使用,都與這樣的故事有關。雁對於當時的人們有着特殊的意義,因此雁的形象才會出現在紋飾、故事、日常用具等等。

其次,根據上所録青銅雁足燈,戰國晚期雁足燈高 36 釐米,西漢時期則多在十幾至二十多釐米,僅遼寧省博物館藏雁足燈通高 60 多釐米,但其形制的特殊性,我們前文已經討論,其餘没有高於三十釐米者,其中 A 型各式中,Aa I 式和 Aa II 式以十幾釐米更爲多見,Ab 型可

---

[1]　關於這一點,也有研究者據漢代枝形燈的研究得出同樣的認識,參考宋蓉:《漢代枝燈的考古學研究》,《考古學研究》第 23 集,文物出版社,2020 年,第 218—239 頁。

能因爲雙盤的特徵,尺寸略高,約在 20 釐米上下。B 型中則以高 20 多釐米者更爲常見。之所以出現這種差異,推測或與雁足下又加一底盤的設計有關。但是從尺寸上來講,十幾二十多釐米,皆比較適於日常使用。另外,雁足燈出土時多在墓葬前室或者回廊處,也可以判斷青銅雁足燈爲貴族生前日用器,並非明器。在各帝、侯用品中缸燈、行燈、枝形燈,以及各種動物形燈都是比較常見的燈具。而雁足燈作爲動物形燈的一個分支,也從來都是王侯等高等級階層才能使用。

第三,考古發掘以及傳世品中,還有一種表現鳥類腿足特徵的燈,往往也被歸入雁足燈,如陝西咸陽塔兒坡秦墓出土兩件形制、大小相同的銅燈,通高 40 釐米,燈盤爲中空的環形,燈柄爲鳥身及腿,足踏在四桃形燈座上,報告中稱爲雁足燈。[1] 紐約埃斯肯納齊行(Eskennazi)在 1998 年曾拍賣一件燈,與塔兒坡銅燈形制相同。[2] 這兩件燈都是以環形的燈盤象徵鳥首,鳥身細長,尤其是足趾的特徵,與通常所講的雁足燈粗壯的腿、足並不相同。事實上,塔兒坡與埃斯肯納齊行燈是以簡省形式表現鳥的形象,完整的則見於尤利烏斯·埃貝哈特(Julius Eberhardt)收藏的青銅燈,[3]鳥首上有翹起的羽毛,喙銜着環狀燈盤,細長的鳥身、略上卷的鳥尾,長長的鳥腿都與塔兒坡和埃斯肯納齊行燈相同。可見這種燈並不是表現的雁腿與足,不應該歸入雁足燈。其與河北滿城漢墓出土的朱雀燈[4]相類,可稱之爲朱雀燈或鳳鳥燈。

第四,在有銘青銅雁足燈中,除了戰國墓出土的"趞陵夫人"燈及邗江甘泉漢燈"山陽邸"及大雲山漢墓出土燈銘"江都宦者",表明燈的歸屬之外,還有一件"樂來"爲吉語,其餘諸燈

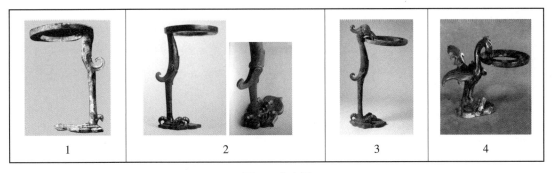

圖八　朱雀燈
1. 陝西咸陽塔兒坡出土;2. 紐約埃斯肯納齊行(Eskenazi)拍品;
3. 美國尤利烏斯·埃貝哈特(Julius Eberhardt)藏燈;4. 河北滿城漢墓出土

[1] 咸陽市博物館:《陝西咸陽塔兒坡出土的銅器》,《文物》1975 年第 6 期,第 69—76 頁。
[2] Eskenazi. Animals and Animal Designs in Chinese Art, Mar. 24 - Apr. 4, 1998, New York, U.S.A..
[3] Regina Krahl(康蕊君). Sammlung Julius Eberhardt: Frühe Chinesische Kunst/Collection Julius Eberhardt: Early Chinese Art. Magnum Ltd., 2000.
[4] 中國社會科學院考古研究所、河北省文物管理處:《滿城漢墓發掘報告》,文物出版社,1980 年。

銘都屬於"物勒工名"的情況,皆見於西漢時期。建昭三年燈燈銘即詳細記載了製造者,參與者,檢查、監督者,即所謂"物勒工名,以考其誠"。關於漢代"物勒工名"之制,已有很多討論,黃盛璋將其分爲"一級: 造或工","二級: 製造、主造或製造、省造","三級: 製造、主造、省造"。[1] 以往的討論已經比較多了,此不贅述。雁足燈上除了工匠的名字,行主持、監造之職者基本爲護、佐、嗇夫、掾、右丞、令等。由此可以窺見西漢時期考工的制度與管理。這種制度在東漢衰落,而在出土和傳世的東漢雁足燈上不見銘文,正是這一歷史變化的客觀反映。

四、結　論

青銅雁足燈從戰國晚期開始出現,延續使用至東漢末期,始終爲帝、王、侯日常使用之物。戰國晚期到西漢時期,雁足燈對雁腿、足的肖形刻畫比較生動、具象,到東漢時期則趨於簡化、抽象化,底座也由平板過渡到更爲穩定、實用的底盤。東漢時期雁足燈的分布範圍比西漢時期更廣,但數量並未明顯增長,表明雁足燈的使用階層並未下移。雁足燈型式的演變,也折射出漢代文化風格和趣味的發展和變化。

---

[1] 黃盛璋:《試論三晉兵器的國別和年代及其相關問題》,《考古學報》1974 年第 1 期,第 13—44 頁;《三晉銅器的國別、年代與相關制度》,《古文字研究》第 17 輯,中華書局,1989 年。

棗莊徐樓和襄陽余崗兩件
東周刻紋銅舟研究

盛婧子[*]

　　對於東周刻紋銅器的研究,是認識東周青銅技術與藝術不應忽視的方面。本文選取棗莊徐樓東周墓出土刻紋銅舟(M1∶11)和襄陽余崗楚墓出土刻紋銅舟(M237∶4)這兩件器物進行個案研究。爲簡明起見,分別稱之爲"徐樓舟"和"余崗舟"。兩舟器形、大小高度近似,紋飾裝飾位置相同、内容相類,而其出土地跨越了整個中原地區,由此引出下列問題∶這兩件器物有何具體關聯? 本文試作探研。[1]

　　兩舟皆屬"東周刻紋銅器"這一特殊器群,其共同特徵是在壁厚一毫米左右的銅器上鏨刻紋飾。關於這類銅器,學界已有不少研究。其叙事性圖像開一代新風,學界多稱其爲"畫像紋"或"圖像紋"。20世紀80年代前的研究多集中在圖像内容的討論,將這些圖像作爲研究中國早期社會、文化和藝術的一種資料。[2] 此後,學者們將之視爲一類獨特的青銅器展開多角度研究,其圖像、刻紋工藝、産地、起源及發展過程成爲重點關注的方面。[3] 但精細的個案研究尚顯不足。近十餘年,隨着科技手段的采用,對單體或成組器的分析在不斷積累,刻紋銅器所含技術信息得到更深入細緻的挖掘。[4]

　　本文試對兩件舟作細緻探究。既從技術史的研究視角出發,以直接觀察、體視顯微鏡檢測及金相學分析的方法對兩件刻紋銅舟所含工藝技術信息加以探討,又從美術史的研究視角出發,以圖像細讀、風格分析的方法對兩件刻紋銅舟所飾圖像加以探討(兩舟刻紋圖像不具叙事性,非叙事性刻紋在以往相關圖像研究中尚未成爲具有針對性的研究對象,但恰恰是這類刻紋圖像可與前期青銅器紋飾産生更緊密的關聯),最後回歸到器物本身所形成的三維

* 中國科學院自然科學史研究所、中國科學院大學,博士研究生。

[1] 李洋在其書中提到余崗舟,但其志趣在先秦兩漢時期熱鍛薄壁青銅器上,而非考究具體器物,見李洋∶《爐捶之間∶先秦兩漢時期熱鍛薄壁青銅器研究》,上海古籍出版社,2017年,第63頁。王志剛亦論及余崗舟刻紋工藝和裝飾圖像,見王志剛∶《鏨刻射禮紋銅器源流初探——以余崗楚墓刻紋銅器的發現爲契機》,載楚文化研究會編∶《楚文化研究論集》第12集,上海古籍出版社,2017年,第260—271頁。
[2] 馬承源∶《漫談戰國青銅器上的畫像》,《文物》1961年第10期,第26—30頁。
[3] 葉小燕∶《東周刻紋銅器》,《考古》1983年第2期,第158—164頁;賀西林∶《東周綫刻畫像銅器研究》,《美術研究》1995年第1期,第37—42頁。
[4] 南普恒、王曉毅、陳小三、潛偉∶《山西隰縣瓦窯坡M30出土刻紋銅斗的製作工藝》,《考古》2020年第7期,第107—116頁。

空間，探究觀者目光與器物間的互動關係。由此獲取綫索，並對兩器産地、年代、功能問題有所回應。

一、兩件刻紋銅舟

棗莊徐樓東周墓地共發掘兩座墓，2009 年發掘時 M1 已被破壞。該墓爲長方形竪穴土坑墓，方向 100°，墓口長 6.28、寬 5.76、深 1.93—2.54 米。M1 共出土器物 105 件，其中銅器 92 件。發掘報告根據出土器物的銘文内容、形制、紋飾推測兩墓年代爲春秋中晚期；根據 M1 無兵器隨葬而 M2 隨葬兵器，認爲兩座墓爲夫婦異穴合葬形式，M1 墓主爲女性，M2 墓主爲男性；根據年代、規格和地望認爲應是費國貴族墓。[1]

徐樓舟出土時殘損嚴重，底和四壁已分離。但器形可辨，體作橢圓形，口略内收，平沿，腹微鼓，兩長邊各有一龍形環耳，平底。修復後（圖一）長徑 168、短徑 146、腹深 66、高 84 毫米；口沿處壁厚 1.4 毫米，到器腹逐漸變薄，器底壁厚 0.6 毫米。龍形環耳，身環形，首昂立，尾作彎曲外翹的板狀。器外壁光素，内壁和内底刻紋。爲描述方便，現將器物長邊定爲左右向，並將器底殘損嚴重的一側定爲右向。器内底（圖二）中央爲一橢方形環狀紋，環内填平行排列的斜短綫；環狀紋四角各有一桃心形紋，由兩個相對卷曲的綫條構成，右下側有破損。其左右兩側應爲一對相嚮的蟾蜍紋，但右側已破損。中心紋飾之外環交繞龍蛇紋，據殘存紋飾推測，四正方向各有一龍紋，每兩龍紋之間爲一蛇紋。上方向與下方向二龍紋基本完整，龍首均朝向中心，兩個橫向相接的短弧綫縱向平行排布成龍體填紋（後簡稱其爲"雙鱗紋"）；

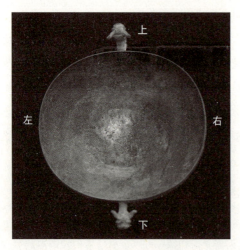

圖一　徐樓舟（修復後）

圖二　徐樓舟器内底紋飾綫描圖（天津博物館張夏提供）

［1］ 棗莊市博物館、棗莊市文物管理委員會辦公室、棗莊市嶧城區文廣新局：《棗莊市嶧城徐樓東周墓發掘報告》，載山東省文物考古研究所編：《海岱考古》第 7 輯，科學出版社，2014 年，第 59—127 頁。

蛇紋僅左上向者基本完整,蛇首朝外、形式與蟾蜍紋首部如出一轍,身體填兩條隨形縱綫紋。器内壁尚可見四處殘存紋飾,可辨識者均爲龍紋,發掘簡報和報告均未詳述。

襄陽余崗楚國墓地中 M237 於 2004—2005 年發掘,位於墓地西側,方向 200°。墓口長方形,四壁内斜,墓口長 3.75、寬 2.4、距地表深 0.5 米,墓底長 3.16、寬 1.6—1.66、距墓口深 3.8 米。槨内棺外南端置隨葬品 5 件:銅鼎 1、盆 1、舟 1,陶罐 1、豆 1。發掘報告根據該墓地墓葬中器物組合的演變情況,推測該墓年代在春秋中期後段,墓主屬士級,或爲鄧遺民。[1]

余崗舟出土時保存狀況較徐樓舟好,器形與徐樓舟基本一致。[2] 修復後(圖三)口沿處長徑 154.3、短徑 143.8 毫米,較徐樓舟略圓,腹深 60 毫米,龍形環耳長 52.2 毫米,口沿處壁厚 0.9—1 毫米。兩件舟的器耳高度一致,刻紋位置也相同,外壁同樣光素。爲描述方便,現將器物長邊定爲左右向,又將器底殘損嚴重的一側定爲右向。器内底最中央爲一圓環紋(圖四)。之外環交繞蛇紋,四個正方向各爲一蛇紋;單一蛇紋既自行交繞,又同相鄰的蛇紋交繞。器内壁底端爲兩周並排的紋飾帶;其上爲二禽鳥紋和四魚紋,前者分别位於銅舟兩短邊中間位置,後者兩兩分布於器耳兩側,六個動物紋呈順時針方向排列。

圖三　余崗舟(修復後)

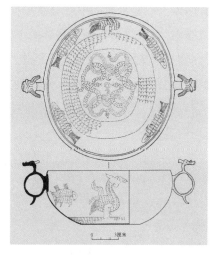

圖四　余崗舟綫圖(《余崗楚墓·下册》,圖三八一)

二、工藝與工具

金相分析證明徐樓舟器身爲鍛造成形(圖五),器耳是以鑄鉚式鑄接在器身預留的工藝

[1] 王志剛主編:《余崗楚墓》,科學出版社,2011 年,第 4—5、89—92、349、407、411 頁。

[2] 該形制器物自宋以來的定名有“杯”“卮”“舟”“鉶”等,其自名銘文的釋讀目前學界看法尚不統一,鑒於本文重點關注兩件器物的形式問題,故暫依清《西清古鑒》中據其形體所定且後人多承之“舟”。參見朱鳳瀚:《中國青銅器綜論》,上海古籍出版社,2009 年,第 262—263 頁。

圖五　徐樓舟器身金相組織(天津博物館張夏提供)

孔上。在器內壁可見鑄接的鉚頭,耳內側也可見鑄造披縫。余崗舟器身未見披縫、墊片等鑄造痕迹,推測亦爲鍛造成器;器耳與器身的銜接方式與徐樓舟一致。

徐樓舟的鏨刻手法很統一,在體視顯微鏡下,紋綫有明顯的頓挫,説明工匠是一下一頓來鏨刻的,由小綫段連接成長的綫條,未見有重複鏨刻的痕迹。

小綫段實是一個個鏨刻槽,其在基體表面多呈狹長的鱗狀,較寬的一端相對較深,較窄的一端相對較淺。鏨刻槽內痕迹(圖六)表明:第一,鏨刻槽漸窄漸淺的一端迭壓在相鄰鏨刻槽漸寬漸深的一端,説明工匠手握工具進行鏨刻時,運力方向是從淺端到深端,與基體表面呈一鋭角,符合用力習慣。第二,平直的鏨刻槽,多以上一鏨刻槽的中綫爲基準向下走刀,鏨刻槽與鏨刻槽的連接形成類似竹節的形狀;在弧綫處,以弧綫的切綫爲基準向下走刀,同時非常注重鏨刻槽內側連接的吻合度,使得鏨刻槽內側平滑流暢、外側曲折。綫條雖有頓挫,但組成綫的小綫段始終不斷,其目的是使綫條流暢。之所以一小段一小段來鏨刻,應是當時工具材質不夠優良,或者器物基體材質還不足以適宜鏨刻;器表偶爾也能見到流暢而沒有頓挫的綫段,這可能是由於此處器物基體材質細膩均勻且較軟。

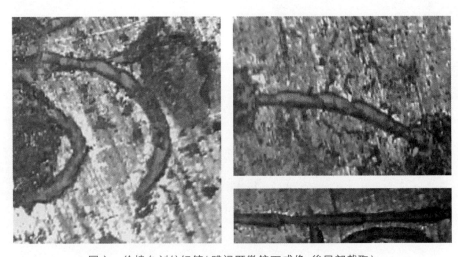

圖六　徐樓舟刻紋細節(體視顯微鏡下成像,後局部截取)

綫條起始的刻痕,可爲判斷鏨刻工具提供證據(圖七)。在徐樓舟中,起始刻痕的端口均呈尖狀,最尖端或在綫條鏨刻槽中綫位置,或在綫條鏨刻槽側邊位置、呈斜尖狀。根據斜尖

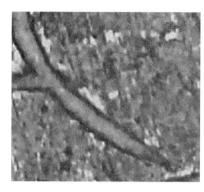

圖七　徐樓舟刻紋起始處（體視顯微鏡下成像，後局部截取）

狀開端的刻痕和鏨刻槽形狀的變化，可推測鏨刻工具不可能爲圓柱狀、尖端在圓柱中央位置的針，而應是刀口有一定寬度的刻刀。

　　余崗舟的鏨刻手法可歸爲三種——較規則的點、流暢的綫、斷續的小綫段，均未見有重複鏨刻的痕迹。器内壁刻紋（圖八）一部分以較規則的點來表現，點排布密集、基本連成綫，鏨刻槽較淺；另外的綫條，因銹蝕殘損，工藝痕迹較爲模糊，難以判斷。器内底刻紋三種手法都有體現（圖九）。上向蛇身鱗紋、左向和下向蛇身輪廓綫、右向蛇首及部分蛇身内隨形縱綫紋中，多是以較規則的點排布成虛綫；中央圓環紋、上下向蛇信、四蛇紋一些局部，爲流暢的綫；其餘，如上向蛇身輪廓綫、左向蛇身内隨形縱綫紋，則是由斷續的小綫段構成。有時一條綫會運用多種手法，例如上向蛇身輪廓綫，頸部爲流暢的綫，往後是斷續的小綫段，再之後局部可見斷連的較規則的點。事實上，小綫段較短且間隔比較一致時，與較規則的點會産生混淆。

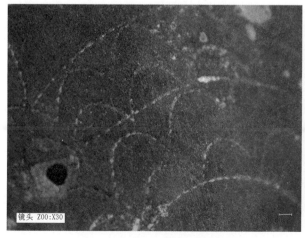

图八　余崗舟器内壁刻紋局部
（體視顯微鏡下成像）

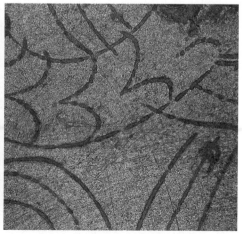

圖九　余崗舟器内底刻紋局部
（體視顯微鏡下成像，後局部截取）

鏨刻槽內刻痕如下：第一，較規則的點，長度在 0.2—0.3 毫米左右。器內壁的點較淺且刻痕不甚清晰，但能夠判斷的是，這些點不是正圓，所以並非是工具垂直刻下的；器內底的點多呈雨滴狀或棗狀，尚存一端漸寬漸深、另一端漸窄漸淺的趨向。第二，流暢的綫，未見分刀痕迹，鏨刻槽內無起伏波折，鏨刻槽與基體表面相交所形成的邊界綫無曲折。第三，斷續的小綫段，長短變化較大，0.5—1 毫米長的小綫段均可見到，形狀常像菊花花瓣，一端漸寬漸深、另一端漸窄漸淺的趨向尚存；連起時過渡較流暢，鏨刻槽與基體表面相交所形成的邊界綫較徐樓舟平滑。

由於余崗舟鏨刻手法多樣且綫段之間過渡比較順滑，未找到直接的證據判斷工匠鏨刻開端的位置和痕迹；通觀所有綫條端頭，未見有輪廓清晰、最尖端在綫條鏨刻槽側邊位置、呈斜尖狀的端頭；就其他鏨刻痕迹來判別，也無法排除部分紋飾爲刻針所作的推測。但筆者傾向於推測余崗舟鏨刻工具與徐樓舟相類或一樣。因爲在具體操作中，刃口有一定寬度的刻刀比刻針更容易施力；余崗舟刻紋綫條雖有深淺變化，但粗細無大變化，説明工具應是一種；雖鏨刻手法多樣，但也在一把刻刀能夠表現的範圍之內。因此，刻刀的推測比刻針的推測更合理。

總體來看，徐樓舟刻紋中，流暢的綫條極少，多頓挫；而余崗舟刻紋中，一氣呵成的綫條大大增多。這説明後者工藝技術較前者更爲進步，可能是鏨刻工具的質能得到提高，也可能是器物基體材料得到改善而更適宜鏨刻。由此推測，余崗舟的成器時間要晚於徐樓舟。

三、紋飾、年代與産地

根據形式内容劃分兩舟刻紋，可得三類——幾何紋，包括四角配置桃心紋的橢方環狀紋、圓環紋、兩周鱗紋帶；單體動物紋，包括蟾蜍紋、龍紋、魚紋、禽鳥紋；複合動物紋，包括交繞龍蛇紋和交繞蛇紋。

1. 幾何紋與單體動物紋

徐樓舟四角配置桃心紋的橢方環狀紋，在紋飾整體布局中起着指示中心的作用，單就形式來看，應與早期四瓣目紋有淵源關係。西周早期米宫尊器腹四瓣目紋[1]，中間爲橢方形目紋，瞳孔呈短綫狀，其外環一周陰綫，橢方四角各配置一幾與目紋等大的桃心紋，桃心尖部内飾卷曲。徐樓舟器内底中央紋飾，亦是橢方環形在其四角配置桃心形的幾何結構，不同之處僅在於橢方環狀紋與桃心紋的大小比例及細節表現。余崗舟圓環紋，在整體刻紋配置中的作用同前，形式上應是前者的一種簡化。（圖一〇）

---

[1] 上海博物館青銅器研究組編：《商周青銅器紋飾》，文物出版社，1984 年，第 256 頁。

徐樓舟器内底中心紋飾	米宮尊四瓣目紋	余崗舟器内底中心紋飾
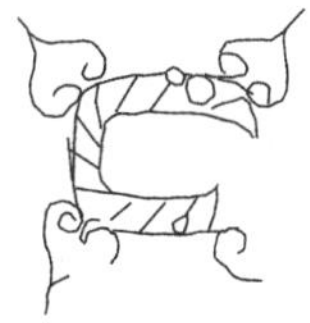		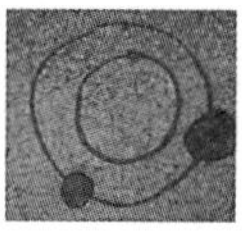

圖一〇　兩舟器内底中心幾何紋及相關紋飾

　　徐樓舟器内壁殘存龍紋,首部類於商晚期鴞紋觥[1]翼部龍首,圓眼、嘴張開、唇上卷、桃心形角或耳。(圖一一)龍體填紋以 3—4 個橫向相接的短弧綫縱向平行排布,形式基本與新幹大洋洲商晚期獸面紋方壺[2]提梁紋飾相同。鑒於提梁兩端爲龍首,提梁在此亦是龍體。余崗舟器内壁底端兩周紋帶,形式同前,然不見龍首,或爲抽象化的龍紋。(圖一二)徐樓舟蟾蜍紋,基本可看作商晚期 ⋒ 卣形器提梁附飾蟾蜍鑄紋[3]以綫的造型方式簡化的結果,均是背面形象,姿態基本一致,頭呈三角形,目呈圓圈形,體内填短弧綫。(圖一三)

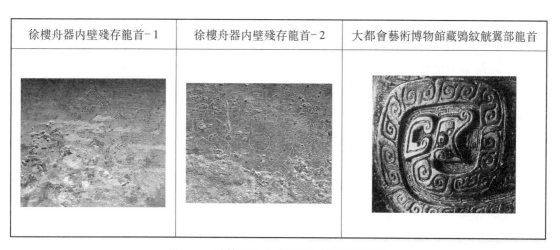

徐樓舟器内壁殘存龍首-1	徐樓舟器内壁殘存龍首-2	大都會藝術博物館藏鴞紋觥翼部龍首

圖一一　徐樓舟器内壁殘存龍首及相關紋飾

[1]　藏美國紐約大都會藝術博物館,傳河南安陽出土。見中國青銅器全集編輯委員會編:《中國青銅器全集·商(三)》,文物出版社,1997 年,圖版説明第 72 頁。

[2]　江西省文物考古研究所、江西省新幹縣博物館:《江西新幹大洋洲商墓發掘簡報》,《文物》1991 年第 10 期,第 7 頁。

[3]　上海博物館青銅器研究組編:《商周青銅器紋飾》,文物出版社,1984 年,第 226 頁。

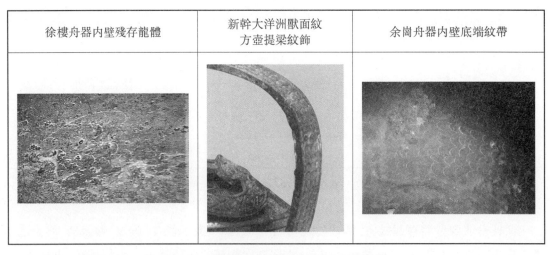

徐樓舟器內壁殘存龍體	新幹大洋洲獸面紋方壺提梁紋飾	余崗舟器內壁底端紋帶

圖一二　徐樓舟器內壁殘存龍體及相關紋飾

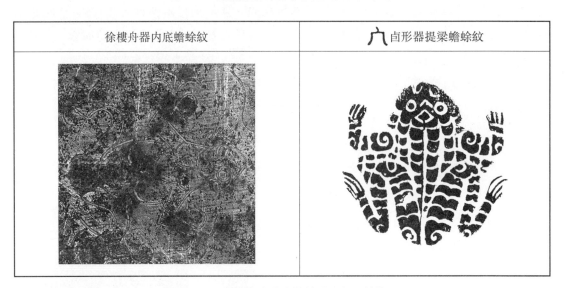

徐樓舟器內底蟾蜍紋	卣形器提梁蟾蜍紋

圖一三　徐樓舟器內底蟾蜍紋及相關紋飾

圖一四　余崗舟器內壁魚紋

余崗舟魚紋(圖一四),目、鰭、鱗、尾的形式分別能在商、西周青銅器上尋得,但前期魚紋整體外形較對稱規整,而該魚紋的外部輪廓綫條更富變化,如頭部下輪廓綫略有內收,形式表現更自然。余崗舟禽鳥紋,呈靜止站立狀;頭部輪廓形狀較複雜,大致呈不規則桃心狀;嘴微張,以圓圈表示眼睛;頭上有後揚的火苗狀物,應表示翎冠或肉冠;頷下有內卷狀物,應表示頷下羽毛或肉裾;雙翼的表現不甚明顯;尾羽最下一部分下垂呈笕狀,其上有三根較之略上翹的弧綫,再之上立一上揚的彎曲火焰狀物;腿部出一尖刺,爪爲四趾,前三後一。商、西周時期青銅器紋飾未見與之關係緊密者。

　　以上,單就兩器幾何紋與單體動物紋來看,徐樓舟較爲保守而余崗舟簡化和創新較多。

2. 複合動物紋

　　兩器最顯眼也最複雜的紋飾無疑是器內底交繞龍蛇紋和交繞蛇紋。單看其中的龍紋和蛇紋,依舊可在商、西周青銅器中尋得其原形。商晚期獸面紋鬲[1](圖一五)頸部飾蛇紋,蛇首形式與兩複合紋中的蛇首高度近似,

圖一五　獸面紋鬲器頸部蛇紋(《中國青銅器全集·商(二)》,圖七二,局部截取)

只余崗舟蛇首有蛇信;身體填紋與徐樓舟龍體、余崗舟上下向蛇身一致。西周中期晉侯穌壺[2]器蓋飾有龍紋,龍首形式接近於徐樓舟龍首——均有兩個向上內卷的龍角、嘴部較寬,但前者口中吐信、後者嘴兩側出須狀物;龍體填一隨形縱綫紋,類於徐樓舟龍體和余崗舟左右向蛇身填紋。

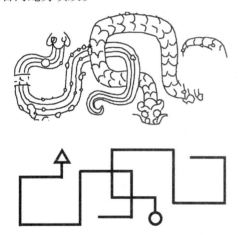

圖一六　徐樓舟交繞龍蛇紋紋飾單元(截取自圖二)及結構圖(蛇首以三角形表示、龍首以圓形表示,後同)

　　徐樓舟交繞龍蛇紋的紋飾單元[3](圖一六),由兩個紋飾元素構成,爲一龍紋和一蛇紋。兩者的關係是:首部相異、身體轉折走向呈上下鏡像關係(沿一條橫軸對稱)(圖一七)、身體填紋相異。在一個紋飾單元中,兩元素橫向排布並兩次相交,相鄰交點的叠壓關係相反。在整個紋飾中,紋飾單元以二方連續的方式排布,相鄰紋飾元素同樣兩次相交、相鄰交點叠壓關係相反。余崗舟交繞蛇紋的紋飾單元(圖一八),亦由兩個紋飾元素構成,爲一雙鱗蛇紋和一縱綫蛇紋。兩者的關係是:首部相同、身體轉折走向呈上下鏡像關係、身體填紋相異。在該紋飾中,紋飾元素構成紋飾單元的方式和紋飾單元構成紋飾的方式,同於徐樓舟交繞龍蛇紋。只不過,徐樓舟交繞龍蛇紋的紋飾單元重複了四次,而余崗舟交繞蛇紋的紋飾單元重複了兩次。事實上,如果將余崗舟蛇尾從繞過身體中

[1]　Robert W. Bagley, *Shang Ritual Bronzes in the Arthur M. Sackler Collections*, Cambridge:Harvard University Press, 1987, p. 97.

[2]　北京大學考古學系、山西省考古研究所:《天馬——曲村遺址北趙晉侯墓地第二次發掘》,《文物》1994年第1期,第17—18頁。

[3]　這裏紋飾單元指的是可以通過複製得到整個紋飾的最小單位。

部的形態調至遠離身體中部,會發現,僅就動物身體轉折走向來看,兩複合紋紋飾單元近乎形成左右鏡像關係(圖一九),即大致沿一條縱軸對稱。

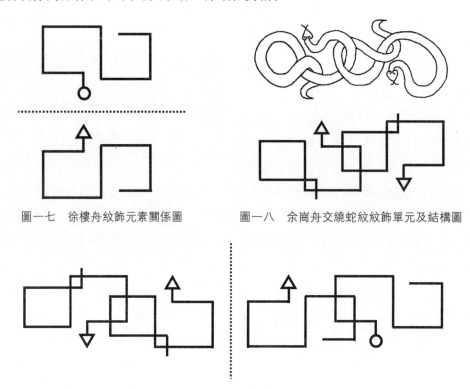

圖一七　徐樓舟紋飾元素關係圖　　　　圖一八　余崗舟交繞蛇紋紋飾單元及結構圖

圖一九　余崗舟交繞蛇紋紋飾單元與徐樓舟交繞龍蛇紋紋飾單元關係圖

　　可見,徐樓舟交繞龍蛇紋與余崗舟交繞蛇紋在形式構成規律上存在較大共性。兩紋飾相異之處仍值得注意。第一,徐樓舟龍紋和蛇紋的身體寬度無甚變化,只在尾部變細並收成尖狀;余崗舟蛇紋身體粗細變化明顯,這使得圖像更賦有動感。第二,徐樓舟龍蛇紋身體多用平直或竪直的綫,轉折和排布較爲方正,較規整和程式化;余崗舟蛇紋身體多用弧綫,表達了一種曲綫美,使圖像更填靈氣。

　　以下五件出土青銅器——棗莊東江小邾國 M3 所出提鏈罐、沂水劉家店子 M1 所出龍紋盤、與徐樓舟同墓所出兩件銅鋪、輝縣琉璃閣 M80 所出銅鑑,均在器腹大面積飾交繞龍紋,其紋飾元素構成紋飾單元的方式與紋飾單元構成紋飾的方式均同於兩舟複合紋,紋飾元素的内容亦關係緊密。這五器均爲泥范塊範法鑄造成器,紋飾爲鑄紋。

　　棗莊東江古墓群發掘於 2002 年,M3 墓主被認爲是小邾國國君夫人,年代在春秋早中期。[1]　所出提鏈罐,有蓋、鼓腹、坡狀圈足有矮直階狀足跟,對稱半環耳衔提鏈環,口徑 8、腹

―――――――――――

[1]　王恩田:《棗莊山亭邾器與邾國》,載棗莊市山亭區政協編:《小邾國文化》,中國文史出版社,2006 年,第 166 頁。

徑 11.4、底徑 8.5、腹深 5.3、通高 8 釐米。[1]　器腹通壁飾浮雕狀交繞龍紋（圖二〇），目測縱寬約 5 釐米，兩紋飾元素的關係是：首部相同、身體轉折走向呈上下鏡像關係、身體填紋相同。龍首形式近似徐樓舟複合紋中龍首，僅缺龍鬚；龍體中間隨形填一條陰綫。

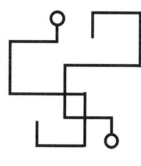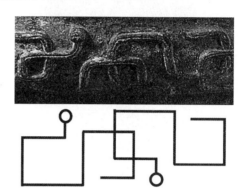

圖二〇　東江提鏈罐交繞龍紋紋飾單元（《棗莊市博物館館藏文物精品集》，第 26 頁，局部截取）及結構圖

圖二一　劉家店子盤器腹交繞龍紋紋飾單元（《中國青銅器全集·東周（三）》，圖七七，局部截取）及結構圖

沂水劉家店子春秋墓發掘於 1978 年，M1 被認定爲莒國密邑封君之墓，年代斷爲春秋中期。[2]　所出龍紋盤，平沿外折、腹微弧、附耳、圈足外撇，盤徑 49、圈足徑 40.5、通高 14.8 釐米。器腹通壁飾浮雕狀交繞龍紋（圖二一），目測縱寬同上，兩紋飾元素關係同上。其紋飾元素形式分別同提鏈罐者相較，僅龍體中段多一轉折。

與徐樓舟同墓所出銅鋪，共 2 件，覆缽形蓋、頂置花瓣飾、淺盤、腹壁較直、平底、粗柄、喇叭形圈足，標本 M1：24（圖二二）口徑 24.6、底徑 22.4、足徑 17.6、通高 24.6 釐米。[3]　蓋周邊和器腹飾浮雕狀交繞龍紋，目測縱寬均約 4 釐米，紋飾構成規則同龍紋盤者完全一致。紋飾元素形式同其相較可見龍角開始突出、龍體變得纖細，這使得紋飾更顯空靈，與蓋頂透空外卷花瓣、透空粗柄和圈足相映成趣。

輝縣琉璃閣 M80 發掘於 1937 年，年代在春秋晚期，爲高等級貴族墓。[4]　所出銅鑑（圖二三），上腹部與下腹部均飾交繞龍紋，其紋飾單元單就龍體轉折走向來看與龍紋盤和銅鋪者呈左右鏡像關係。兩紋飾元素的關係同上。較銅鋪者來看，龍角明顯外翹；龍體填紋出現了新內容，即以反"F"形、"F"形和倒"F"形橫向排列填充，三者在龍體中的位置不甚規則，龍

［1］　棗莊市博物館編：《棗莊市博物館館藏文物精品集》，山東人民出版社，2014 年，第 26 頁。

［2］　山東省文物考古研究所、沂水縣文物管理站：《山東沂水劉家店子春秋墓發掘簡報》，《文物》1984 年第 9 期，第 1—10 頁。

［3］　棗莊市博物館、棗莊市文物管理委員會辦公室、棗莊市嶧城區文廣新局：《山東棗莊徐樓東周墓發掘簡報》，《文物》2014 年第 1 期，第 7、9 頁。

［4］　郭寶鈞：《山彪鎮與琉璃閣》，科學出版社，1959 年，第 55—57 頁；劉緒：《晋乎？衛乎？——琉璃閣大墓的國屬》，《中原文物》2008 年第 3 期，第 45—46 頁。

圖二二　徐樓鋪(M1：24)（中國科學院自然
　　　　科學史研究所劉百舸博士拍攝）

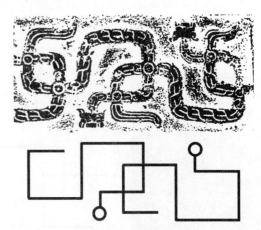

圖二三　琉璃閣鑑器腹交繞龍紋紋飾單元(《山彪鎮與
　　　　琉璃閣》,圖版六一,局部截取)及結構圖

尾處則保留了原來的隨形縱綫填紋方式;龍體相交處開始用一目紋强調。

　　以上逐層分析了七件東周青銅器上的交繞龍紋、交繞龍蛇紋、交繞蛇紋,它們均位於器物最顯眼的位置,紋飾單元均由兩個紋飾元素構成,兩紋飾元素的轉折走向均呈上下鏡像關係,且紋飾元素構成紋飾單元的方式與紋飾單元構成紋飾的方式一致。在此基礎上,紋飾内容發生了一系列變化——動物身體轉折走向、首部、頭身寬度比、身體填紋、身體相交處。該複合動物紋不見於前期,爲當時所創。將所有的變與不變考慮在内,可以自然而然排列出如下次序:東江提鏈罐交繞龍紋→劉家店子龍紋盤器腹交繞龍紋→徐樓銅鋪器蓋周邊和器腹交繞龍紋+徐樓舟器内底交繞龍蛇紋→琉璃閣銅鑑器腹交繞龍紋+余崗舟器内底交繞蛇紋。

　　由此可推,設計者對交繞龍蛇紋作了三次改動創新:第一次是從東江提鏈罐交繞龍紋到劉家店子龍紋盤器腹交繞龍紋,在後者紋飾元素中,其他因素不變,僅動物身體轉折走向作了改動。第二次是從劉家店子龍紋盤器腹交繞龍紋到徐樓三器交繞龍蛇紋,在徐樓舟中,出現了蛇首、龍鬚、雙鱗紋龍體填紋,並運用了新穎的裝飾工藝;在徐樓鋪中,龍耳開始呈竪起狀,龍體變得纖細。第三次是從徐樓舟交繞龍蛇紋到余崗舟交繞蛇紋,和徐樓銅鋪器蓋周邊和器腹交繞龍紋到琉璃閣銅鑑器腹交繞龍紋,前者的變化是龍首全部被置換成蛇首、身體開始以曲綫爲主、單一紋飾元素中尾部與身體相交;後者的變化是龍耳更加外揚、頭身寬度比回落、新出現“F”型身體填紋、身體相交處以目紋强調;兩者共同的變化是紋飾單元轉折走向均作了縱軸對稱式翻轉。

　　上述目前已知的七件以交繞龍蛇紋爲主要裝飾圖像的先秦青銅器,前五件均出自春秋時“泗上諸侯”[1]之地,且出土墓葬規格均很高。這表明該紋飾應出自其時其地某一銅器作

[1]　李學勤:《東周與秦代文明》,上海人民出版社,2016年,第103頁。

坊的高級別設計師之手,他/他們具有服務統治者或貴族的機會,該紋飾迎合了當時該區域的審美,因此被大面積運用到一些重要器物上。由於七件銅器交繞龍蛇紋之變化非常具體且有其規律,本文試從"工匠個性"視角切入,認爲交繞龍蛇紋被發明以及之後發生的前兩次改動創新可能出自該作坊不同代際的設計者之手;呈現第三次改動創新的兩件器物分別出土自楚地和中原地區,鑒於徐樓舟與余崗舟在器形尺度、成器技術和裝飾工藝、紋飾設計規則和內容方面的諸多相似性甚或一致性,推斷兩器爲同一作坊所製造,余崗舟或出自徐樓舟設計者的徒弟之手,製成後傳至楚地。[1]　徐樓銅鋪根據其銘文可推斷其成器年代在公元前588年至前576年之間[2],即春秋中期後段。依常理,每兩代工匠間的代差約爲20—25年[3]。據交繞龍蛇紋的演變可推知,徐樓舟成器年代亦在春秋中期後段,而余崗舟的成器年代則被推至春秋晚期前段之初。

四、空間與功能

兩件銅舟均是壁厚一毫米左右的薄壁銅器,鍛打成形,刻紋裝飾。兩器刻紋內容的呈現方式與其位置緊密契合——位於器內底的龍紋、蛇紋、蟾蜍紋均是觀者俯視視角下的背面形態,位於器內四壁的龍紋、魚紋、禽鳥紋則都是其側視圖。這種契合,似在邀請觀者貼近器物觀看。

徐樓舟與余崗舟的刻紋內容——龍、蛇、魚、禽鳥,均是與水關聯的動物。同時,兩件銅舟的刻紋均位於器內壁,外壁光素,這也暗示了兩器的功能是盛水之類的透明液體。光的折射原理表明,"當光入射到透明、均匀、各向同性的兩種介質的分介面上時,一般情況下,一部分光從介面上反射,形成反射光綫;一部分光將進入另一介質,形成折射光綫",反射角等於入射角,但折射角與入射角却不相等。[4]　由於人腦中的成像是根據光沿直綫傳播的經驗而形成,因此人們在折射條件下看到的是另一介質中物體的虛像。在此原理作用下,刻紋銅舟在倒入水後,其綫條細弱的刻紋會比實際顯得更清晰。如此輕薄的刻紋銅舟在盛有清澈液體後,遠不及厚重的鑄造銅器穩固,波動的液體由此造成紋飾在視覺上的變化,器內壁上裝飾的動物由此"活"了起來。

[1]　至於琉璃閣銅鑑,其器物信息不甚詳細,交繞龍紋的紋飾內容在此也發生了諸多變化,相較於徐樓舟與余崗舟的密切關聯,該鑑與其他器物更顯疏離,因此難以斷定它是産自上述銅器作坊還是設計者或紋飾流動後的産物。

[2]　李學勤:《棗莊徐樓村宋公鼎與費國》,《史學月刊》2012年第1期,第128頁。

[3]　蘇榮譽:《安陽殷墟青銅技術淵源的商代南方因素——以鑄鉚結構爲案例的初步探討兼及泉屋博古館所藏鳳柱斝的年代和屬性》,載泉屋博古館、九州國立博物館編:《泉屋透賞》,科學出版社,2015年,第385頁。

[4]　沈常宇、金尚忠編:《光學原理》(第二版),清華大學出版社,2017年,第10頁。

　　由此推測，兩刻紋銅舟的功能是盛水之類透明液體，它們不應單單是陪葬品或置於高壇的禮器，而定然被用於與觀者保持較近距離的場所，亦應是宴請重要賓客或禮儀性宴飲活動所用之器。

五、餘　　論

　　本文是非常具體的個案研究，試圖從技術、紋飾、視覺空間等多個層面提取器物所含歷史信息，强調對單體器物的細緻考究。即便如此，這些信息也只是完整歷史的碎片。文章由目前所能掌握的這些信息對兩刻紋銅舟的製作、産地、年代、功能及彼此間的關聯做出在當下時代的推斷和闡釋，以試圖離上古史實更近一步。

　　從文中的分析可知，余崗舟體現出的技術較徐樓舟更先進，技術上的進步使得曲綫的表現更爲便宜，余崗舟刻紋曲綫遠遠多於直綫。值得思考的是，在此技術上的進步是源於優化藝術表現，還是外部大環境中的其他原因所致？另一方面，這兩件舟與同時期敘事性刻紋銅器的關係具體如何，是否存在時間上的先後，産地有何關聯，均需進一步討論。同時，本文就功能問題的分析也可在探討上述問題的過程中再作思考。

學術史與述評

海外青銅器的整理與研究

——《賽克勒收藏商代青銅禮器》讀後

張　翀*

No one should miss it who finds pleasure in looking at objects, or who is interested in the nature of perception, or who wishes to understand a work of art from the point of view of the artist who gave it form. —— Cyril Stanley Smith

　　很少有人注意到《賽克勒收藏商代青銅禮器》勒口處的這段話。此言出自芝加哥大學金屬研究所創始人、首任所長史密斯（Cyril Stanley Smith, 1903—1992）。作爲將材料科學與工程應用於考古製品研究的先驅者（徐堅教授評語），史密斯不僅關注技術與文化，還注意到人類對自然的感知，對藝術家及其作品的領悟。

　　讀到這段時，才大略領悟到海外收藏青銅器的情形，亦非僅如艾蘭（Sarah Allan）所言，不諳漢語及古文字，才不得不去收藏無銘銅器；而是欲對自然、人類以及藝術有整體感悟，才願意收藏中國古代銅器。如此説來，攝影家阿諾德（Arnold Genthe, 1869—1942）緣何收藏過一件晋系風格的銅豆，[1] 也就有一二會心了。商代青銅器多是如此，作爲祭祀的某種道具，體現人們對宇宙、天地乃至時空的認知，其中也蘊含着人們對技術、文化乃至美的感悟。亦如收藏家本人賽克勒（1913—1987）在本卷前言中所言，中國的銅器與玉器極具美學情感。

　　猶太裔的賽克勒早年致力於精神病學的研究，並創辦了第一份面向醫生的醫學周報——《醫學論壇報》。特殊的經歷使賽克勒對藝術收藏有種天然及神秘的直覺，尤其讓在他不限於亞洲藝術的收藏中，感受到青銅的魅力，"藝術之美是恒久的。對我來説，中國青銅器製作者的藝術，象徵着對人類直覺的美學感受和兩大基本要素即技巧與技術的肯定。它代表着人類文明初期，這一結合所展示出的巨大力量"。[2] 富藏逾 350 件中國古代銅器的賽克勒，受到哈佛大學藝術系研究計劃的推動，全面系統地公布了他的收藏，陸續出版了商代卷（1988）、西周卷（1990）、東周卷（1995），皇皇三卷四册。賽克勒收藏銅器叢書的出版，可

---

　　* 中國社會科學院古代史研究所副研究員。

［1］ 陳夢家：《美國所藏中國青銅器集録》A273，科學出版社，1962 年；中華書局，2019 年，第 415 頁。

［2］ 轉引自［美］米格爾·A.貝納維兹（M. A. Benavides）著，高建平譯：《亞瑟·M.賽克勒》，北京大學出版社，2015 年，第 33 頁。

謂當時海外中國學研究的盛事，Virginia C. Kane、[1]張光直（K. C. Chang，1931—2001）、[2]江伊莉（Elizabeth Childs-Johnson）、[3]巴納（Noel Barnard，1922—2016）、[4]杜樸（Robert L. Thorp）、[5]馬麟（Colin Mackenzie）、[6]梁莊愛倫（Ellen Johnston Laing）、[7]魯惟一（Michael Loewe b. 1922）、[8]艾蘭、[9]羅泰（Lothar von Falkenhausen）、[10]Filippo Salviati、[11]杜德蘭（Alain Thote）[12]陸續撰寫書評。[13]　尤其是 Virginia，雖是羅樾的學生，後受抑鬱症困擾，留下的學術文字較少。[14]

　　而今，賽克勒的大部分銅器成爲美國華盛頓賽克勒美術館的主體收藏。撫卷而歎，總還有一些想要説的。從上述的書評不難看出有如下特點，一、撰者衆多；二、幾乎發表於北美研究中國學的全部刊物；三、因出版跨度較長，所以書評持續年代也較長，據不完全統計，最遲一篇書評發表在 2000 年。反觀中國學界，僅在商代卷出版的次年，李學勤先生（1933—2019）有一個簡短書評予以回應。[15]　李先生儘管没有對本卷專文評述，但眼光敏鋭，言簡意賅，指出"特別是與型式相同或相似的其他標本聯繫對比"。值得注意的是，自李先生這篇書評後，這部書在國内像似泥牛入海，留意者不多。對賽克勒的藏品，也僅在 20 世紀 90 年代編纂的《中國青銅器全集》中，酌情收録了幾件。不知是因版權，還是其他原委。不過，近來學界對本卷及其他兩卷的引用頻率開始提高。近年，夏含夷（Edward L. Shaughnessy，b. 1952）對西方漢學進行梳理，亦談及此著。但他受倪德衛（David S. Nivison，1923—2014）以及顧立雅（Herrlee Glessner Greel，

---

[1] Virginia C. Kane, *Ars Orientalis*, Vol. 18, 1988, pp. 209–210.（原 Review 無標題，以下出處無文章題目，蓋皆因此）

[2] K. C. Chang, *The Journal of Asian Studies*, Vol. 47, No. 3（Aug., 1988）, pp. 582–583.

[3] Elizabeth Childs-Johnson, *The Art Bulletin*, Vol. 71, No. 1（Mar., 1989）, pp. 149–156.

[4] Noel Barnard, "Shang Ritual Bronzes in the Arthur M. Sackler Collections: A Review Article", *T'oung Pao*, Second Series, Vol. 76, Livr. 4/5（1990）, pp. 271–298.

[5] Robert L. Thorp, *Archives of Asian Art*, Vol. 44（1991）, pp. 84–94.

[6] Colin Mackenzie, *Ars Orientalis*, Vol. 21（1991）, pp. 153–154; *Asiae*, Vol. 56, No. 3/4（1996）, pp. 365–369.

[7] Ellen Johnston Laing, Bulletin of the Asia Institute, *New Series*, Vol. 6（1992）, p. 163.

[8] Michael Loewe, *Modern Asian Studies*, Vol. 26, No. 3（Jul., 1992）, pp. 634–639.

[9] Sarah Allan, *The Burlington Magazine*, Vol. 135, No. 1079（Feb., 1993）, pp. 148–149.

[10] Lothar von Falkenhausen, "ISSUES IN WESTERN ZHOU STUDIES: A REVIEW ARTICLE", *Early China*, Vol. 18（1993）, pp. 139–226.

[11] Filippo Salviati, *Bulletin of the School of Oriental and African Studies*, University of London, Vol. 58, No. 2（1995）, pp. 413–414.

[12] Alain Thote, "Bibliographique de Sinologie", *NOUVELLE SÉRIE*, Vol. 9（1991）, pp. 157–158; *T'oung Pao*, Second Series, Vol. 86, Fasc. 4/5（2000）, pp. 438–447.

[13] 以發表時間爲序。

[14] 承得鄭岩師轉述蘇榮譽教授的介紹。

[15] 李學勤：《殷商考古書評三篇》，《殷都學刊》1988 年第 1 期，第 17—21 頁。

1905—1994）的影響甚深，對這三卷本的大書只注重於金文方面的文字學考查，“以上三卷代表了二十世紀西方學術界對中國古代銅器研究的最高水平，是西方金文學界的學術精品”。[1]

事實上，此書在西方的影響力並不限於金文學界，其長處亦在於“與其他標本聯繫比對”，甚至開始利用許多考古材料，影響參與的作者之後的學術特色。如舉父己鼎，[2]討論內卷 C 形角獸面紋時，就與安陽西北崗 1001 號墓的白陶鼎進行紋飾比較。這些多是以往西方青銅器圖錄所不及的。這些變化顯然是源於其推動者羅樾（Max Loehr, 1903—1988），而賽克勒本人也受到羅樾的影響。曾對漢學家高本漢的銅器研究進行挑戰的羅樾，在北京居留的十年（1940—1949）時間中，雖未能親赴考古現場，却不同程度地注意考古的成果。[3]本卷的撰者貝格立（Robert Bagley）即是羅樾的親炙學生，其他分卷作者也受惠良多，比如西周卷的作者傑西卡・羅森（Jessica Rawson）。稍稍追溯個人學術史，就不難發現，她在 20 世紀 70 年代雖已陸續發表了一些銅器文章，[4]但多爲館藏品的介紹或銅器文化概述。她的重要學術轉折，[5]就在編寫《賽克勒收藏西周青銅禮器》前後，羅森開始撰寫一系列深入而有綜合研究性質的文章。[6]

[1] 夏含夷（Edward L. Shaughnessy）：《西觀漢記——西方漢學出土文獻研究概要》，上海古籍出版社，2018 年，第 233 頁。

[2] 95 號器，第 493—494 頁。（凡舉銅器未注明出處者，皆出自本書《賽克勒收藏商代青銅禮器》，以下同）

[3] 參見羅伯特・貝格立（Robert Bagley）著，王海城譯：《羅樾與中國青銅器研究——藝術史中的風格與分類》，浙江大學出版社，2019 年。*Max Loehr and the Study of Chinese Bronzes: Style and Classification in the History of Art*, Cornell University East Asia Program, 2008.本著對高本漢、羅樾的繼承與突破做了一些分析，雖有一定程度上的揚抑，但也未必如羅泰過激之詞（見羅泰、張良仁、張莉：《羅泰教授訪談錄》，《南方文物》2014 年第 2 期，第 44—60 頁）。

[4] 方笑天：《傑西卡・羅森：中國藝術與考古的“擺渡者”》，《美術觀察》2018 年第 6 期。

[5] 羅泰指出羅森從 William Watson 學習美術史，但大部分是她自學，並且認爲 Watson 的中國青銅器的書比較一般。（詳見《羅泰教授訪談錄》）

[6] 例如被夏含夷評爲“很有見地”的“Ancient Chinese Ritual Bronzes: The Evidence from Tombs and Hoards of the Shang and Western Zhou Periods”, *Antiquity* 67. 257（1993）, pp. 805－823,中譯本爲劉新光譯：《古代中國的青銅禮器——來自商代和西周時期的墓葬與窖藏的例證》，收入［英］羅森著，孫心菲等譯，孫華、韋正、梅建軍、范毓周審訂：《中國古代的藝術與文化》，北京大學出版社，2002 年，第 69—91 頁。另有一個譯本爲郭旭東翻譯：《中國古代宗教儀式上的青銅器——來自商代和西周墓葬、窖藏的考證》，《殷都學刊》1996 年第 3 期。這篇文章雖然被夏含夷贊譽，但較爲疏闊，並不及她的 Late Western Zhou: A Break in the Shang Bronze Tradition（Early China, Vol. 11/12（1985－1987）, pp. 289－296）開始使用器物組合做以例證。研究組合（set）成爲羅森的銅器研究色特點之一（亦參見鄭岩：《談美術考古與美術史書寫》，《上海書評》2019 年 10 月 20 日）。此外，她的長文 Statesmen or Barbarians, the Western Zhou as Seen Through Their Bronzes（British Academy Albert Reckitt Archaeological Lecture, 19th October 1989, Proceedings of the British Academy, LXXV, 1989, pp. 71－95.）可視爲撰寫西周卷的直接學術成果，中譯本爲黃愛梅譯：《是政治家，還是野蠻人？——從青銅器看西周》，《中國古代的藝術與文化》，第 134—163 頁，另有吳曉筠校本，收入《祖先與永恒——傑西卡・羅森中國考古藝術文集》，生活・讀書・新知三聯書店，2011 年，第 20—47 頁。

　　1980 年是西方銅器學上標志性的一年。紐約大都會博物館舉辦了“偉大的中國青銅時代”展覽，並於菲爾德博物館、肯貝爾藝術博物館等地巡展，展期一年有餘，同時舉辦多場學術研討會。展覽圖録由方聞主編（Wen Fong，1930—2018）[1]，圖録前半刊載了馬承源（1928—2004）、方聞、張光直、杜朴的文章，而目録（Catalogue）則爲貝格立、蘇芳淑（Jenny F. So）以及何慕文（Maxwell K. Hearn）擔綱。目録共分十個章節，亦前設綜述性的文字，貝格立撰寫了前六章，涵蓋商以前、商到西周等不同時期。可以説，貝格立是撰寫本卷的一時之選。

　　有了先前的學術經歷，[2]貝格立得以完成《賽克勒收藏商代青銅禮器》的編寫工作。這部厚達 599 頁的圖録收入 104 件銅器，計有罍 1 件、斝 10 件、爵 12 件、角 1 件、觚 17、尊 9 件、瓿 7 件、壺 3 件、卣 11 件、鳥獸尊 2 件、觥 1 件、罍 2 件、方彝 3 件、鼎 8、方鼎 1 件、鬲鼎 7 件、盂 6 件、簋 2 件、鐘 1 件。器類之繁，數量之多，亦如羅樾早期學生 Virginia 所評論的，這需要細心和持久的專注度。[3] 銅器數量與種類超過其他的圖録，如布倫戴奇的藏品集、[4]趙氏山海樓藏品集[5]以及吉美博物館的早期銅器圖録；[6]其論述精到，也勝過阿克曼（Phyllis Ackerman，1893—1977）關於銅器的討論。[7]

　　本卷在當時乃至現在都是非常重要的。因爲在此之前，104 件器物中，僅有 29 件在 1960 年公布過。[8] 當然有些器物的分類需要重訂，其中 46、47 號壺應爲瓿，61、62、66、67 號卣應爲壺，[9]74 號獸形尊應爲觥，98、99、100、101 號盂應爲簋。這也不能苛求貝氏，部分原因是

[1]　*The Great Bronze Age of China: An Exhibition from the People's Republic of China*, by Fong, Wen, ed., Robert W. Bagley, Jenny F. So, and Maxwell K. Hearn, The Metropolitan Museum of Art Alfred A. Knopf, Inc, 1980.

[2]　Robert W. Begley 在 Acknowledgements 中，也對方聞邀請他參與展覽及編纂工作表示感謝。

[3]　Virginia C. Kane, *Ars Orientalis*, Vol. 18（1988），pp. 209－210.

[4]　René-Yvon Lefebvre d'Argencé, *Bronze Vessels of Ancient China in The Avery Brundage Collection*, 1977.

[5]　Jessica Rawson, *The Bella and P. P. Chiu Collection of Ancient Chinese Bronzes*（趙氏山海樓所藏古代青銅器），1988.

[6]　Maud Girard-Geslan, *Bronzes Archaïques De Chine*，1995.

[7]　Pjollis Ackerman, *Ritual Bronzes of Ancient China*, The Dryden Press，1945. 阿克曼同她丈夫亞瑟·厄珀姆·波普（Arthur Upham Pope，1881—1969）長期致力於波斯及伊斯蘭藝術的研究，對中國銅器只是涉獵，其知識體系仍未脱離遠東系的認識，如無 Frame 的研究，將對符號意義討論有泛化的危險。

[8]　K. C. Chang, *The Journal of Asian Studies*, Vol. 47, No. 3（Aug.，1988），pp. 582－583.

[9]　提梁壺與提梁卣的區别，可參看馬軍霞：《中國古代青銅器整理與研究·青銅卣卷》“第四章　與青銅卣易混淆之提梁銅壺研究”，科學出版社，2015 年，第 48—69 頁。不無遺憾的是，馬軍霞並未討論圖録器類錯謬現象，只是依據吴鎮烽《商周青銅器銘文暨圖像集成》，但吴仍襲舊説，將 61 號的亞子弓籠壺歸入卣類，而馬軍霞“傳世提梁銅壺統計表”中則認爲是壺。不過，可能是她並未目驗原書，67 號極爲接近白草坡的提梁壺却漏收了。

國內考古工作有疏漏。如 61 號被誤認爲卣的甝子弓籠壺,其所比對的相近標本之一是湖北黃陂李家嘴 1 號墓的獸面紋壺,即被當時學者認爲卣。[1] 不必諱言的是,貝氏此誤由來已久,早在他 1977 年發表的一篇論文,已有這樣的誤認。[2] 即便如此,貝氏在 1977 年發表的盤龍城文章仍是極爲前沿的,突破了晚商或是殷墟的認識框架。相較之下,當時國內對盤龍城及其銅器關注則相對較少,僅李學勤先生等學者有所注意。[3] 究其原因,乃是貝氏的認識基於亞歷山大·索伯(Alexander C. Soper, 1904—1993)的研究上,[4] 後者在 1966 年就發表了關於早、中及晚商的論文。先期的廓清,使得貝格立甫見到盤龍城銅器,就能很快地與前安陽(pre-AnYang)聯繫起來。[5] 彼時的國內,尚處於對殷墟考古工作的恢復期,[6] 相關學者的注意力更多集中於安陽。

在最近出版的一本書中,貝格立仍將 62 號稱之爲卣。[7] 國內學者,亦將其更名爲壺,並討論卣與壺之間的區別,尤其是内插蓋和外扣蓋的細節上。[8] 但貝氏却勝在綜合分析,看出觥與獸形尊的紋飾與器物的形狀聯動,而壺(或者是卣)的紋飾則陷於框式,走向裝飾。[9] 回到本書,這件甝子弓籠壺的歸類也有待商榷,但貝氏對問題的論證却能得魚忘筌,洋洋數頁,可謂是兼得羅樾與索伯兩家之長。張光直也認爲通過本卷,可以看到貝格立對羅樾研究有所拓展,不僅廣泛使用考古材料,也注意到鑄造技術與裝飾格套。而他本人的得失,或能看作是中西方銅器研究差異的一個注脚吧。

本卷涉及的重要器物,李學勤先生已有枚舉,或器形紋飾特殊者,或銘文重要者,智者慧眼。但可惜的是,限於當時較難讀到本書,繼論者亦寡。今有幸能攬卷對讀,不禁感慨前人的藍縷之功。例如李先生提到的 54 號亞疑瓿,[10] 就極爲特殊,内腹部設有兩個小系,圖録

[1] 湖北省博物館:《盤龍城商代二里岡期的青銅器》,《文物》1976 年第 2 期,第 26—41 頁,圖版叄 2。

[2] Robert W. Bagley, " P'an-lung-ch'eng: A Shang City in Hupei ", *Artibus Asiae*, Vol. 39, No. 3/4 (1977), pp. 165－219.

[3] 江鴻(李學勤):《盤龍城與商代的南土》,《文物》1976 年第 2 期,第 42—46 頁。

[4] Alexander C. Soper, " Early, Middle, and Late Shang: A Note ", *Artibus Asiae* 28/I (1966), pp. 5－38.

[5] 關於貝格立此文,亦可參見孫卓的書評,《西方藝術史研究視角下的盤龍城青銅器——讀〈盤龍城:一座位於湖北的商代城市〉》,《南方文物》2012 年第 2 期,第 6—11 頁。

[6] 劉一曼:《殷墟考古 78 年》,《中國文化遺產》2006 年第 3 期,第 18—27 頁。

[7] Robert W. Bagley, *Gombrich among the Egyptians and Other Essays in The History of Art*, Marquand Books, 2015, p.19.

[8] 裴書研:《中國古代青銅器整理與研究·青銅壺卷》,科學出版社,2015 年,第 41—60 頁,表二"傳世商周青銅壺統計表"50、51 號,第 279 頁。

[9] Robert W. Bagley, *Gombrich among the Egyptians and Other Essays in The History of Art*, Marquand Books, 2015, p. 137.

[10] 54 號器,第 324—327 頁。

公布了黑白照片。李先生認爲,"懷疑是用以架挂一面篩子,藉以濾酒"。儘管濾酒這個説法没有太多的證據加以確實,但瓿内設小系,多少是與器物較大有關。其器高 16 釐米、口徑 18 釐米,現重 2.5 千克。若承裝液體,其重量也頗可觀。可惜的是,後來整理瓿類器的學者未收入這件亞疑瓿。如果有所注意的話,也不至僅羅列諸家對於用途的推論,未能有進一步討論。[1]

　　20 世紀 80 年代是西方整理與研究青銅器的活躍期,一是起於晚清以來的銅器流散與傳藏有所轉變,收藏家逐漸進入他們個人收藏的尾聲,開始爲他們的藏品選擇最爲穩妥的歸宿——博物館或基金會。二是中國境内的考古發現給予他們博物館之外的序列。這不同於單獨的館藏品,開始出現原境(Context)信息,再如𥅆子弓簠壺,貝氏將之對照婦好墓的器物,並有時代在殷墟早期的考慮。不僅如此,他還對比了其他館藏的器物,如遠東博物館、白鶴美術館等藏品。這樣一來,又能使相關器物建立起互文(Intertext)關係。從某種意義上説,這些討論超越了單一的考古類型學,開始構建出意象中的器組關係。當然,其中的關係仍需要加以討論。但從另一角度而言,亦可視爲研究借助於考古材料,又不完全依賴之。這一研究方法比較符合西方銅器收藏的情況,也能使得美術史等其他學科介入,同時也是本書成爲西方銅器整理與研究的巨著的原因之一。無怪乎夏含夷有"時至今日,仍未見有更好的研究成果可以替代"的感慨。[2] 在今天日漸繁忙的學界,本卷乃至全書更像是安静的長者,仍然散發着他的學術之光。

---

[1] 孫妙華:《中國古代青銅器整理與研究·青銅瓿卷》,科學出版社,2019 年,第 28—29 頁。

[2] 夏含夷:《西觀漢記——西方漢學出土文獻研究概要》,上海古籍出版社,2018 年,第 233 頁。

跨越時空的對話

——《賽克勒收藏西周青銅禮器》的貢獻

郝麗君*

曾經的製作者和擁有者絕不會想到,大約 2 000 多年後,被他們視爲重器的廟堂之物會到達疆土之外的地方,作爲東方藝術的重要組成部分,成爲狂熱的"東方聖徒"的收藏品,人與物就此跨越時空相遇,展開對話,而衆多的異域收藏者當中就有亞瑟·M.賽克勒(Arthur M.Sackler)博士。

1844 年中美簽訂《望厦條約》,加速了近代中國貿易向美國開放,包括青銅器在内的中國文物通過各種途徑流入美國,美國收藏者對神秘的東方世界表現出了非常大的熱情,這時距離賽克勒博士收入第一件中國文物尚有百年。美國的亞洲收藏熱在二戰期間及戰後達到高潮,古董商們因爲戰爭的緣故,將交易的主場從歐洲轉移到美國,滿足了爱好藝術品收藏的商界精英和成功人士的獵奇欲望,他們把收藏形容爲難以自控的"色欲行爲"、一種"疾病",這也讓他們的人生多了一層意義。

這些收藏家有意識地將他們的藏品舉辦展覽、印刷藏品圖録,以青銅器爲例,有《埃弗里·布倫戴奇藏中國古代青銅器》(1967)、《埃弗里·布倫戴奇館藏中國珍寶》(1968)、《弗利爾美術館藏中國青銅器》(1967—1969)等,這些圖録不光是个人藏品的目録展示,他們還邀請有名望的學者贊助其對他們藏品的鑒賞和研究活動,如陳夢家參與撰寫《白金漢所藏中國銅器圖録》(1946)、羅樾著《保羅·辛格博士藏中國古代文物》(1965)等等。

這些愛好中國的收藏群體以及他們的收藏行爲也被作爲專門的研究對象予以關注,我們可以從《勞倫斯·史克門及其中國收藏的構建》《最孤獨的遠征者:貝特霍爾德·勞費爾收藏中國》《誰在收藏中國——美國獵獲亞洲藝術珍寶百年記》《亞瑟·M.賽克勒》《盧芹齋於弗利爾美術館中國收藏的形成》等著作中有所了解。

海外大規模購藏中國文物正值國家動亂時期,對於流散於美國的中國文物,中國學者也竭盡心力意圖搜集、介紹,袁同禮曾於 1934—1935 年訪美時收集中國古代銅器的照片和出版物,邀請陳夢家參與整理《海外中國銅器圖録》(中文版 2017 年出版,共二集),陳夢家後於1944—1947 年利用任職芝加哥大學的機會遍訪全美,盡其可能搜求、調查中國古代青銅器,

---

* 山西省考古研究院副研究員,中央美術學院博士研究生。

編撰《美國所藏中國銅器集録和中國銅器綜述》，其中圖録部分於 1962 年以《美帝國主義劫掠的我國殷周銅器集録》出版（2019 年訂補爲《美國所藏中國銅器集録》，全三册）。

近兩百年的收藏歷史對當今美國博物館的格局有重大影響：比如三藩市亞洲藝術博物館建立之初的主體收藏就來自布倫戴奇（Avery Brundage）；堪薩斯市的納爾遜·阿特金斯藝術博物館就是在華爾納（Landon Warner）的建議下以收藏亞洲藝術品起家的；波士頓美術館在費諾羅薩（Earnest Fenollose）、岡倉天心的努力下成爲美國東亞藝術中心；哈佛大學福格藝術博物館也是基於與中國貿易發家的福格（William Hayes Fogg）夫婦的收藏。

而賽克勒博士及其家族支持設立的博物館有華盛頓國立亞洲美術館（賽克勒藝術博物館）、哈佛大學福格藝術博物館（賽克勒藝術博物館）、普林斯頓藝術博物館（賽克勒亞洲藝術博物館）、北京大學賽克勒考古與藝術博物館、紐約大都會藝術博物館（賽克勒亞洲藝術館）、史密森學會賽克勒亞洲藝術館……賽克勒博士的收藏熱情似乎帶有一種使命，他認爲需要建立足夠龐大的資料庫去勾勒歷史框架，以了解一個文明、一個社會，[1]爲了實現這個目標，他發起成立賽克勒基金會，捐贈、資助其他博物館，贊助開展研究項目。

賽克勒對亞洲藝術品的收藏興趣主要在新中國建立以後，因此大部分藏品都是從歐洲和美國本土購得，很多中國古代青銅器如静簋、穎簋、録戈卣、中白壺等經過了多次遞藏，静簋甚至爲清宮舊藏。賽克勒自知學識有限，他還與其他鑒藏家合作，比如他很欣賞保羅·辛格（Paulsinger）的鑒賞力並資助其收藏，但前提是那些收藏必須進入冠有賽克勒名字的博物館。

抛開中國文物遭遇盗掘和流失的民族立場不論，這些收藏家和博物館發揮了向當地公衆傳播中國文化的重要作用，博物館日益豐富的館藏也催生了系統、深入的學術研究。學者們在西方藝術史的背景下，爲中國古代文物的研究注入了更多元的視角和成就。就中國古代青銅器研究而言，著名學者如高本漢（Klas Bernhard Johannes Karlgren）、羅樾（Max Loehr）就曾以他們就職館藏的青銅器爲樣本對青銅器的紋飾類型做過分類，羅樾先生就商代青銅器風格五式的探討，更是對中國藝術史學界和考古學界産生了深遠的影響。

《賽克勒收藏西周青銅禮器》的作者傑西卡·羅森（Jessica Rawson），也是一位致力於中國藝術研究的資深學者，她曾長期擔任大英博物館東方部的主任，1990 年榮膺英國國家學術院院士，2002 年因其東方學研究的突出貢獻被授予高級英帝國女勛爵士頭銜。她的著作在中國學界也耳熟能詳，在國内翻譯出版的《中國古代的藝術與文化》《祖先與永恒——傑西卡·羅森中國考古藝術文集》都成爲了高頻引用的經典。

《賽克勒收藏西周青銅禮器》於 1990 年出版，共有兩册，選列了賽克勒收藏的 129 件青

---

［1］［美］卡爾·梅耶等著，張建新等譯：《誰在收藏中國——美國獵獲亞洲藝術珍寶百年記》，中信出版社，2016 年，第 411 頁。

銅器,主要來自史密森學會、華盛頓和紐約大都會藝術博物館。這129件青銅器全部爲彩色圖片,集中在第二册作爲專門的圖版展示,而其他文物圖片則以黑白色印刷以示區别。

羅森將西周青銅器分爲早、中、晚三期,專章介紹每一期的具體器形和紋飾,她顯然對中國商周青銅器及其歷史背景非常熟稔,但她並没有把它做成一本簡單描述性的介紹或者綜論性的研究著作,而是以其細緻敏鋭的洞察力,把握西周各期在前承夏商、後接東周的整個青銅時代脉絡中變化的綫索,這些綫索涉及器形、裝飾風格和紋飾細節等諸多方面。她在大量實證的基礎上突出每一期關鍵性的主題,並解釋其變化的來源和軌迹:比如她在"西周早期"一章中,專設"鈎形扉棱"一節去説明西周銅器在裝飾風格上與商代的不同——對圖案重點的弱化;而在"西周中期"一章中,在重點關注鳥紋和波帶紋變化脉絡的基礎上,總結出了西周中期開始有的兩個銅器裝飾的重要趨勢,即複雜圖案與外輪廓造型簡單的容器的組合,以及打破紋飾隔區的界限形成連續統一的紋飾的創新;羅森還注意到西周晚期銅器器形和紋飾在本期的整體變化較小,似乎受到了某種限制,但是在西周中期末樹立的全新的器類、器物組合和有一定制式的銘文,意味着器物本身發生了重大變化,她將此置於禮儀背景中去考察,得出了"雖然青銅器設計的變化不一定伴隨着重大的政治動蕩,但儀式和社會需求肯定影響了青銅器的發展"的推斷,[1] 由此提出了其著名的西周"禮制改革"學説(學界普遍認可該説,但在發生變化的時間上有所争議),並在其後發表的《古代中國禮器——來自商和西周時期墓葬和窖藏的證據》(1989)、《祖先與永恒——傑西卡·羅森中國考古藝術文集》(2011)等著述中多次强調。

這本書是羅森對中國青銅器研究的首次集中展示,具有個人鮮明的目標和思路,她使用藝術史的方法,對於當時的中國學界來説,青銅器紋飾的形式分析還没有完全建立起來,對於西方漢學界來説,藝術史方法不足爲奇,但其詳細檢視風格與形式的變化並不局限於鑒賞或者解決年代學問題,而是與其背後的社會背景與禮儀活動聯繫起來,器物並不是孤立的,它的造型、裝飾,以及常被忽略的生產和使用,揭示了銘文也無載的隱秘歷史。正如一篇對羅森的報導所言,"她致力於將文物放在歷史文化脉絡中展現其整體結構性變化,讓文物傳達比文獻更多的信息"。[2] 无疑,羅森的研究對中、西學界都產生了很大的影響。

羅森對中國古代青銅器的研究源於她在大英博物館工作的契機,而她重視器物社會背景的視角或許與大英博物館悠久的考古學傳統有關。1980年她在大英博物館擔任東方部主任期間出版了《古代中國:藝術與考古》一書,用她的話説,這是一本以大英博物館藏品爲基

[1] Jessica Rawson, *Western Zhou Ritual Bronzes from the Arthur M. Sackler Collections*, vol. IIA, The Arthur M. Sackler Foundation, Washington, D.C., 1990, p.22.

[2] 朱可人:《除了兵馬俑,中國如何向世界展示自己?——專訪著名漢學家、英國學術院院士傑西卡·羅森》,《三聯生活周刊》2017年第26期。

礎"考慮中國早期藝術及其歷史背景"的研究成果,其中涉及的中國古代青銅器的研究,是她步入該領域的開端,這與她加入賽克勒西周銅器收藏研究項目的時間大體一致。此外,她還爲大英博物館巴瑞爾收藏中心、格蘭士高·賽恩巴瑞視覺中心展出的中國古代青銅器撰寫《中國青銅器:藝術與宗教》(1987 年),以及爲另一位私人藏家撰寫《趙氏山海樓所藏古代青銅器》(1988 年)……這些對博物館藏品長期、深入的觀察和整理,均爲她系統研究中國古代青銅器提供了堅實的基礎。

對於羅森的《賽克勒收藏西周青銅禮器》,西方漢學界給予了非常高的評價:羅泰(Lothar von Falkenhausen)曾在該書出版後撰寫長篇評文,他認爲《賽克勒收藏西周青銅禮器》是"西周銅器藝術史研究的精彩總結","作爲材料、方法,尤其是思想……具有開創性的價值"。[1] 而夏含夷(Edward L. Shaughnessy)則説該書與貝格立(Robert W. Bagley)《賽克勒收藏的商代青銅禮器》、蘇芳淑(Jenny F. So)《賽克勒收藏的東周青銅禮器》三卷"代表了20 世紀西方學術界對中國古代銅器研究的最高水準,是西方金文學界的學術精品。時至今日,仍未見有更好的研究成果可以替代"。[2]

在《賽克勒收藏的中國青銅禮器》商、西周、東周三卷書之前,賽克勒已經於 1983 年推出一本圖録,由何曉嘉(Dawn He Delbanco)執筆,名爲《禮儀與藝術:賽克勒所藏中國古代青銅器》,這是他資助開展學術研究的先聲。之後,愛瑪·邦克(Emma Bunker)撰寫的《賽克勒所藏東部歐亞草原的古代青銅器》於 1997 年出版。這些圖録不僅是對賽克勒所藏中國古代青銅器的全面展示和總結,更加推動了中國古代青銅器學術研究的發展。

---

[1] Lothar von Falkenhausen, "Issues in Western Zhou Studies: A Review Article", *Early China* 18(1993), pp. 199, 226.

[2] 夏含夷:《鏤於金石——西方學者對中國金石學的研究》,《青銅器與金文》(第一輯),上海古籍出版社,2017 年,第 662 頁。

二十世紀西方學界對中國古代
銅器研究最高水平之作
——《賽克勒收藏東周青銅禮器》導讀*

楊　博**

亞瑟・M.賽克勒（Arthur・M. Sackler，1913—1987）大夫生前是諸多藝術史學家眼中，美國境內最重要的亞洲藝術收藏家。國內對他的了解，可能更多源自北京大學賽克勒考古與藝術博物館。而在美國境內，紐約大都會博物館賽克勒館、亞瑟・M.賽克勒博物館等均能體現賽克勒博士對中國以及亞洲文明和文化遺產的關注。[1] 在賽克勒博士眾多精美藏品中，中國先秦青銅器部分曾經在 20 世紀 80—90 年代接續出版了商代、西周和東周共三卷皇皇四巨冊。

對於這套巨著，西方漢學界評價很高。2019 年是《劍橋中國上古史》出版 20 周年，兩位主編之一的夏含夷教授因而組織了多場紀念活動，比如 9 月 11—12 日、9 月 14—15 日在芝加哥大學北京中心、芝加哥大學香港校區分別舉辦了"紀念《劍橋中國上古史》出版二十周年學術研討會"。夏含夷（Edward L. Shaughnessy）教授也有多次有關"《劍橋中國上古史》的編輯背景與讀者反應"的學術講座。早在 2013 年 5 月 14 日，筆者在北京大學中國古代史研究中心即有幸聆聽過該主題的講座。[2] 講座中，夏含夷先生依次介紹了十四章作者的基本情況，其中對撰寫《商代考古》章的貝格立（Robert Bagley）教授、《西周考古》章的羅森（Jessica Rawson）教授，夏含夷教授專門提到他們分別主持撰寫的"賽克勒收藏青銅禮器"：

> （貝格立教授的）《賽克勒收藏商代青銅禮器》，雖然表面上只是針對賽克勒收藏的銅器，然而却對商代青銅器的每一方面，包括鑄造、藝術、銘文、考古背景、社會

　* 本文爲國家社科基金青年項目"西周諸侯墓葬青銅器用與族群認同研究"（17CZS005）的階段性成果之一，研究過程得到國家社科基金冷門絕學研究專項學術團隊項目"近出兩周封國青銅器與銘文的綜合研究"（20VJXT019）的資助。
　** 作者係中國歷史研究院古代史研究所、中國社會科學院簡帛研究中心副研究員。

［1］ 由賽克勒先生的秘書米格爾・A.貝納維茲撰寫的《亞瑟・M.賽克勒》中譯本已於 2015 年 8 月由北京大學出版社翻譯出版，參見［美］米格爾・A.貝納維茲：《亞瑟・M.賽克勒》，高建平譯，北京大學出版社，2015 年。
［2］ 由筆者執筆的講座提要發布在當時中古史中心的網站上。

用處等等,都作有全面的論述,達到了西方學術界在商代銅器方面最高的學術水準。

　　(羅森教授)對賽克勒收藏的西周銅器做了深入研究,在 1990 年發表了兩冊的巨著,即《賽克勒收藏西周青銅禮器》。這本書像貝格立所著的《賽克勒收藏商代青銅禮器》一樣,不僅僅是賽克勒博士收藏銅器的圖錄,並且對西周銅器的所有方面都做了深入研究,可算是西方學術界藝術史方面的經典著作。[1]

踵繼前兩卷所達到的學術水平與藝術高度,《賽克勒收藏東周青銅禮器》在 1995 年最後出版。作者蘇芳淑(Jenny F. So)教授 1982 年在哈佛大學師從羅樾教授獲得藝術學博士學位後,[2]1990—2000 年,在美國佛利爾美術館和賽克勒博物館工作,先後任中國古代藝術部副主任、主任和高級主任。本卷出版和寫作時,正值蘇教授在賽克勒博物館工作。蘇芳淑教授並沒有參加《劍橋中國上古史》的寫作,但是夏含夷教授在發表於《青銅器與金文》(第一輯)上的《鏤於金石:西方學者對中國金石學的研究》中這樣評價本卷:[3]

　　　　1995 年,蘇芳淑完成了對賽克勒所藏青銅器最後一卷的整理,即《賽克勒收藏的東周青銅禮器》。與貝格立所撰商代銅器第一卷和羅森所撰西周銅器第二卷一樣,本卷也達到了學術與出版的最高水平。總的來説,以上三卷代表了 20 世紀西方學術界對中國古代銅器研究的最高水平,是西方金文學界的學術精品。時至今日,仍未見有更好的研究成果可以替代。[4]

應該説,夏含夷教授的上述評價是十分精到且中肯的。正因如此,該書的商代卷甫一出版,時任中國社會科學院歷史研究所副所長,剛剛提出"走出疑古時代"口號的李學勤先生就撰文予以推介。李先生在發表於《殷都學刊》1988 年第 1 期(即《賽克勒收藏商代青銅禮器》出版的次年)的《殷商考古書評三篇》的最後一篇即"《賽克勒氏藏商代青銅禮器》"(原文照錄)。文中李先生不僅就商代卷所收器物,專就全書體例的評價,拙見以爲對東周卷也比較適合:

　　　　本書的特點,是對每件器物都作極詳細的描述和討論,特別是與型式相同或相

---

[1] 詳參[美]夏含夷:《〈劍橋中國上古史〉的編輯背景》,《古史新聲:〈劍橋上古史〉的編撰與反響》,北京:生活・讀書・新知三聯書店,2020 年,第 1—28 頁。

[2] 貝格立也是羅樾的學生,早於蘇芳淑畢業。

[3] 該文中對前兩卷同樣贊譽有加。

[4] [美]夏含夷:《鏤於金石:西方學者對中國金石學的研究》,北京大學出土文獻研究所編:《青銅器與金文》(第一輯),上海古籍出版社,2017 年,第 637—700 頁;又見《西觀漢記——西方漢學出土文獻研究概要》,上海古籍出版社,2018 年,第 201—322 頁。

似的其他標本聯繫對比。在銘文方面,除加考釋外,也儘量搜集族氏相同或格式近似的材料,廣泛比較研究。書中涉及的學術問題非常繁多,有不少值得重視的新見解。[1]

《賽克勒收藏東周青銅禮器》一卷,共 524 頁,同樣依器種分別著録鼎、鬲、盨、簋、豆、敦、罍(罐)、缶、壺、盤、匜、鐘、鼓以及橢圓形器等其他器物共 86 件。弁首有亞瑟・M.賽克勒博士的女兒伊麗莎白・A.賽克勒女士所作前言,[2]以及主持編纂者蘇芳淑教授的致謝。文後有考古發掘墓葬和遺址介紹、器物基本組合、編鐘、同位素比值、熱釋光測試等附録以及參考文獻、圖片來源以及索引等。

書中 9—10 頁分別附有兩張"中國春秋戰國時期考古發現地點""春秋戰國時期主要諸侯國、族"示意圖,與"引言"部分同樣體現出該卷濃郁的考古學特色與古史指向。"引言"部分除緒言外,分別將"春秋""戰國"階段分爲早、中、晚三期加以介紹,其中春秋早、中、晚和戰國早、中每段 100 年,戰國晚期爲公元前 270—前 221 年秦滅六國。這種按年代對青銅器不同發展階段的劃分,也遵循了國內學界的主流意見,如朱鳳瀚先生《中國青銅器綜論》中東周時期的年代劃分跟該卷是大體相同的,體現出中西學界共通的年代觀念。[3]

雖然"引言"部分的撰寫完成於 24 年以前,但在今天看來其中仍灼見熠熠。如"引言"中講東周銅器的發展背景時提到西周晚期發生的"禮制改革",[4]雖然筆者更傾向於稱其爲"青銅器用禮制的華夏化",[5]其具體內容包括在器類上,商代以來的酒器全面退場,食器簋、鬲、盨、簠取而代之;在組合上,器形、紋飾相同,大小相序的列鼎與列簋成爲身份的象徵;

---

[1] 李學勤:《殷商考古書評三篇》,《殷都學刊》1988 年第 1 期,第 17—21 頁。

[2] 本卷出版時賽克勒博士已經去世,賽克勒女士時任賽克勒基金會主席。

[3] 朱鳳瀚:《中國青銅器綜論》,上海古籍出版社,2009 年。

[4] 20 世紀 80—90 年代,中外學者不約而同地注意到西周晚期青銅器在組合、形制、紋飾等各方面都發生了翻天覆地的變化,羅泰先生將其稱爲"西周晚期禮制改革"。羅森夫人將上述變化總結爲五點:(1)從商代繼承下來的古代飲酒器逐漸消失,包括爵、角、觚、觶,以及在西周曾十分流行的盛酒器卣和尊。(2)引入新的器物,包括大型壺、豆、盨、簠和匜。(3)引入舊器物的新形式,包括直棱紋簋、水平瓦紋簋及飾以條紋的平沿鬲等。(4)從南方引進了帶有管柄的新型樂器鐘。(5)完全相同的鼎或簋組成九鼎八簋(或七鼎六簋等)的組合,用於表明等級。曹瑋先生也表達了類似看法。詳參[英]傑西卡・羅森(Jessica Rawson):《西周青銅鑄造技術革命及其對各地鑄造業的影響》,《祖先與永恒——傑西卡・羅森中國考古藝術文集》,北京:生活・讀書・新知三聯書店,2011 年,第 48—62 頁;[美]羅泰(Lothar von Falkenhausen):《有關西周晚期禮制改革及莊白微氏青銅器年代的新假設——從世系銘文説起》,臧振華編輯:《中國考古學與歷史學之整合研究》,(臺北)中研院歷史語言研究所,1997 年,第 651—676 頁;曹瑋:《從青銅器的演化試論西周前後期之交的禮制變化》,《周秦文化研究》,西安:陝西人民出版社,1998 年,第 443—456 頁。

[5] 參見拙作:《商周青銅文明的交流互鑒》,《中國社會科學報》2020 年 9 月 30 日,第 6 版。

禮器的體量明顯加大、器表裝飾也從動物紋轉變爲波帶、竊曲等簡省、變形動物紋以及幾何紋樣等等。

但是不得不說對所謂"禮制改革"這一問題的注意,實際上是理解整個東周時期青銅禮器演化、發展的基點。書中引述了秦國春秋早期典型墓葬,即 1974 年户縣宋村 M3。[1] 通過宋村 M3 與東周王畿地區典型墓地即上村嶺虢國墓地的對比,實際上揭示出的是,肇基於西周中晚期、進入春秋後九州地域上華夏族群在青銅禮器器用組合與形式上的融合與整齊化這一重大歷史命題。

若接着宋村 M3 往下説,該墓所出組合,如鼎、簋等基本爲明器:素面鼎五、瓦紋簋四、竊曲紋方甗一、蟠龍紋方壺二、竊曲紋盤一、重環紋匜一。如上面所講,這種鼎簋甗壺盤匜,特別是類似五鼎四簋這樣的所謂"列鼎"與"同形簋"以奇、偶數有序配比的,就是西周中晚期以後青銅禮器器用整齊化,或者説是華夏化後的結果。這裏可以繼續往下説的是"明器"的另外一個特殊現象,目前在芝加哥大學任教的巫鴻教授,曾在《文物》雜志上發表《"明器"的理論和實踐——戰國時期禮儀美術中的觀念化傾向》,[2] 就講到過"明器"的"擬古",也就是復古和仿古現象。在本卷中,蘇芳淑教授等編撰者對這一問題也有不少關注。美國加州大學洛杉磯分校羅泰(Lothar von Falkenhausen)教授也談到過,東周時期一些較大型的銅器墓葬裏面,出土的銅器多數可以分爲兩組,一組是"平常器組",一組是"特殊器組"。"平常器組"裏是當時流行的青銅器,"特殊器組"裏的銅器常帶有"復古"的情況。[3] "特殊器組"也是我們説的"明器",比如本卷中經常提到的山西北趙晋侯墓地,春秋早期的 M93 和 M102 組墓所謂"特殊器組"就有爵、觶、尊、卣、方彝等流行年代在西周中晚期以前的器物出現。

蘇芳淑教授對這一問題有持續關注。2008 年 4 月 25 日,此時已經擔任香港中文大學中國文化研究所所長、藝術系講座教授的她,應邀在故宮博物院所作"古人擬古:近年西方學者看東周青銅器"的主題講演中,她對"明器"復古的現象、原因做了更深入的解讀,講座全文收入《故宮學術講演録》,有興趣的讀者也可以找來參考。[4]

《賽克勒收藏東周青銅禮器》卷中收録的 86 件器物中,珍品亦多有,如薛侯盤、蔡太史鉈

---

[1] 陝西省文管會秦墓發掘組:《陝西户縣宋村春秋秦墓發掘簡報》,《文物》1975 年第 10 期,第 55—68 頁。

[2] [美]巫鴻:《"明器"的理論和實踐——戰國時期禮儀美術中的觀念化傾向》,《文物》2006 年第 6 期,第 72—81 頁。

[3] Lothar von Falkenhausen, "The Waning of the Bronze Age: Material Culture and Social Developments, 770 – 481B.C.", Michael Loewe and Edward L. Shaughnessy, *The Cambridge History of Ancient China: From the Origins of Civilization to 221B.C.*, Cambridge University Press, 1999, pp. 470 – 544.

[4] 蘇芳淑:《古人擬古:近年西方學者看東周青銅器》,故宮博物院編:《故宮學術講談録》(第 1 輯),北京:紫禁城出版社,2010 年,第 351—360 頁。

等。這其中最引人矚目的,即是 6 件編鐘。書中附録中有羅泰(Lothar von Falkenhausen)和北伊利諾大學物理系羅辛(Thomas・D. Rossing)兩位教授的論作,對賽克勒編鐘進行測音研究。編者蘇芳淑教授後來在馬承源先生主編的《吳越地區青銅器研究論文集》對這幾件編鐘也有討論。[1] 據介紹,賽克勒編鐘的形制爲甬鐘:合瓦形鐘體,長甬,凹口,侈銑,二叠圓臺長枚。鉦篆四邊以粗陽綫綯索紋爲界,甬部和篆間飾細密的淺浮雕蟠螭紋,正鼓部由淺浮雕的蟠螭紋,糾結形成顧首龍紋,側鼓部無飾。最大的一件外表色澤泛黑,其餘表面均覆以綠銹。張昌平、[2]方建軍等青銅編鐘研究專家也對這幾件編鐘有過深入討論。特別是音樂考古專家方建軍教授的《論美國賽克勒所藏編鐘》,[3]專門提到賽克勒編鐘形制和紋飾更接近長江中下游地區發現的吳鐘;它們的音階結構符合春秋時期 9 件組合編鐘的前 6 件,其完整組合很可能是 9 件。學界衆多的關注和研究成果足以表明,賽克勒編鐘作爲實例對春秋時期甬鐘禮器組合和實用音階等方面的重要價值。

---

[1] 蘇芳淑:《沙可樂醫生收藏的"吳"文化青銅器及其相關問題》,馬承源主編:《吳越地區青銅器研究論文集》,(香港)兩木出版社,1998 年,第 257—262 頁。

[2] 張昌平:《海外吉金類系——早期鎛鐘》,《南方文物》2014 年第 1 期,第 165—169 頁;後收入《吉金類系——海外及港臺地區收藏的中國青銅器研究》,科學出版社,2020 年,第 191—203 頁。

[3] 方建軍:《論美國賽克勒所藏編鐘》,《黄鐘》2009 年第 2 期,第 48—50 頁。

圖書在版編目（CIP）數據

青銅器與金文. 第七輯／北京大學出土文獻與古代
文明研究所編. —上海：上海古籍出版社，2021.12
ISBN 978－7－5732－0220－8

Ⅰ.①青… Ⅱ.①北… Ⅲ.①青銅器（考古）－研究－
中國②金文－研究－中國 Ⅳ.①K877.3

中國版本圖書館 CIP 數據核字（2021）第 275166 號

青銅器與金文（第七輯）

北京大學出土文獻與古代文明研究所　編
上海古籍出版社出版發行
（上海市閔行區號景路 159 弄 1－5 號 A 座 5F　郵政編碼 201101）
（1）網址：www.guji.com.cn
（2）E-mail：guji1@guji.com.cn
（3）易文網網址：www.ewen.co
啓東市人民印刷有限公司印刷
開本 787×1092　1/16　印張 12.5　插頁 5　字數 258,000
2021 年 12 月第 1 版　2021 年 12 月第 1 次印刷
印數：1—1,200
ISBN 978－7－5732－0220－8
K·3126　定價：78.00 元
如有質量問題，請與承印公司聯繫